En 2018, Harlequin fête ses 40 ans !

Chère lectrice,

Comme vous le savez peut-être, 2018 est une année très importante pour les Éditions Harlequin qui célèbrent leur quarantième anniversaire. Quarante années placées sous le signe de l'amour, de l'évasion et du rêve… Mais surtout quarante années extraordinaires passées à vos côtés ! Azur, Blanche, Passions, Black Rose, Les Historiques, Victoria mais aussi HQN, &H et bien d'autres encore : autant de collections que vous avez vues naître, grandir et évoluer, avec un seul objectif pour toutes – vous offrir chaque mois le meilleur de la romance. Alors merci à vous, chère lectrice, pour votre fidélité. Merci d'avoir vécu cette formidable aventure avec nous.

40 ANS

Ce fils dont tu ne sais rien

Une femme d'exception

CAT SCHIELD

Ce fils dont tu ne sais rien

Traduction française de
LAURENCE LENGLET

Passions

HARLEQUIN

Collection : PASSIONS

Titre original :
THE BLACK SHEEP'S SECRET CHILD

HARPERCOLLINS FRANCE
83-85, boulevard Vincent-Auriol, 75646 PARIS CEDEX 13
Service Lectrices — Tél. : 01 45 82 47 47

www.harlequin.fr

ISBN 978-2-2803-8311-0 — ISSN 1950-2761

- 1 -

Doublant la longue file, Savannah Caldwell s'avança vers l'impressionnant rugbyman au nez cassé qui gardait l'entrée de la boîte de nuit. Le Club T n'ouvrait que le week-end et, sans réservation, l'attente pouvait durer jusqu'à trois heures. Or, Savannah n'avait nulle intention de faire le pied de grue pour voir son beau-frère.

Le martèlement des basses se déversait par les portes ouvertes. À 1 heure du matin, la fête battait son plein, et Savannah commençait à douter du bien-fondé de sa décision d'aller voir Trent à une heure pareille. Mais il avait refusé de lui répondre chaque fois qu'elle avait téléphoné à son bureau pour prendre rendez-vous. Aussi, elle avait décidé d'aller le surprendre dans son repaire.

Une bouffée de mélancolie la prit par surprise. Elle connaissait Trent depuis l'âge de onze ans, lorsqu'elle avait emménagé à Los Angeles chez sa tante Stacy, la gouvernante des Caldwell. Au départ, Savannah voulait simplement se lier d'amitié avec lui. C'était à son entrée au lycée qu'elle était tombée véritablement amoureuse de lui. Puis, à dix-huit ans, lorsqu'elle s'était installée à New York pour commencer sa carrière de mannequin, les choses avaient pris entre eux une tournure romantique.

Lorsqu'elle avait épousé le frère de Trent, Rafe, dix-huit mois plus tôt, Trent avait coupé les ponts avec elle. Le choc avait été terrible. Pour tenir le coup, elle avait masqué sa tristesse. Mais, en censurant ses émotions, elle était devenue l'ombre d'elle-même. Elle parlait moins.

S'habillait et se comportait comme une femme de deux fois son âge. Elle n'avait plus rien de la jeune femme optimiste qui rêvait de faire un mariage d'amour et de fonder une famille.

Savannah s'approcha du videur blond aux pommettes saillantes. Avec ses talons de dix centimètres, elle mesurait plus d'un mètre quatre-vingts, pourtant elle atteignait à peine le deuxième bouton du polo moulant, orné du logo du club, que portait le cerbère. Elle sentit sa détermination chanceler. La confrontation ne lui faisait pas peur, mais elle n'était pas de taille face à un homme habitué à maîtriser des agités deux fois plus imposants qu'elle.

Qu'aurait fait Courtney à sa place ? Prenant une profonde inspiration pour juguler l'angoisse qui montait en elle, elle tenta de se remémorer les exercices de centrage appris auprès de son coach. Pendant trois ans, elle avait joué le rôle de Courtney Day, jeune femme riche et hautaine, et elle était capable de convoquer son personnage à volonté, même deux ans après l'arrêt de la série.

Au début, Savannah avait du mal à cerner ce personnage si différent d'elle. En vivant chez les Caldwell, elle avait bien sûr rencontré nombre de femmes riches et manipulatrices qui auraient pu l'inspirer pour le rôle, mais elle détestait les conflits mesquins dont se délectaient les gens de la haute société. Savannah était d'un tempérament plus discret et n'imaginait pas traiter tous ceux qui l'approchaient comme des domestiques.

Elle avait décroché le rôle en raison de son apparence — vêtements de marque, maquillage et coiffure réalisés par des professionnels —, et non parce qu'elle savait jouer. Deux jours à peine lui avaient suffi pour comprendre que la production n'hésiterait pas à se débarrasser d'elle si elle n'entrait pas dans la peau de son personnage. Une collègue actrice lui avait recommandé son coach. Doué et exigeant, Bert Shaw l'avait obligée à jouer le rôle de Courtney vingt-quatre heures sur vingt-quatre, jusqu'à en oublier sa propre personnalité. Il lui avait fallu deux semaines pour maîtriser son personnage.

En un clin d'œil, Savannah entra dans la peau de son alter ego.

— J'aimerais parler à Trent, dit-elle au videur d'un ton froid.

À sa grande surprise, l'homme hocha la tête et lui adressa un sourire aimable qui tranchait avec son apparence patibulaire.

— Bien sûr, madame Caldwell. Il vous attend.

Savannah ne savait pas si elle devait se réjouir ou s'inquiéter que Trent se soit enfin rendu disponible, alors qu'il ignorait délibérément ses appels depuis une semaine. À quel jeu jouait-il ? Tel qu'elle connaissait Trent, il pouvait avoir changé d'avis pour un nombre incalculable de raisons.

— Vous le trouverez au salon VIP au premier étage, précisa le videur en lui faisant signe d'entrer.

Autrefois, elle adorait ce genre d'endroit, mais ce n'était plus le cas aujourd'hui. La clientèle du Club T se composait de jeunes gens entre vingt et trente ans. Des jeunes femmes en minijupes y exhibaient leurs longues jambes fuselées et leurs décolletés plongeants. En fendant la foule qui se pressait sur la piste de danse, elle eut l'impression d'être un dinosaure.

Pourtant, elle s'était beaucoup amusée autrefois lorsque Trent lui avait fait découvrir la vie nocturne de Los Angeles et de New York. Mais c'était avant qu'elle fasse un mariage de raison, ait un enfant et devienne veuve, le tout en l'espace de dix-huit mois. Ce n'était pas la vie à laquelle elle avait aspiré.

Elle songeait avec nostalgie à la jeune fille qu'elle était alors, rêvant d'une vie de conte de fées. Certes, elle était naïve et insouciante, mais elle débordait d'optimisme. Après une enfance solitaire, où elle avait eu le sentiment d'être plus un poids qu'une fierté pour ses parents, elle rêvait de fonder une famille et d'avoir une jolie maison avec un chien. Puis elle était tombée amoureuse de Trent

Caldwell, le seul homme qui était incapable de réaliser son rêve.

Séduisant, sûr de lui et doté d'un charme irrésistible, Trent pouvait aussi se montrer difficile et colérique quand les choses n'allaient pas dans son sens. Sa famille agissait comme un révélateur de tous les aspects négatifs de sa personnalité, comme elle avait pu l'observer à de multiples reprises durant les années qu'elle avait passées sous leur toit.

Lorsque le père de Trent, Siggy, reprochait à son jeune fils son caractère incontrôlable et sa vie dissolue, on l'entendait pester dans toute la maison. Siggy se considérait comme le chef de la dynastie, et Trent n'était à ses yeux que de la mauvaise graine. Au cours des sept années qu'elle avait passées auprès de sa tante, Savannah avait compris que le patriarche voyait en son aîné, Rafe, le fils parfait, alors que son cadet, Trent, ne faisait jamais rien de bien.

Après ces disputes, Savannah allait toujours réconforter Trent. Elle voyait en lui le reflet de sa propre solitude et se considérait comme son âme sœur, et cette idée un peu naïve nourrissait les sentiments qu'elle éprouvait pour lui. Si Trent se comportait ainsi, croyait-elle, c'était en réaction à sa famille, qui ne le considérait pas à sa juste valeur, et non parce que c'était sa nature. Si son père l'avait soutenu et avait fait preuve de gentillesse au lieu de le tyranniser, il aurait été complètement différent.

S'arrêtant au bord de la piste de danse, elle chercha des yeux l'escalier menant au salon VIP. Elle avait vu des photos de l'établissement, qui ne donnaient qu'une vague idée de l'immensité des lieux. Le club occupait quatre mille mètres carrés dans les locaux de l'hôtel Cobalt situé sur le Strip. Outre l'immense piste de danse, il comportait une piscine et plusieurs patios.

Le club appartenait à trois hommes, les trois T évoqués dans le nom. Trent Caldwell, le beau-frère de Savannah, en était le directeur financier et possédait cinquante pour cent des parts. Le reste se répartissait entre Kyle Tailor, un ancien joueur de base-ball qui détenait des parts dans l'équipe de base-ball de Los Angeles et sortait avec la sœur de Trent, Melodie, et Nate Tucker, un auteur-compositeur récompensé par un Grammy Award, chanteur de Free Fall et patron du label Ugly Trout Records.

Savannah s'apprêtait à faire demi-tour lorsqu'un homme de taille moyenne l'agrippa par le bras.

— Salut, ma belle. Si tu cherches un chevalier servant, je suis là. Je t'offre un verre ?

— Non, merci.

— Allons. Un seul verre.

— J'ai rendez-vous avec quelqu'un.

— Je suis sûr que ça ne le dérangera pas.

Elle avait croisé trop d'hommes de cette trempe. Elle n'avait pas besoin de porter une cape rouge et un panier pour attirer les loups. Quelque chose, au-delà de sa blondeur et de son joli minois, faisait d'elle une proie. Sans compter sa tendance naturelle à la confiance.

— Moi, ça me dérange.

Autour d'elle, les danseurs s'écartèrent, et elle en profita pour s'échapper. Par chance, elle trouva l'escalier qu'elle cherchait. Un autre mammouth était posté à l'entrée du salon VIP, mais il la laissa entrer sans s'interposer. Remarquant qu'il portait une oreillette, elle supposa qu'il avait été prévenu de son arrivée.

Elle se fraya un chemin parmi les canapés occupés par des célébrités du monde de la musique et du cinéma. Elle n'eut aucun mal à repérer son beau-frère. Il était, comme à son habitude, entouré des plus jolies femmes.

Trent était complètement dans son élément. Tel un empereur habitué à être adoré, il était assis sur un sofa moelleux, où de jolies brunes étaient blotties contre lui, sirotant leur verre, une main possessive sur le maître des lieux. Si elles espéraient s'attirer les faveurs de ce célibataire invétéré, elles pouvaient toujours attendre, songea Savannah. À voir l'expression de Trent, aucune d'elles ne semblait l'intéresser. Ce qui ne l'empêcherait pas de passer un bon moment en leur compagnie, s'il le pouvait. Et, à en juger par les signaux explicites des jeunes femmes, elles ne demanderaient manifestement pas mieux.

Savannah s'approcha de la table de Trent et prononça son nom. Le DJ choisit ce moment pour faire une annonce au micro, couvrant complètement sa voix. Mais, à son étonnement, Trent tourna la tête vers elle comme s'il l'avait entendue malgré le vacarme ambiant.

Son regard croisa le sien, et elle fut submergée par une bouffée de désir aussi irrépressible que celle qui l'avait assaillie quatre ans plus tôt lorsqu'il l'avait embrassée pour la première fois. En l'espace d'une seconde, son cœur se mit à battre la chamade, et un nœud se forma au creux de son estomac. Redressant les épaules, elle ignora ces signaux d'alarme. Elle ne céderait pas au charme de Trent. Elle était venue à Las Vegas pour parler affaires et lui faire une offre. Elle devait absolument garder la ligne qu'elle s'était fixée.

— Savannah, quelle surprise ! dit-il avec un sourire qui, pour quiconque avait vu Trent réellement heureux, semblait parfaitement artificiel. Viens t'asseoir avec nous.

— Je ne suis pas venue pour faire la fête.

Il lui fit comprendre qu'il ne l'entendait pas et lui fit signe d'approcher. Elle ne bougea pas, peu désireuse de se joindre à ses groupies. Si elle ne s'était pas sentie à sa place au rez-de-chaussée, ce n'était rien à côté de l'humiliation qu'elle éprouvait d'être ainsi exposée aux regards inquisiteurs de ses amis branchés.

Pendant les dix-huit mois qu'avait duré son mariage avec Rafe, elle s'était adaptée à ses volontés. Son époux avait exigé qu'elle se lisse les cheveux et rempli son dressing de tenues dignes d'une femme de P-DG. Et, puisqu'elle était venue ce soir pour parler affaires, elle s'était habillée en conséquence et avait choisi une robe fourreau en satin rouge assez classique, qui ne dévoilait rien de son corps. Sauf qu'au milieu de la horde de groupies à demi dénudées elle détonnait complètement.

— Il faut que je te parle, lança-t-elle d'une voix assez forte pour qu'il l'entende.

— Laisse-moi t'offrir un verre, répondit-il en faisant un signe à la serveuse. Ensuite, nous pourrons discuter ici.

Elle n'avait aucune intention de s'asseoir à côté de lui et de faire comme si elle avait oublié la façon dont il l'avait ignorée pendant dix-huit mois. Car elle se souvenait très bien des circonstances de leur rupture. C'était lui qui l'avait poussée dans les bras de son frère en refusant de l'épouser.

Elle croisa les bras. Elle allait peut-être devoir implorer son aide, mais il n'était pas question de lui montrer à quel point cela lui coûtait.

— Je préférerais discuter dans un endroit tranquille.

Elle n'avait jamais réussi à s'imposer dans une négociation avec Trent, car au fond il se fichait éperdument du résultat. Il était toujours prêt à quitter la table des négociations, ce qui lui donnait un avantage.

Ils se dévisagèrent de longues secondes, chacun campant sur ses positions, jusqu'au moment où le DJ mit un slow. Dans la lumière tamisée du salon VIP, il la détailla nonchalamment de la tête aux pieds, attendant qu'elle cède à sa volonté. Elle s'en voulut alors d'être à ce point tentée de capituler.

Il avait toujours autant de pouvoir sur elle. En quelques minutes à peine, elle se retrouvait plongée dans la confusion la plus totale, au point qu'elle brûlait de goûter ses lèvres sexy et de se livrer tout entière à ses caresses. Ils s'étaient toujours merveilleusement entendus au lit. Et Trent s'était montré un amant des plus attentionnés, explorant les points les plus sensibles de son corps. À ce souvenir, elle sentit une vague de chaleur irradier dans son bas-ventre. Elle n'avait pas fait l'amour avec lui depuis presque deux ans, et le simple fait de le voir ravivait tous ses désirs.

Jamais elle n'aurait dû venir ici, ce soir. Elle aurait dû insister pour le rencontrer à son bureau. À présent, elle était piégée par son propre désir. Elle devait partir.

Enfant, elle avait coutume de se trouver des cachettes

pour échapper aux colères de son père et aux maladies de sa grand-mère. C'était ainsi qu'elle en était venue à fuir systématiquement les situations difficiles. Dans la fuite résidait le salut. À présent qu'elle avait un enfant, elle réussissait un peu mieux à faire face. Mais, quand les choses tournaient au vinaigre, elle retrouvait ses vieilles habitudes. Se sentant prise au piège, elle tourna les talons et se dirigea vers la sortie.

La boîte de nuit était encore plus bondée maintenant qu'au moment de son arrivée. Se frayant difficilement un chemin entre les corps qui ondulaient en rythme, Savannah sentit l'angoisse monter en elle. Les jeux de lumière et le martèlement incessant des basses devenaient insupportables. Les jambes tremblantes, elle s'engagea sur la piste de danse et, faisant un faux pas, se tordit la cheville. Saisie de vertige, elle eut envie de hurler. Elle devait absolument s'en aller. Mais où diable se trouvait la sortie ?

— Me revoilà, claironna soudain l'ivrogne qui l'avait importunée à son arrivée en la prenant par la taille.

Déstabilisée par sa rencontre avec Trent, elle était à présent incapable d'entrer dans la peau de Courtney pour se défendre. Elle se sentit soudain complètement vulnérable.

— T'as cru que t'allais m'échapper, hein ? bredouilla l'homme, l'haleine chargée d'alcool, avant de l'embrasser sur la joue.

— Lâchez-moi, dit-elle faiblement.

— Viens, on danse, fit l'homme, trop ivre pour l'entendre.

— Non, répondit-elle en tentant vainement de s'échapper.

Alors qu'elle se sentait avalée par la foule compacte, une main puissante étreignit l'épaule de son agresseur qui la lâcha aussitôt.

— Hé, l'ami. Qu'est-ce que tu fais ?

L'ivrogne était peut-être un loup, mais Trent était un lion féroce.

— Fiche le camp d'ici ou je te fais jeter dehors.

Si Savannah n'avait pas été aussi éprouvée, elle aurait

probablement apprécié la façon dont Trent avait fait déguerpir son assaillant.

Malgré la chaleur des corps qui se pressaient contre elle, elle se sentit soudain glacée. Désormais, elle n'avait plus qu'une seule envie : fuir ce lieu infernal. Mais elle n'eut pas le temps de passer à l'acte, car Trent la saisit fermement par la taille.

En devenant mannequin, Savannah avait pris conscience de son pouvoir de séduction ; en jouant le rôle de Courtney Day, elle avait appris à être plus sûre d'elle. Et, lorsque Trent était venu à New York rendre visite à sa sœur, Melodie, Savannah n'était plus la jeune fille fragile et effacée qu'il avait connue, mais une femme sensuelle et sûre d'elle qu'il désirait. Et qui, surtout, était prête à suivre son désir.

Elle ne résista pas lorsqu'il l'entraîna hors de la foule, la guidant vers une porte qu'il ouvrit avec une carte magnétique.

Lorsque la porte se referma derrière eux et qu'ils se retrouvèrent dans un couloir brillamment éclairé, Trent l'embrassa doucement sur les lèvres.

— Je vois que tu as toujours besoin de quelqu'un pour te protéger.

— J'aurais très bien pu m'en sortir toute seule, répliqua-t-elle, contrariée.

— Tu veux que je rattrape le gars ?

Elle réprima un frisson de dégoût, peu désireuse de montrer combien elle lui était reconnaissante de lui avoir sauvé la mise.

— Non, merci.

— Tu as demandé à me voir en privé. Tu as une idée derrière la tête ? demanda-t-il avec un petit sourire ironique.

— Je veux juste qu'on puisse parler sans être dérangés.

— Alors, allons dans mon bureau, proposa-t-il en laissant courir son doigt sensuellement le long de son dos. À moins que tu n'aies peur de te retrouver seule avec moi…

Elle frissonna de plaisir à son contact.

— Pourquoi aurais-je peur ?

— Tu frissonnes…, lui murmura-t-il à l'oreille tout en humant ses cheveux. Ça me rappelle la dernière fois que nous avons couché ensemble.

— C'était il y a presque deux ans, répliqua-t-elle, bien que pleinement consciente de l'effet dévastateur qu'il continuait d'avoir sur elle après tout ce temps et qui risquait de compromettre ses négociations avec lui.

— Autrefois, on ne pouvait pas rester seuls dans une pièce sans se toucher…

— C'est sans doute la raison pour laquelle tu as pris tes distances, rétorqua-t-elle. Pourquoi as-tu cessé de répondre aux appels de Rafe ? Tu lui as fait beaucoup de peine.

— Et lui ? S'est-il un jour préoccupé de la peine qu'il m'a faite ? C'était mon grand frère. Et pourtant, jamais il n'a pris ma défense contre Siggy, que ce soit dans notre enfance ou quand notre père m'a écarté de l'entreprise familiale. Rafe était le fils préféré, et cette situation lui convenait parfaitement. Et aujourd'hui, tu voudrais que je lui pardonne uniquement parce qu'il a éprouvé un vague regret sur son lit de mort ?

Et voilà. Trent dans toute sa splendeur. Apparemment, rien n'avait changé. Il était toujours le paria qu'avait fait de lui son père. Trent avait toujours été le second fils. L'héritier par défaut. Celui qui se démarquait par ses goûts musicaux anticonformistes et ses opinions tranchées.

Bien sûr, il n'avait pas tort. Il occupait effectivement une position peu enviable dans la famille. Elle connaissait l'histoire par cœur. Son père et son frère n'avaient jamais eu aucune estime pour son intelligence. Mais Siggy n'avait jamais écouté personne hormis lui-même. Et, si Rafe était devenu le fils préféré, c'était uniquement parce qu'il s'était soumis sans réserve à l'autorité de leur père.

— Tu veux toujours discuter ? demanda Trent, comme s'il craignait soudain de l'avoir rebutée.

— Oui.

— Très bien. Je brûle de savoir ce qui t'amène à Las Vegas.

— J'ai besoin de ton aide.

— Tu dois vraiment être désespérée pour t'adresser à moi…, remarqua Trent en la dévisageant quelques instants avant de l'entraîner dans le couloir. Allons dans mon bureau. Et tu m'expliqueras la situation.

À peine Trent eut-il refermé la porte qu'il comprit que c'était une mauvaise idée. Mais il était de nature curieuse. Et elle essayait de le joindre depuis une semaine.

Dans ce cas, pourquoi n'avait-il pris aucun de ses appels ? Et surtout, pourquoi avait-il maintenant changé d'avis ?

Sans doute était-ce à cause de la résurgence des émotions suscitée par l'odeur familière de son parfum. Il brûlait de sentir la douceur de sa peau sous ses doigts. Dès qu'il l'avait vue ce soir, il n'avait eu qu'une idée en tête : la plaquer contre un mur et lui faire l'amour.

Lui lâchant le bras, il se détourna. En général, il lui suffisait de l'imaginer au lit avec son frère pour se rappeler pourquoi il avait coupé les ponts avec elle.

Il se glissa derrière le bar à l'angle du mur équipé d'écrans de surveillance. Préparer un verre à Savannah lui permettrait peut-être de retrouver une certaine contenance avant que l'envie le reprenne de l'embrasser à en perdre haleine. Il tenta de se raisonner. Ce n'était pas ce qu'il avait en tête lorsqu'il l'avait invitée dans son bureau. Il s'était cru immunisé depuis qu'elle avait accepté d'épouser son frère. S'était-il trompé ? Agacé, il sortit une bouteille de champagne du réfrigérateur.

— Une coupe de champagne ?

Il haussa un sourcil lorsqu'elle secoua la tête.

— Tu ne veux pas fêter ça ? demanda-t-il.

— Tu sais parfaitement que je ne bois pas, répondit-elle sur un ton qui lui fit comprendre qu'il n'y avait rien à célébrer.

— Désolé, fit-il. Je croyais qu'après avoir épousé mon frère tu avais peut-être commencé.

Elle le dévisagea froidement mais ne mordit pas à l'hameçon.

— Je veux bien une eau pétillante, si tu en as.

Amusé, il jeta quelques glaçons dans un verre et lui servit sa boisson. Coinçant une rondelle de citron sur le rebord, il poussa le verre dans sa direction. Il aurait volontiers pris un scotch pour se calmer les nerfs, mais il s'abstint. Discuter avec Savannah était déjà assez compliqué, et il devait garder les idées claires.

Un mélange familier de tendresse et de rage le submergea tandis qu'il la regardait siroter son verre.

Lorsque la toute jeune fille aux grands yeux bleus avait, à l'âge de onze ans, emménagé chez sa tante, qui occupait un petit appartement dans la demeure familiale de Beverly Hills, il avait tout de suite été attiré par elle. Contrairement à sa propre sœur, qui avait douze ans à l'époque, Savannah n'avait pas la gaucherie qui caractérisait les préadolescentes. Mais elle était si naïve, si fragile… C'était cet aspect de sa personnalité qui l'avait attiré.

Dans son enfance, Trent s'était très tôt affirmé comme un rebelle. Rien d'étonnant à cela, puisqu'il n'était le héros de personne. Peut-être était-ce pour cette raison même qu'il avait si souvent volé à la rescousse de Savannah. Jeune provinciale originaire du Tennessee, elle était volontiers prise pour cible. Mais, malgré son apparence vulnérable, elle n'était pas dénuée de ressources, ce qu'il avait découvert lorsqu'il lui avait appris quelques mouvements d'autodéfense.

Dans un sens, elle était toujours la jeune orpheline qui avait besoin d'être protégée de la mesquinerie des filles de sa classe ou des garçons attirés par son apparente naïveté. Mais, lorsqu'elle s'était installée seule à New York, elle avait acquis de nouveaux talents. Tout d'abord, elle avait appris à se fixer des objectifs et à tout mettre en œuvre pour les atteindre. Et il n'avait pas tardé à comprendre que c'était lui qu'elle visait.

C'est pourquoi il était littéralement tombé des nues

lorsqu'elle avait décidé d'épouser son frère. Il avait alors compris qu'elle n'avait pas changé. Malgré les années qu'elle avait passées à Los Angeles et à New York, elle n'avait rien perdu de sa simplicité. Elle n'aspirait ni à la gloire ni à la fortune. N'ayant jamais connu la stabilité dans son enfance, elle rêvait tout simplement de fonder une famille auprès d'un mari aimant.

Lui, en revanche, ne partageait absolument pas cette aspiration. Et pour cause. Son père était un tyran rongé d'ambition, qui s'était marié tardivement. Sa misogynie avait fini par faire fuir son épouse peu après la naissance de Melodie. Avant le mariage, sa mère avait signé un accord stipulant qu'elle ne toucherait aucune pension alimentaire si elle réclamait la garde des enfants. Elle ne l'avait donc pas fait, préférant choisir l'argent.

Dès lors, il n'était guère surprenant qu'il ne soit tenté ni par le mariage ni par la famille. Alors pourquoi, connaissant les aspirations de Savannah, n'avait-il pas gardé ses distances ? Il n'en avait aucune idée, si ce n'est qu'il la trouvait irrésistible.

À maintes reprises, il avait voulu prendre ses distances, mais il ne pouvait s'empêcher de voler à son secours. Il ne l'avait laissée qu'une seule fois se jeter dans la gueule du loup : lorsqu'elle lui avait annoncé son intention d'épouser Rafe.

— Tu fais une très jolie veuve, tu sais, remarqua-t-il, espérant la choquer.

Elle le fixa de ses grands yeux.

— Comment peux-tu être aussi méchant ?

— C'est peut-être méchant, mais c'est vrai.

Adolescente, Savannah était si candide qu'il avait cru qu'elle se ferait dévorer toute crue lorsqu'elle s'était lancée dans la mode et le cinéma à New York. Pourtant, elle avait survécu. Un jour qu'il rendait visite à Melodie, qui commençait alors ses études de musique, il avait été surpris de découvrir combien Savannah avait gagné en expérience et en maturité. Sans parler de cette aura de mystère qui l'enveloppait désormais et qui n'avait pas tardé à le séduire.

— Et si tu me disais ce qui t'amène ici, ma chère belle-sœur ?

Elle esquissa une moue réprobatrice à cette entrée en matière. Trent ne prenait aucun plaisir à remuer le couteau dans la plaie, mais c'était plus clair ainsi.

— J'ai une proposition à te faire.

C'était précisément parce qu'il subodorait ce genre de choses qu'il l'avait évitée pendant une semaine. Dix-huit mois durant, il avait attendu qu'elle exprime des regrets d'avoir épousé son frère. Et il lui en voulait de ne l'avoir jamais fait. Et voilà qu'aujourd'hui elle sollicitait son aide.

— Ça ne m'intéresse pas.

— Tu n'as même pas entendu ce que j'ai à dire ! répliqua-t-elle avec une détermination qui le surprit.

Elle qui avait toujours été si douce, si flegmatique, d'où lui venait cette combativité nouvelle ? De son mariage avec son frère ? De la maternité ?

Mais le moment était mal choisi pour s'interroger. Il préférait ne pas s'aventurer sur le terrain des émotions quand il était avec elle. Mieux valait expédier rapidement cette discussion et renvoyer Savannah à Los Angeles.

— Eh bien, appelle mon bureau pour prendre rendez-vous. J'aurai peut-être du temps la semaine prochaine, répondit-il.

Il était conscient de la provoquer, mais il ne pouvait s'en empêcher. Ne faisait-elle pas désormais partie de ses ennemis ?

— Cela fait déjà une semaine que j'essaye de te joindre. J'ai vendu ma maison et je quitte la ville avec Dylan demain matin. J'espérais que tout serait réglé avant mon retour à Los Angeles.

— Que veux-tu dire par « tout serait réglé » ? demanda-t-il avec curiosité, au lieu de la rembarrer comme il l'aurait dû.

— À sa mort, Rafe a légué à Dylan ses parts du label West Coast Records. Ce qui veut dire que jusqu'à sa majorité je suis dirigeante de l'entreprise. Je ne pourrai pas y arriver seule.

Il commençait à voir où elle voulait en venir.

— Eh bien, adresse-toi à Gerry, répondit-il.

Gerry Brueger était le directeur adjoint de Siggy depuis vingt ans. Quelques années plus tôt, Siggy avait nommé Rafe P-DG de l'entreprise à sa place. Gerry serait probablement ravi de prendre la tête du label aujourd'hui.

— Ce n'est pas si simple. J'ai besoin d'un P-DG digne de confiance. Quelqu'un qui connaît le domaine de la musique et qui peut sauver l'entreprise.

— Dans ce cas, engage quelqu'un.

— C'est ce que je suis en train de faire, répliqua-t-elle.

— Tu veux m'engager, moi ? lâcha-t-il, pris de court. Il n'en est pas question.

— C'est une entreprise familiale.

— C'est surtout l'entreprise de mon père. Et celle de mon frère. Une entreprise dont j'ai toujours été écarté. Et mon père n'acceptera jamais la moindre interférence extérieure. Tu en as parlé à Siggy ?

— C'est ma décision, déclara-t-elle d'un ton moins assuré.

— Donc Siggy n'est pas au courant de ta démarche ?

— Il a vendu la majorité de ses parts à Rafe. Dylan en a hérité. Donc, Siggy n'a plus aucun contrôle sur la société.

Comment pouvait-elle être aussi naïve ? Elle était peut-être, de fait, à la tête du label, mais Siggy se défendrait bec et ongles si elle tentait de le faire entrer, *lui*, dans la société.

— Eh bien, revends tes parts à Siggy et débarrasse-toi de ce fardeau.

— Encore une fois, ce n'est pas si simple, répondit-elle. Il n'a aucune intention de racheter mes parts. En revanche, il espère diriger la société dans l'ombre jusqu'à la majorité de Dylan. Mais en attendant, reprit-elle en poussant un soupir, il faut trouver une solution. Or, je ne suis pas capable de gérer le label et je doute que ton père soit en mesure d'en redresser les finances.

— L'entreprise est en difficulté ? fit-il.

Mais en réalité, cela n'avait rien d'étonnant. Ni Siggy ni Rafe n'avaient jamais eu de sensibilité particulière en matière de musique.

— Que se passe-t-il ?

— En fait, je ne sais pas exactement, car Gerry n'a répondu à aucune de mes questions. Mais je crois que le label ne paye pas la totalité de leurs droits aux artistes qu'il produit.

— Depuis combien de temps ?

— Je ne sais pas. Mais quelque temps après notre mariage, il y a environ un an, donc, Rafe m'a dit que le label était déjà en difficulté avant le départ en retraite de ton père. Le cancer de Rafe s'est déclaré peu après, et les choses n'ont sans doute pas évolué beaucoup au sein de l'entreprise.

Trent ignora la pulsion qui lui dictait, comme d'habitude, de se porter au secours de Savannah.

— Tout ça est très intéressant, mais en quoi est-ce que ça me concerne ?

— Le label a besoin de toi, répondit-elle en posant sur lui ses immenses yeux bleus, ce qui, comme d'habitude, le remua jusqu'au tréfonds de son âme.

En réalité, entreprise familiale ou pas, il se fichait totalement du label. Mais, si c'était *elle* qui avait besoin de lui, ça pouvait être intéressant. Il croisa les bras et la considéra, les yeux mi-clos. Elle était belle. Calme. Mais pas heureuse. Il aurait dû jubiler. Pourtant, il avait mal pour elle.

— Tu peux toujours me regarder comme ça, reprit-il. Mais tu sais très bien que ça ne suffira pas pour me convaincre.

Elle fixa quelques instants les murs blancs du bureau, cherchant le meilleur moyen de le faire fléchir. Ce n'était pas facile, car Trent se fichait de tout dans la vie. Ou du moins, c'était ce qu'il s'employait à faire croire.

— Prouve à ton père que tu es meilleur que lui en affaires.

Cette idée aurait dû le ravir littéralement. *Lui*, Trent, serait le sauveur du label West Coast Records et réussirait là où son père et son frère avaient échoué. Mais en réalité, cette perspective ne lui inspirait que de l'amertume.

— Même si je sauve la société, jamais il ne le reconnaîtra.

Non seulement le grand Siggy Caldwell n'était pas homme à admettre ses erreurs, mais il n'avait jamais vu en son second fils autre chose qu'un raté de la pire espèce.

— Écoute, reprit-il, si tu n'as pas d'autres arguments, je vais être obligé de te décevoir…

Un silence compact s'installa dans la pièce, puis elle déclara :

— J'ai besoin de ton aide.

Une fois de plus, il résista à l'envie de la prendre dans ses bras et de voler à son secours. Elle le regardait avec une insistance désespérée comme s'il était son preux chevalier venu la sauver des griffes du dragon. Elle le surestimait, bien sûr. Certes, dans le passé, il lui avait bien apporté son aide une fois ou deux, mais il ne lui devait absolument plus rien. L'époque à laquelle il était son sauveur était révolue depuis qu'elle avait promis d'aimer, d'honorer et de chérir son frère.

— Et tu crois vraiment que tu n'as qu'à claquer des doigts pour que je laisse tomber tout ce que j'ai à faire et vole à ton secours ? lança-t-il d'un ton sarcastique. Eh bien, ma petite chérie, tu pourras faire ce que tu voudras, mais je ne te ferai pas ce plaisir…

- 2 -

Bien souvent, Trent avait volé à son secours. Mais, Savannah le savait, il n'avait plus aucune raison de le faire aujourd'hui. Elle avait commis l'irréparable en épousant son frère.

Mais elle était piégée financièrement. Son fils de un an avait hérité de parts qu'elle ne pouvait revendre à un tiers sans l'autorisation de son beau-père. Ce qui voulait dire qu'elle ne pouvait strictement rien en faire. Et, vu la vitesse à laquelle le label perdait de l'argent, ces parts ne tarderaient pas à perdre toute valeur.

Implorer de l'aide non seulement était humiliant, mais cela avait peu de chances d'aboutir. Mieux valait tenter de négocier. Une fois de plus, elle entra dans la peau de Courtney Day et reprit d'un ton plus ferme :

— Comment puis-je te faire changer d'avis ?

— Je n'en sais rien, répondit-il, une lueur amusée dans le regard. Que proposes-tu ?

— Je n'ai rien à t'offrir.

Elle resta impassible tandis qu'il la dévorait des yeux. Une vague de chaleur la submergea. Ce n'était pas de l'humiliation qu'elle ressentait, mais du désir. Si on lui avait posé directement la question, Trent n'aurait jamais reconnu qu'il la désirait, mais son souffle court et ses pupilles dilatées montraient que l'alchimie sensuelle qui existait entre eux depuis toujours était plus puissante que jamais.

— Si.

Elle secoua la tête, préférant ne pas relever l'allusion si c'en était une et s'en tenir à l'aspect financier.

— Rafe a vidé tous nos comptes pour payer des traitements alternatifs qui n'ont pas marché, expliqua-t-elle. Après sa mort, j'ai dû vendre la maison pour rembourser ses dettes.

Et encore, il lui manquait toujours un million… Elle avait cru qu'en revendant les parts de Rafe à Siggy elle pourrait solder cette dette et peut-être commencer une nouvelle vie ailleurs.

Mais Siggy n'avait pas voulu en entendre parler. La seule chose qui l'intéressait, c'était de récupérer le fils de Rafe.

— Je n'ai plus rien hormis les parts de Dylan, reprit-elle. Mais je ne peux pas y toucher.

— Je ne veux pas d'argent.

Évidemment. Il aurait pu racheter trois sociétés comme West Coast Records s'il l'avait voulu.

— Alors que veux-tu ?

Elle comprit qu'elle venait de se livrer à lui au moment où les mots franchissaient le seuil de ses lèvres. Mais que pouvait-elle faire d'autre ? Siggy était prêt à rembourser ses dettes à condition que Dylan emménage avec lui. Son beau-père n'avait aucune estime pour elle. Il pensait que son fils aîné avait eu tort de l'épouser et ne s'était pas privé de le lui dire. Mais Savannah ne supportait pas l'idée que son fils vive dans un environnement aussi toxique.

— Pourquoi as-tu épousé mon frère ?

La question était inattendue, et l'espace d'un instant Savannah ne sut que répondre. Discuter de son mariage avec Trent était une impasse. Jamais il n'approuverait ce qu'elle avait fait, jamais il ne comprendrait que, livrée à elle-même, elle n'avait en réalité pas eu le choix.

— Tu savais ce que je voulais. Ce qui comptait pour moi.

C'était précisément ce que Trent avait refusé de lui offrir, à savoir une famille. Ils se dévisagèrent quelques instants en silence. Reparler de ses aspirations ne ferait que rouvrir de vieilles blessures, et l'idée lui était insupportable.

« Je ne peux pas te donner ce que tu veux. »

Il lui avait brisé le cœur lorsqu'il avait prononcé ces mots, deux ans plus tôt.

— Je voulais me marier. Avoir des enfants, reprit-elle.

— Mais pourquoi as-tu choisi Rafe ? Parce que tu étais enceinte ?

Elle songea qu'il ne lui avait pas demandé si c'était parce qu'elle aimait son frère. Il est vrai que c'était inutile. Les comptes étaient faciles à faire. Dylan était né six mois après le mariage.

— C'est une des raisons, répondit-elle, se rappelant combien elle avait été dévastée lorsque l'homme qu'elle aimait l'avait abandonnée et terrifiée à l'idée d'élever un enfant seule.

Pourquoi avait-elle épousé Rafe ? Parce qu'il l'aimait.

— Rafe était ravi à l'idée d'être père. La famille était quelque chose d'important pour lui.

Plus important encore qu'elle ne l'avait cru au départ. Et il s'était montré particulièrement persuasif. À aucun moment, il ne lui avait donné de raison de douter de son désir d'être père, et il avait été encore plus ravi quand il avait appris qu'elle attendait un garçon.

— Rafe et Siggy étaient des copies conformes, reprit Trent. Des gens qui se servent des autres pour parvenir à leurs fins.

Elle ne pouvait qu'admettre que Trent avait raison sur ce point. Elle avait toujours cru que Rafe était son ami. Lorsqu'ils étaient adolescents, elle le tenait pour un gentil garçon, toujours optimiste et bien éduqué. Il acceptait le réconfort qu'elle lui offrait quand il broyait du noir et il lui rendait volontiers la pareille.

Il avait toujours su qu'elle était amoureuse de Trent. Et, lorsqu'il lui arrivait de la trouver en larmes après une dispute avec lui, il lui remontait le moral.

C'était Rafe, aussi, qui l'avait encouragée à se lancer dans une carrière de mannequin à New York. Et, lorsqu'elle avait quitté la série, il l'avait aidée à trouver un appartement à son retour à Los Angeles.

Elle ne s'était jamais demandé pourquoi Rafe avait si bien accepté sa grossesse. Pas plus qu'elle n'avait cherché à comprendre pourquoi il l'avait envoyée à Las Vegas faire ses adieux à Trent en lui donnant une boîte de préservatifs.

Ce n'était qu'après la naissance de Dylan, lorsqu'elle avait aussi découvert la maladie que Rafe lui avait toujours cachée, qu'elle avait compris qu'il l'avait piégée en perçant les préservatifs qu'il lui avait remis sous couvert de largeur d'esprit.

Comme son père, il tenait absolument à perpétuer la dynastie. Il désirait un fils mais, rendu impuissant et stérile par les traitements contre le cancer, il l'avait poussée dans les bras de Trent afin qu'elle tombe enceinte.

Au départ, elle avait été consternée d'avoir été manipulée par quelqu'un en qui elle avait confiance. Mais pour finir, elle n'avait pu se résoudre à détester un homme qui avait pris cette décision extrême parce qu'il était condamné.

— La dernière fois que nous avons couché ensemble, reprit Trent d'une voix grave, tu étais déjà avec Rafe ?

Elle s'arracha à ses pensées pour découvrir que Trent était maintenant à moins de un mètre d'elle. La tête inclinée, il la fixait intensément, comme s'il attendait un signe de sa part. Elle sentit soudain son souffle s'accélérer.

Il ne l'avait pas touchée et ne semblait avoir aucune intention de le faire. Alors pourquoi brûlait-elle soudain de l'embrasser ?

— Qu'est-ce que ça peut faire ? répondit-elle, consciente qu'elle aurait dû reculer, se réfugier de l'autre côté de la pièce, mettre entre eux une table, une chaise et, mieux encore, une porte, plusieurs couloirs, quelques dizaines d'étages.

— C'est important pour moi, insista-t-il en la fixant intensément. De plus, mon frère aurait peut-être aimé savoir que tu le trompais avec moi.

— Je ne l'ai pas trompé, ni avec toi ni avec qui que ce soit d'autre.

Dans sa hâte de se justifier aux yeux de Trent, elle avait oublié de lui rappeler les questions de calendrier. Se souviendrait-il que, neuf mois après leurs adieux à Las Vegas, elle avait accouché de Dylan ? Cette idée la terrifiait. Car, s'il découvrait qu'elle lui avait caché que Dylan était son fils, il lui refuserait forcément son aide. Mais ce n'était pas la pire de ses craintes.

Rafe l'avait facilement convaincue que, si Trent découvrait la vérité, non seulement il continuerait de la rejeter, mais il renierait aussi son fils.

C'était la raison pour laquelle elle ne lui avait pas parlé de sa grossesse. Était-ce lâche de sa part d'avoir caché la vérité de peur des conséquences ? Bien sûr, mais rien dans les propos de Trent ne lui avait jamais laissé espérer qu'être père changerait miraculeusement sa façon de penser.

— Je n'ai pas envie de parler de mon mariage.

— Alors, j'ai bien peur que cette conversation soit terminée, répondit Trent en désignant la porte du bureau.

— Ce n'est pas forcément vrai, tenta-t-elle pour gagner du temps.

Si elle parvenait à le faire parler, il ne pourrait pas la mettre à la porte et peut-être parviendrait-elle à revenir sur la question du label.

— Tu as autre chose à me dire ?

— Tu pourrais me demander des nouvelles de Murphy.

Il lui avait offert le bouledogue au pelage crème pour Noël trois ans plus tôt. Elle avait alors cru que ce cadeau était une façon de lui faire comprendre qu'il souhaitait s'engager dans une relation plus sérieuse. Elle en avait éprouvé une joie immense.

Dans la foulée, ils avaient passé ensemble deux semaines de rêve. La veille de Noël, ils avaient échangé des cadeaux, blottis l'un contre l'autre sur le canapé. La semaine précédant le nouvel an, ils avaient fait de grandes balades dans New York avec le petit chien. Pour la Saint-Sylvestre, ils avaient sabré le champagne et célébré de la façon la plus parfaite qui soit leur merveilleuse entente charnelle.

Et puis, six semaines plus tard, il avait annulé un rendez-vous à la dernière minute, et elle avait passé la Saint-Valentin à pleurer, son bouledogue dans les bras. Elle avait alors compris à quel point l'éloignement compliquait une relation et décidé de démissionner de la série pour revenir à Los Angeles.

— Comment se porte-t-il ?

— Comme un charme. Il adore Dylan et le suit partout. Ils font même la sieste tous les deux.

— Et Rafe, ça lui plaisait de partager son lit avec le chien ?

Les questions de ce type étaient de véritables champs de mines. Que pouvait-elle répondre ? Elle ne pouvait lui avouer que ce mariage avec Rafe n'avait été qu'une façade et qu'ils n'avaient jamais partagé le même lit.

— Pas du tout, répondit-elle, ce qui, au moins, était une vérité.

— Ça ne m'étonne pas. Rafe n'a jamais aimé les animaux.

Contrairement à Trent, qui en avait recueilli plusieurs par le passé. Mais, s'il aimait prendre sous son aile les animaux errants, il ne tardait jamais à leur trouver une famille d'accueil. Ce qui témoignait de sa réticence à s'impliquer dans une relation durable et à aliéner sa liberté.

Elle avait été infiniment blessée par son refus d'officialiser leur relation, même si, dès le départ, elle avait su que cela arriverait. Ce qui ne l'avait pas empêchée d'espérer qu'il change, qu'à un moment donné il comprenne qu'il ne pouvait vivre sans elle.

Or, les choses ne s'étaient pas passées ainsi. Pire même, il l'avait abandonnée et, désespérée, elle s'était laissé manipuler par son frère. Au fond, elle savait que Trent était plus humain que Rafe et avait espéré qu'il viendrait une fois de plus la sauver.

Mais ce n'était pas arrivé. Et elle ne pouvait pas lui

en vouloir de l'avoir laissée assumer les conséquences de ses actes.

— Je suis désolée, murmura-t-elle.

— De quoi ?

— J'ai eu tort de nouer cette relation avec Rafe.

— Ça fait un an et demi que j'attends que tu l'admettes.

Sans lui laisser le temps de deviner ses intentions, il la prit dans ses bras et pencha la tête vers la sienne. Le contact de ses lèvres brûlantes sur sa peau déclencha en elle un véritable brasier. Elle gémit lorsque, enfouissant la tête au creux de son cou, il se mit à lui mordiller la gorge. Il connaissait parfaitement ses points sensibles et, en l'espace d'un instant, elle sentit céder toutes ses résistances. Apparemment, il avait bien l'intention d'en profiter.

Et alors ? Leur relation avait toujours été ainsi. Torride. Délicieuse. Irrésistible. Elle s'abandonna au plaisir. Pourquoi pas ? N'étaient-ils pas tous deux des adultes consentants ? Et puis, elle n'était plus mariée à son frère. Ce mariage, du reste, ne l'avait menée nulle part, et certainement pas à cette famille traditionnelle qu'elle aspirait à fonder au départ. Dès lors, quel mal y avait-il à céder à ce désir, à plus forte raison si elle pouvait ainsi amener Trent à lui apporter son aide ?

Alors que toutes ces pensées se bousculaient dans sa tête, Trent saisit ses fesses à pleines mains et la plaqua contre lui. Elle sentit alors la dureté de son érection. Plongeant les mains dans ses cheveux, elle attira sa tête vers la sienne. Elle avait envie de lui. À quoi bon le nier ? Elle se punirait plus tard de son inconséquence.

Il captura ses lèvres, leur imprimant un baiser incandescent. Lorsqu'il glissa la langue dans les replis de sa bouche, elle sentit une chaleur irrésistible se répandre dans son entrejambe et, avec un râle de plaisir, lui rendit passionnément son baiser. L'espace d'un instant, elle songea que quelqu'un risquait de les surprendre mais, curieusement, elle n'en fut pas spécialement gênée. Et puis, Trent avait dû attirer tellement de femmes dans son antre que son personnel avait probablement appris à se montrer prudent.

Cette idée aussi aurait dû la déranger. Mais elle avait dépassé le stade de la logique et de la raison.

Elle l'attira vers le canapé et l'y poussa. Il rebondit sur les coussins. Avec un sourire espiègle, elle retroussa sa robe et s'assit sur lui à califourchon. Ils frémirent tous les deux lorsqu'elle s'installa sur son sexe en érection. À quel moment était-elle sortie de son personnage de Courtney ? Elle n'en avait aucune idée. Mais une chose était sûre : ce qu'elle faisait à présent était du pur Savannah.

Le souffle court, il la regardait tout en lui caressant les cuisses. À la façon dont il fronçait les sourcils, il devait probablement se poser des questions. Lorsqu'elle ondula des hanches au-dessus de lui, il poussa un juron étouffé.

Il voulut parler, mais elle le fit taire en prenant son visage entre ses mains, avant de lui mordiller la lèvre inférieure. En sentant ses doigts se crisper autour de ses cuisses, elle se dit qu'elle en garderait probablement la marque. Elle sourit, continuant de titiller sensuellement ses lèvres.

Glissant une main dans la poche de Trent, elle en sortit la petite boîte de pastilles à la menthe qu'elle avait sentie quand il l'avait serrée contre lui. En entendant le tintement des bonbons contre le métal, il interrompit leur baiser.

— Je vois que tu n'as pas changé tes habitudes, remarqua-t-elle en lui montrant la boîte.

— Je préfère parer à toute éventualité.

Elle mit une pastille dans sa bouche, et une explosion de fraîcheur mentholée se répandit sur sa langue.

— Tu en veux une ?

Les yeux rivés aux siens, il ouvrit la bouche, et elle en glissa une entre ses lèvres. Ils se regardèrent en silence, laissant la sucrerie se dissoudre. Il la défiait du regard, mais en même temps la considérait avec curiosité comme s'il se demandait ce qu'elle lui réservait. Elle sourit intérieurement. Il aimait être à l'initiative. C'était d'ailleurs la raison pour laquelle il s'était retiré des affaires familiales et avait monté sa propre entreprise.

Personne ne mènerait jamais Trent Caldwell à la baguette.

Elle avait trouvé en lui un merveilleux partenaire sexuel. Si, bien souvent, il l'avait entraînée dans sa passion et avait initié leurs jeux érotiques, il aimait aussi se soumettre à son désir. Un échange de bons procédés qui avait permis à Savannah de devenir plus sûre d'elle, non seulement dans un lit mais dans la vie en général.

De nouveau, elle glissa la main dans la poche de Trent pour en extraire, cette fois, un préservatif.

— Un seul ? fit-elle en exhibant l'étui en aluminium. Avant, tu en avais toujours au moins deux.

Courtney serait sans doute passée à l'acte sans complexes, mais Savannah, elle, ne pouvait s'empêcher de se poser des questions.

— Si ça se trouve, j'en ai déjà utilisé un aujourd'hui… Qu'est-ce que tu en sais ?

Trent était doté d'un solide appétit sexuel, et elle n'aurait pas été étonnée d'apprendre qu'il avait couché avec trois autres femmes dans la journée. Elle aurait dû s'en moquer. Mais elle se sentit tenaillée par la jalousie et le regret.

Il la regarda quelques instants comme s'il devinait le fond de sa pensée et s'attendait à ce qu'elle batte en retraite. Mais elle ne tarda pas à se ressaisir, déterminée à voir en Trent ce qu'il était vraiment : un amant merveilleux qui, l'espace d'un instant, lui permettrait d'oublier tous ses soucis.

— Excuse-moi. J'avais oublié à qui j'avais affaire, dit-elle.

Consciente qu'il observait ses moindres mouvements, elle glissa l'étui entre ses dents et commença à desserrer sa ceinture. Jusque-là, elle avait réussi à paraître assez sûre d'elle. Mais, exposée à ce regard pénétrant, elle sentait ses doigts trembler nerveusement. Trent ne faisait rien pour lui faciliter les choses. En fait, hormis sa respiration, il était absolument immobile. Parvenant enfin à ouvrir sa braguette, elle libéra son sexe dur et chaud. Elle le caressa longuement avec volupté. Puis, un sourire satisfait aux lèvres, elle déchira l'emballage du préservatif et le lui enfila avec une lenteur délibérée. Fermant les yeux, il serra les dents et retint son souffle ; et elle sentit tous les muscles de son corps se tendre au-dessous d'elle.

Elle avait peut-être choisi une robe un peu trop classique pour ce genre d'endroit, mais elle portait dessous un soutien-gorge en soie rouge et un string assorti. Avait-elle anticipé ce qu'il risquait d'arriver ? Peut-être le désirait-elle inconsciemment depuis le départ.

Avant de changer d'avis, elle saisit le sexe de Trent et, écartant son string, le positionna entre ses cuisses.

À cet instant, Trent revint à la vie. La saisissant par les fesses, il l'attira vers lui et, d'un coup de reins, la pénétra. Ils poussèrent tous deux un cri rauque. Prise de vertige, Savannah dut s'agripper à ses épaules.

Ce n'était pas que du sexe. Entre eux, ça avait toujours été beaucoup plus. Mais il n'y avait ni mots d'amour ni regards tendres. C'était un interlude insensé, d'une intensité presque animale, et dont elle avait désespérément besoin aujourd'hui. Son seul but était d'oublier ses problèmes, au moins un instant, ce qui se produisait toujours avec Trent.

Lorsqu'ils eurent un peu repris leurs esprits, ils se mirent à onduler de concert, adoptant le rythme régulier et presque détendu de deux amants qui se connaissent par cœur.

— Détache tes cheveux, souffla Trent.

S'exécutant de bonne grâce, elle ôta les épingles de son chignon et secoua doucement la tête, libérant la masse de ses longues mèches blondes. Trent avait toujours adoré ses cheveux. Il y plongea les doigts et attira son visage vers le sien pour l'embrasser.

Comment s'était-il retrouvé sur ce canapé à faire l'amour avec Savannah ? Il n'en avait aucune idée. Ce qu'il savait en revanche, c'est qu'elle était toujours aussi passionnée et désirable. Une autre femme aurait pu l'implorer ou crier au viol lorsqu'il avait refusé de l'aider. Mais ce n'était pas le genre de Savannah, car il savait que le désir dévorant qu'ils éprouvaient l'un pour l'autre dépassait ce genre de considérations.

Mais ce n'était pas pour autant une réconciliation. Du moins, pas au sens strict. Pendant près d'un an et demi, ils ne s'étaient plus adressé la parole. D'un côté, il n'avait aucune envie qu'elle revienne dans sa vie. Mais, de l'autre, il la trouvait toujours aussi irrésistible. Peut-être cet interlude n'était-il qu'une façon pour eux de se dire adieu. Tandis qu'elle lui mordillait sensuellement la lèvre inférieure, le rapprochant irrépressiblement de l'orgasme, il comprit que cet intermède ne faisait que raviver le désir qu'il éprouvait pour elle.

Il luttait pour faire durer ce moment. Mais toutes ses défenses cédèrent lorsqu'il sentit qu'elle était au bord de l'orgasme. Emporté par l'ardeur et les ondulations de plus en plus résolues des hanches de Savannah, il jouit en même temps qu'elle.

Le cœur battant à tout rompre, vidé de toute énergie, il resta immobile. Cette femme avait réussi à lui faire faire ce qu'il voulait absolument éviter ! Une fois de plus, il fut déchiré entre deux envies contradictoires : l'embrasser longuement et la garder pour toujours auprès de lui ou la mettre à la porte.

Il ne fit ni l'un ni l'autre.

Se passant les doigts dans les cheveux, il fixa le plafond, comme un homme qui se demande ce qu'il vient de faire.

Sans le moindre signe de regret, Savannah se leva. Ondulant élégamment des hanches, elle se dirigea vers le bar et trouva une serviette qu'elle lui apporta. Pendant qu'il s'essuyait et se débarrassait du préservatif, elle refit rapidement son chignon. En quelques instants, elle reprit son allure normale. Seuls ses joues rosées et son rouge à lèvres estompé témoignaient encore de leurs ébats.

Il la regarda remettre ses escarpins à talon et ne vit plus qu'une femme sereine et sûre d'elle. La femme fatale avait disparu. Il ne parvenait pas à savoir laquelle des deux il préférait.

— Ça ne change rien, déclara-t-il d'un ton plus brusque qu'il ne l'aurait voulu. Je n'ai aucune intention d'aller à Los Angeles pour m'impliquer dans West Coast Records.

Elle haussa les sourcils et lui lança un regard désapprobateur.

— Ce n'est pas pour ça que j'ai couché avec toi.

— Vraiment ?

Il savait toutefois qu'elle était sincère. Savannah se retrouvait fréquemment en difficulté parce qu'elle n'était pas calculatrice. Et le fait de l'accuser d'avoir couché avec lui par intérêt démontrait simplement qu'il était déstabilisé. Il détestait ça. Il était temps de reprendre la situation en main.

— Où loges-tu ?

Sa question la surprit. Une lueur passa dans son regard.

— Je ne compte pas t'inviter dans ma chambre d'hôtel, si c'est ce que tu as en tête.

Ce n'était pas ce qu'il avait en tête, mais maintenant qu'elle en parlait il trouvait l'idée excellente. Il aurait adoré la dépouiller de cette robe trop classique et lui faire l'amour convenablement. Mais c'était trop tard. Trop de choses les séparaient à présent : ces deux ans de silence, le mariage de Savannah avec son frère, et le fils qu'elle avait eu de lui.

— À quel hôtel es-tu descendue ? insista-t-il.

— Ici même, au Cobalt.

Lorsque Trent et ses associés avaient ouvert le Club T, ils avaient choisi ce local précisément parce qu'il se trouvait dans le même immeuble que l'hôtel Cobalt. Le propriétaire de l'hôtel, JT Stone, était un brillant homme d'affaires doté d'une excellente réputation. Le loyer était certes très élevé, mais l'hôtel attirait une clientèle aisée qui pouvait s'offrir facilement les services haut de gamme du club.

— Je te raccompagne à ta chambre.

— Ne te donne pas cette peine.

Elle avait évité son regard. C'était la première fois de la soirée que Trent observait chez elle une marque d'émotion ou de gêne.

— Il est 2 heures du matin.

Il n'avait aucune intention de retourner au club ce soir. Son humeur festive s'était évaporée lorsque Savannah avait fait son apparition. Tout ce qu'il voulait, c'était rentrer chez lui, se servir un généreux verre de scotch et réfléchir à tout ça.

— De plus, tu as été agressée par un type dont tu n'arrivais pas à te dépêtrer, ajouta-t-il.

— Je trouve que je me suis très bien dépêtrée de toi.

Il réprima un sourire amusé.

— Je parlais du type dans la boîte, clarifia-t-il.

— Ah, lui ! Je m'apprêtais à lui écraser les pieds avec mes talons aiguilles.

Sans savoir si elle plaisantait, il la prit par le coude et la guida vers la porte de son bureau. Ils enfilèrent quelques couloirs et s'arrêtèrent devant un ascenseur de service. Une fois à l'intérieur, il lui jeta un regard interrogateur. Mais, au lieu de lui indiquer son étage, elle appuya elle-même sur le bouton.

— Ça ne sert à rien, tu sais, reprit-il alors que l'ascenseur commençait sa montée. Si tu essayes de me faire entrer dans West Coast Records, Siggy mettra tout en œuvre pour te faire échouer.

— Mais tu es exactement le genre de dirigeant dont l'entreprise a besoin. Tu es brillant. Ton père et Rafe ne l'ont jamais compris.

Il la dévisagea, confus. Elle avait toujours été de son côté. Comment deux personnes qui s'appréciaient à ce point avaient-elles pu échouer si lamentablement à former un couple ? Parce qu'ils n'avaient pas les mêmes aspirations. Pour lui, fonder une famille était une porte ouverte au malheur.

— Tu perds ton temps et tu me fais perdre le mien. Laisse tomber cette entreprise. Dylan et toi vous porterez mieux sans elle. J'y veillerai.

- 3 -

Tandis qu'ils se dirigeaient vers sa chambre, Savannah se sentait complètement perplexe. L'offre qu'il venait de lui faire n'avait aucun sens. Lorsqu'ils s'arrêtèrent devant la porte, elle se tourna vers lui.

— Comment ça, tu y veilleras ? Il n'est pas question que j'accepte de l'argent de ta part.

Elle n'avait jamais rien exigé de lui, hormis son amour. Elle avait rêvé de l'épouser et de fonder une famille. D'avoir enfin une vie équilibrée et sécurisante. Ballottée entre son père et sa grand-mère jusqu'à l'âge de huit ans, elle n'avait jamais connu cette stabilité dont ont besoin tous les enfants. Ce qui ne l'empêchait pas d'avoir de bons souvenirs de la petite ville où vivait sa grand-mère.

— Tu viens de me dire que tu as vendu ta maison pour rembourser les dettes de Rafe. Où comptes-tu aller ? Et de quoi vivras-tu ?

— Je vais retourner dans le Tennessee.

Le coût de la vie était élevé en Californie et, surtout, elle voulait commencer une nouvelle existence loin des Caldwell.

Elle n'aurait jamais dû s'installer à Los Angeles après avoir quitté New York. Au départ, elle avait envisagé de s'établir à Las Vegas pour se rapprocher de Trent. Mais celui-ci n'avait pas paru emballé par cette perspective. À l'époque, elle lui avait fait part de son aspiration à fonder une famille. Et cet aveu avait précipité leur rupture. C'est ainsi qu'elle s'était finalement installée à Los Angeles et rapprochée de Rafe.

Ce dernier ne l'avait nullement accablée. Au contraire, il l'avait accueillie à bras ouverts et soutenue. Depuis, elle regrettait amèrement de ne pas être partie seule de son côté. Sa vie aurait alors été bien différente.

— Qu'espères-tu trouver dans le Tennessee ? demanda Trent.

Pas grand-chose mais, au moins, cela la rattacherait à son enfance.

— C'est chez moi.

Il lui lança un regard sceptique.

— Et que comptes-tu y faire sans argent ?

Elle avait songé à redevenir actrice, mais cela impliquait de vivre à New York ou Los Angeles. Étant donné les dettes écrasantes qu'elle avait à rembourser, elle commençait à y songer sérieusement. Mais cela impliquait aussi de renoncer à son rêve d'élever Dylan dans une petite ville tranquille. Du moins, pendant quelque temps.

— J'envisageais de m'installer à Gatlinburg. Il n'y a pas beaucoup d'habitants, mais c'est très touristique. Je suis sûre que je pourrai y trouver un emploi.

— C'est à cause de ma famille que tu te retrouves dans cette situation. Si tu souhaites vraiment t'installer dans le Tennessee, je te donnerai de l'argent pour que tu puisses le faire dans de bonnes conditions.

Malgré son envie de commencer une nouvelle vie ailleurs, la proposition de Trent lui laissait un goût amer car elle avait l'impression qu'il voulait la pousser à partir. C'était ridicule. Certes, ils venaient de coucher ensemble, mais ce n'était pas une raison pour être si sensible à ses paroles. Du reste, elle n'était pas venue ici pour ça. Ce qu'elle voulait, c'était qu'il sauve le label pour préserver l'héritage de Dylan.

— Ce que j'attends de toi, c'est que tu reprennes West Coast Records.

Une bouffée de désespoir la submergea, mais elle s'efforça de n'en rien laisser paraître.

— Rien d'autre, insista-t-elle en ouvrant la porte avec une carte magnétique. Bonne nuit, Trent. Ça m'a fait plaisir de te revoir.

Avec un sourire provocant digne de Courtney Day, elle lui fit un petit signe de la main et se glissa dans sa chambre, satisfaite d'avoir eu le dernier mot. Mais manifestement, Trent ne l'entendait pas de cette oreille.

— Je te laisse la nuit pour réfléchir, déclara-t-il avant de la laisser refermer la porte.

Elle s'apprêtait à lui répondre qu'il perdait son temps, mais il s'éloignait déjà dans le couloir. Elle résista à l'envie de le rappeler. Elle était lasse de ces palabres.

Déprimée de ne pas avoir réussi à convaincre Trent de reprendre le label, elle se dirigea vers la seule personne susceptible de lui apporter du réconfort : son fils, Dylan. Elle entra dans la chambre et le trouva paisiblement endormi dans son lit à barreaux. Elle éteignit l'écoute-bébé pour ne pas réveiller Lori, la baby-sitter à laquelle elle faisait parfois appel depuis la mort de Rafe. Dylan était un bébé resplendissant qui avait fait ses nuits dès l'âge de six mois.

N'ayant pas vraiment connu sa mère, elle n'avait aucune référence lorsque son fils était né. Mais elle savait que la réalité était souvent bien différente des rêves. Pour autant, avec Dylan, tout avait toujours été parfait.

Laissant son fils endormi, Savannah se dirigea vers la salle de bains. Elle retira sa robe et examina ses cuisses. Comme elle l'avait anticipé, la pression des doigts de Trent avait formé des hématomes. Elle massa doucement la zone endolorie. Laisser son corps dicter cette rencontre avec Trent n'avait sans doute pas été la meilleure idée qu'elle ait eue, mais elle ne regrettait rien. Cependant, elle savait que son impulsivité ne serait pas sans conséquences sur le plan émotionnel.

Peut-être devrait-elle accepter l'offre de Trent pour alléger le poids de ses dettes. Et laisser Siggy conduire le label à sa perte. Quelle importance, après tout, si cela pouvait les libérer, Dylan et elle, de l'emprise du vieil homme ? D'autant que si Trent prenait la tête du label, comme elle le souhaitait, elle s'exposerait à un interminable bras de fer avec son beau-père. En réalité, celui-ci ne faisait que profiter de la situation pour garder Dylan à portée de main. Et s'il lui intentait un procès, invoquant un prétexte légal qu'elle n'aurait pas les moyens de contester ?

Elle enfila son pyjama, doutant cependant de parvenir à s'endormir. Elle s'installa dans le salon pour regarder une émission de téléréalité, dans laquelle une équipe d'entrepreneurs apparaissait un jour chez des propriétaires pour rénover entièrement leur maison. L'émission la réconforta. Peut-être aurait-elle cette chance, elle aussi, si un jour elle trouvait une petite maison où elle mènerait une vie simple avec Dylan.

Le genre de vie qu'elle aurait pu mener avec sa mère si celle-ci n'avait pas perdu la vie au Moyen-Orient quand Savannah avait trois ans. Elle aurait donné n'importe quoi pour avoir un souvenir, même flou, de sa mère, Libby. Mais elle ne se rappelait que ses incessants allers et retours entre le domicile de son père et celui de sa grand-mère maternelle.

Savannah était issue d'une brève relation entre ses parents. Et, bien que déterminée à ne pas commettre la même erreur que sa mère, c'était exactement ce qu'elle avait fait. À ce que lui avait dit sa grand-mère, Libby n'avait jamais informé Chet Holt qu'il était le père de son enfant. Et ce dernier avait été tout sauf ravi de récupérer la fillette à la mort de sa mère.

Lorsque, quelques années plus tard, son père s'était retrouvé en prison pour cambriolage, elle n'avait pu retourner chez sa grand-mère. Gravement malade, celle-ci n'avait plus la force de s'occuper d'elle. C'est ainsi qu'elle avait atterri à Los Angeles chez sa tante, qui officiait comme gouvernante chez les Caldwell.

Savannah ferma les yeux au souvenir des premiers mois difficiles qu'elle avait passés à Los Angeles. Les Caldwell étaient tout sauf une famille heureuse. À l'époque, le second mariage de Siggy battait de l'aile, et Melodie se querellait constamment avec sa belle-mère. Âgé de seize ans, Trent menait une scolarité chaotique, qui lui valait les fureurs de son père. Seul Rafe, qui avait brillamment décroché son baccalauréat, se situait au-dessus de la mêlée.

À force de remuer ces mauvais souvenirs, elle s'endormit devant la télévision et fit un terrible cauchemar dans lequel elle vivait avec son fils dans la demeure des Caldwell, soumise au bon vouloir de Siggy. Elle se réveilla en entendant Dylan s'agiter dans son lit et se leva pour le changer avant qu'il réveille Lori.

Elle adorait s'occuper de son fils au petit matin. Les câlins qu'ils échangeaient alors lui faisaient oublier ses soucis pendant quelques instants. C'était un enfant tellement heureux et curieux, et depuis qu'il avait commencé à marcher deux semaines plus tôt elle devait le surveiller constamment.

Savannah et Dylan étaient toujours en pyjama lorsque la baby-sitter sortit de la chambre. Dylan avait pris son petit déjeuner, et Savannah lui lisait son album préféré.

— Quelle heure est-il ? demanda-t-elle à Lori.

— 8 heures passées.

— Et si tu nous commandais un petit déjeuner ? suggéra Savannah. Je prendrais bien des œufs brouillés avec des toasts.

Elle reprenait l'avion pour Los Angeles à 11 heures, et la vente de sa maison devait être finalisée à 14 h 30. Confiant Dylan à Lori, elle gagna la salle de bains. Prête en moins de dix minutes, elle en profita pour boucler son sac. Lorsqu'elle reparut, un serveur venait d'entrer avec le chariot du petit déjeuner. Il s'arrêta devant la baie vitrée donnant sur le Strip. Savannah signa la note et, lorsque le jeune homme ouvrit la porte pour sortir, elle aperçut Trent dans le couloir.

— Bonjour, dit-il sans attendre qu'elle l'invite à entrer.

Cette arrivée impromptue l'agaça profondément. Elle aurait cru qu'il s'annoncerait au moins par téléphone. Cela dit, elle n'aurait jamais imaginé qu'il se déplacerait en personne ce matin. Vêtu d'un costume bleu marine à la coupe impeccable, d'une chemise d'un blanc immaculé et d'une cravate cobalt, il incarnait l'homme d'affaires dans toute sa splendeur.

Elle jeta un coup d'œil à son fils. Assis par terre au milieu de ses livres et de ses jouets, il mâchonnait joyeusement son anneau dentaire. Sans prêter attention au visiteur, Lori ôta les cloches métalliques qui recouvraient leurs assiettes.

Si, la nuit précédente, les retrouvailles sensuelles avec Trent avaient paru relativement simples, le revoir en plein jour en présence de son — de *leur* — fils s'avérait plus compliqué. À peine Trent eut-il mis le pied dans la chambre qu'elle se sentit submergée par le poids de ses erreurs passées et de celles qu'elle s'apprêtait peut-être à commettre.

— Qu'est-ce que tu fais là ?

— Tu n'as pas vraiment l'intention de t'installer dans le Tennessee, n'est-ce pas ?

Après une nuit peuplée de cauchemars dans laquelle elle s'était vue prisonnière de Siggy, Savannah se sentait bien moins sûre d'elle que la veille. En dépit de ce qu'elle avait dit à Trent, elle n'avait en réalité nulle part où aller une fois sa maison vendue. Elle avait tellement cru qu'elle parviendrait à le convaincre de l'aider qu'elle n'avait prévu aucun plan B.

— Euh, je..., balbutia-t-elle, le souffle court.

— Ça va ?

— Très bien, répondit-elle sans conviction, se demandant où avait pu passer Courtney la battante.

— Eh bien, quand comptes-tu partir ?

— Écoute, je n'en ai aucune idée, admit-elle, soudain submergée par le désespoir. J'espérais te convaincre de reprendre le label. Pour le reste, je n'en sais rien...

— Cela dit, ça ne t'aurait pas aidée à trouver un point de chute après la vente de ta maison, remarqua-t-il.

Il avait raison, elle le savait.

— J'ai appelé Melodie la nuit dernière, reprit Trent. Elle est en Australie en ce moment, et avec le décalage horaire c'était l'après-midi pour elle. Elle m'a dit que Siggy voulait que tu emménages chez lui. Tu n'en as pas l'intention, j'espère ?

Bien sûr que non… Sauf si elle n'avait pas le choix. Vivre sous le même toit que son beau-père, ne serait-ce que de façon provisoire, était une mauvaise idée. Savannah soupira, frustrée, mais ne répondit pas à la question de Trent. Elle ne pouvait pas en vouloir à Melodie d'avoir révélé à Trent la précarité de sa situation. La sœur de Trent avait elle-même tellement enduré de choses avant d'échapper à l'emprise paternelle…

— C'est une très mauvaise idée.

— Je n'ai aucune envie de m'installer chez lui, répliqua-t-elle en détournant le regard. Je préférerais acheter une petite maison dans le Tennessee.

Mais était-ce vraiment l'endroit où elle souhaitait vivre avec Dylan ? Savannah avait choisi Gatlinburg uniquement parce que c'était à une quarantaine de kilomètres du village où sa grand-mère vivait autrefois. Et qu'elle s'était mis en tête que c'était l'endroit idéal pour élever Dylan.

Comme s'il lisait dans ses pensées, le bébé poussa un petit rire et se hissa sur ses pieds. Trent se tourna vers lui et le regarda approcher d'un pas hésitant.

— Il marche déjà ? lança Trent en regardant le petit garçon sans émotion particulière. Je ne pensais pas qu'il avait déjà un an.

— Il est un peu en avance, répondit-elle sans chercher à masquer sa fierté.

Voyant sa mère sourire, Dylan accéléra le pas. Le cœur battant douloureusement dans la poitrine, Savannah le souleva de terre et le cala contre sa hanche. Le bébé agrippa aussitôt le collier de perles qu'elle portait sur sa robe en maille noire à manchettes et col blancs.

— Dylan, c'est ça ? demanda Trent en fixant le petit garçon.

— C'est ça.

Le père et le fils se dévisagèrent tandis que Savannah, qui appréhendait cette rencontre depuis la naissance de Dylan, retenait son souffle. Elle espérait quelque part qu'il reconnaîtrait son propre fils. Elle aurait alors pu cesser de culpabiliser de lui avoir caché la vérité.

— Tu ne peux pas lui faire ça.

— Lui faire quoi ? s'enquit-elle, réalisant que ce n'était pas tout à fait la réponse qu'elle attendait.

— Laisser mon père s'en prendre à cet enfant.

— Tu parles de lui comme d'un criminel. Que pourrait-il bien lui faire ? demanda-t-elle.

— Détruire son enfance, comme il a détruit celle de Rafe et la mienne.

À en croire son expression, Savannah était parfaitement consciente de la capacité de nuisance de Siggy. Trent trouvait cela d'autant plus irritant. Comment pouvait-elle songer un seul instant à exposer son fils à un environnement aussi toxique, ne serait-ce que de façon provisoire ?

— Très bien, reprit-il. Arrêtons de tourner autour du pot.

— C'est-à-dire ? fit-elle, soudain inquiète.

— Je veux que tu me dises ce que tu comptes faire.

Après avoir reposé son fils au milieu de ses jouets, elle remplit posément une tasse de café et la tendit à Trent, qui secoua la tête.

— Dylan et moi rentrons à Los Angeles par le vol de 11 heures. À 14 h 30, je finalise la vente de ma maison. À part ça, il n'y a rien à savoir.

Jetant un coup d'œil à la baby-sitter qui dévorait une gaufre à belles dents, Trent comprit que Savannah ne souhaitait peut-être pas détailler sa situation en présence d'un tiers.

— Demain, j'ai prévu d'aller à Los Angeles pour

affaires, annonça Trent. Cela dit, je pourrais très bien partir aujourd'hui. Ce qui nous permettrait, ce soir, de fêter la vente de ta maison. Et demain, tu pourrais me faire visiter West Coast Records.

— Je ne suis pas sûre que la vente de ma maison soit matière à se réjouir.

— Alors, vois ça comme une occasion pour nous de refaire connaissance.

— Tu veux vraiment que je te fasse visiter le label ? demanda-t-elle d'un ton inquiet.

Peut-être craignait-elle la réaction de Siggy quand il verrait son fils honni débarquer à West Coast Records. Pour sa part, il trouvait toujours aussi absurde son idée de le faire entrer dans la société.

— Absolument. Pourquoi n'appelles-tu pas Gerry pour le prévenir que tu passeras jeter un coup d'œil sur les comptes avec ton conseiller financier ?

Pour la première fois depuis qu'il était entré dans la chambre, Savannah lui adressa un grand sourire.

— Il va sûrement très mal le prendre.

— Et alors ?

— Et Siggy sera sans doute furieux, lui aussi, reprit-elle d'un ton détaché qui cherchait sans doute à masquer son appréhension.

Siggy ferait forcément de sa vie un enfer lorsqu'il découvrirait qu'elle faisait alliance avec lui.

— Alors, tu acceptes de m'aider, finalement ? demanda-t-elle en retenant son souffle.

— Non.

En réalité, il avait simplement l'intention de faire croire à son père qu'il allait s'immiscer dans l'entreprise. Ainsi, Siggy rachèterait peut-être les parts de Savannah.

Elle le dévisagea, incrédule.

— Alors, pourquoi veux-tu voir les comptes ?

— Parce que je pense que le label va très mal. La baisse du chiffre d'affaires ne me surprend pas, mais si ce que tu m'as dit est vrai, à savoir que le label a cessé de payer ses artistes, la situation est sans doute beaucoup plus grave.

— Et si Gerry refuse de me montrer les comptes ?

— Alors, nous saurons qui est responsable de la situation.

— Tu crois que Gerry a quelque chose à voir là-dedans ?

— Depuis le départ en retraite de Siggy et la maladie de Rafe, il gère l'entreprise comme il l'entend.

Trent savait, de plus, que Gerry n'avait jamais eu la réputation d'être un bon gestionnaire.

— Alors, allons voir ce qui se passe, d'accord ? J'ai affrété un avion. Je passe te prendre à 10 h 30.

— Nous avons déjà nos billets pour Los Angeles.

— Ce serait plus simple pour moi de ne pas venir te chercher à l'arrivée, répondit-il avant de poursuivre d'un ton plus doux. Et puis, ce sera plus confortable pour toi.

Sentant un tiraillement au bas de son pantalon, Trent baissa la tête. Les yeux bleus du petit garçon, qui rappelaient ceux de Rafe, étaient rivés sur lui. Il sentit soudain un poids intolérable lui comprimer la poitrine.

C'était le fils de Rafe. Et de Savannah. Tel un homme qui se noie, Trent vit défiler son passé devant ses yeux. La joie de Savannah lorsque, le jour de Noël, elle avait découvert l'adorable bouledogue. Que lui était-il passé par la tête ? Il lui avait offert un chien. Comme elle était déprimée à l'idée de passer les vacances toute seule, il lui avait acheté un animal et avait sauté dans le premier avion pour New York pour le lui apporter. C'était si facile de la rendre heureuse.

Et puis, parce qu'elle avait surinterprété ce cadeau, il s'était senti obligé de prendre ses distances pendant plusieurs mois.

Voyant que le bébé ne le lâchait pas des yeux, il le prit dans ses bras. Il ne s'était jamais spécialement intéressé aux enfants mais, curieusement, il le cala contre sa poitrine comme s'il avait fait cela des centaines de fois. La curiosité qu'il lisait dans le regard du bébé l'intriguait. Que pouvait-il bien se passer dans ce petit cerveau ?

Alors que le petit garçon s'accrochait à sa cravate, Savannah poussa un cri.

— Attention, il va l'abîmer ! lança-t-elle en tendant les bras pour lui reprendre son fils.

— Ce n'est qu'une cravate, répondit-il en se détournant, étonné de sa réticence à lui rendre le bébé. Regarde, reprit-il, ton petit déjeuner refroidit. Mange. Pendant ce temps-là, je m'occupe de Dylan.

La détresse qu'il lit dans le regard de Savannah n'avait aucun sens. Ce n'était pas comme s'il allait faire disparaître l'enfant de la chambre. Il n'éprouvait à l'égard de son neveu qu'une curiosité bien naturelle.

Rafe était mort quelques mois après la naissance de son fils. Avec un père comme Siggy, Trent n'avait que peu d'expériences positives en matière de relations père-fils. Dylan souffrirait-il de ne jamais avoir connu son père ? D'un autre côté, si Savannah s'installait dans le Tennessee, elle se remarierait peut-être, et Dylan serait alors élevé par un beau-père. Quoi qu'il en soit, il bénéficierait toujours de l'amour de sa mère. C'était au moins une certitude.

Ramassant un album posé parmi les jouets, il prit place avec l'enfant sur le canapé.

— C'est son préféré, indiqua Savannah, qui, assise à table, n'avait pas encore touché à son assiette. Il adore qu'on lui fasse la lecture.

Suivant ce conseil, Trent se mit à lire tandis que Dylan tapotait les pages du livre de ses petites mains potelées.

Trent ne pouvait s'empêcher de sourire. L'année précédente, il avait évité de penser à son neveu. Bien que n'ayant jamais eu l'intention de fonder une famille, il était rongé par le fait que Savannah ait eu cet enfant avec Rafe.

Rafe lui avait tout pris : l'amour et l'approbation de leur père, l'entreprise familiale. Et Savannah. Trent s'était accommodé des deux premiers. Mais jamais il ne s'était remis de la perte de Savannah. Cela dit, c'était entièrement sa faute. Il aurait pu poursuivre leur relation. Dylan aurait pu être son fils. Hélas, il ne partageait pas l'aspiration de Savannah à fonder une famille.

L'idée que d'autres personnes puissent dépendre de lui lui était insupportable. Certes, par le passé, il avait volé au secours de Savannah à maintes reprises, mais il s'agissait d'actes isolés qu'il avait accomplis avant tout dans son propre intérêt. D'ailleurs, il avait toujours été comme ça. Aujourd'hui encore, c'était d'abord pour lui qu'il avait accepté de l'aider à sauver le label. Parce qu'il savait que son père en serait fou de rage.

En réalité, Trent voulait savoir si Siggy le détestait au point de faire sombrer l'entreprise plutôt que de lui en confier les rênes. Aussi loin que Trent s'en souvienne, son père l'avait toujours sous-estimé, voire méprisé. Rafe avait toujours été le fils préféré. L'aîné. Au point qu'il était devenu la copie conforme de son père, tant physiquement que moralement. Comme Siggy, Rafe s'était révélé un patron à la vision étroite qui pensait à son propre intérêt avant de penser à celui de l'entreprise.

Tout comme sa sœur, Melodie, Trent avait hérité de la voix et des talents musicaux de leur mère. Mais il n'avait jamais cherché à en faire son métier. En revanche, sa jeune sœur composait ses propres chansons et était devenue une remarquable interprète doublée d'une pianiste exceptionnelle. Et Trent était infiniment fier d'elle.

Elle aussi s'était battue pour déployer ses ailes au sein d'une famille qui n'avait jamais reconnu son talent. Contrainte de s'inscrire dans une école de musique pour y étudier le violon alors que la seule chose qui l'intéressait était de composer des chansons pop pour d'autres interprètes, Melodie avait abandonné ses études au cours de la première année.

Melodie était la benjamine de la famille et, Trent avait toujours soutenu son talent, y compris lorsqu'elle avait décidé d'arrêter ses études. C'était lui qui lui avait donné de l'argent pour la location d'un appartement et l'enregistrement d'une maquette en studio. Il l'avait également mise en contact avec des professionnels de l'industrie musicale susceptibles de lui mettre le pied à l'étrier.

Le soutien qu'il avait apporté à Melodie n'avait fait qu'envenimer ses relations avec son père. Peu après, Siggy avait tout bonnement coupé les ponts avec lui. En sa qualité de P-DG du label West Coast Records, il avait une idée bien précise du type de carrière que sa fille aurait dû mener et ne pouvait supporter qu'elle s'abaisse à écrire des chansons pour d'autres.

Trent n'avait jamais compris la vision étriquée de son père. Melodie avait un talent fou. Elle aurait pu devenir une immense star si elle avait voulu être sur le devant de la scène. Mais elle préférait rester dans l'ombre et composer pour d'autres. Toutefois, les choses avaient évolué lorsque l'associé de Trent, Nate Tucker, lui avait proposé d'accompagner son groupe, Free Fall, comme violoniste. Impressionné par son talent, il lui avait proposé de chanter une de ses chansons sur scène. Elle avait remporté un tel succès qu'elle faisait maintenant la première partie du groupe.

Mais, pour Siggy, cela n'avait fait qu'allonger la longue liste des reproches qu'il avait à faire à Trent.

— Alors, comment ça se passe ?

Trent leva les yeux du livre et regarda Savannah, qui se tenait devant lui. Malgré son maquillage impeccable, elle était pâle. Était-ce à cause du stress ou du manque de sommeil ? Lui-même avait eu beaucoup de mal à s'endormir après l'avoir raccompagnée à sa chambre. D'habitude, lorsqu'il passait une soirée en bonne compagnie, il se repassait le film des meilleurs moments, mais ceux-ci s'estompaient rapidement.

Pourtant, avec Savannah, c'était différent. Il ne pouvait savourer une partie de jambes en l'air avec la veuve de son frère, rire de l'ironie de la situation et passer à autre chose. Ils avaient un passé commun. Un passé qu'il ne pouvait s'empêcher de regretter.

— Très bien, répondit-il. Tu as raison, il adore ce livre.

— Et qu'on lui fasse la lecture, ajouta-t-elle en souriant tendrement à son fils. Mais c'est normal, tous les enfants adorent ça.

— Personne ne m'a jamais lu de livres. Et toi ?

Elle secoua la tête.

— Ma grand-mère me racontait des histoires de son enfance. Elle avait grandi dans une ferme dans le Kansas. Elle trayait les vaches et s'occupait des chatons qui naissaient dans la grange. Un jour, elle a passé une journée entière dans la cave alors qu'un ouragan faisait rage. La tempête a emporté le poulailler mais a laissé intactes la maison et la grange.

Trent fut frappé par la nostalgie de Savannah. Quel contraste avec l'amertume qui le submergeait à chaque fois qu'il repensait à son enfance ! Une enfance qui s'était résumée à regarder la télévision et à jouer aux jeux vidéo. Sa mère ne lui avait jamais fait la lecture, occupée à prendre soin de son apparence et à chercher le bonheur. Elle avait cru y parvenir en s'entourant de coachs sportifs et de gourous en tous genres. Mais rien ne pouvait contrebalancer la présence d'un mari aussi toxique que Siggy, qui l'avait toujours dévalorisée.

Aujourd'hui, Naomi avait bien changé. Enfin heureuse, elle riait constamment et acceptait son âge. Après avoir quitté Siggy, elle s'était installée à New York et travaillait dans le théâtre à Broadway, où elle avait rencontré son second mari, Larry Fry, qui occupait un poste haut placé dans une banque d'investissement.

— Je dois habiller Dylan pour partir, indiqua-t-elle.

— Et moi, j'ai quelques détails à régler au club.

Trent se leva, étonné de sa réticence à rendre l'enfant à sa mère. Dylan n'était peut-être qu'un bébé, mais il avait passé un bon moment en sa compagnie. Mais jouer le rôle de l'oncle sympa qui consacre dix minutes de son temps à lire un livre n'avait rien à voir avec le fait d'être père pour la vie.

Savannah cala Dylan sur sa hanche.

— Dylan, tu fais au revoir à ton oncle Trent ? demanda-t-elle d'une voix enfantine.

Dylan s'exécuta de bonne grâce et souffla même un baiser en direction de Trent. Impressionné, celui-ci se demanda si un tel niveau de compréhension était courant chez les enfants de cet âge.

Mais il n'était pas question de tomber sous le charme de son neveu et de se mêler des problèmes de Savannah. Cependant, il y avait anguille sous roche à West Coast Records, et il voulait en avoir le cœur net.

En réalité, c'était peut-être une nouvelle chance qui se présentait à lui. Et il aurait été complètement stupide de ne pas la saisir.

- 4 -

Tandis que Trent roulait vers l'aéroport de Los Angeles, Savannah était assise à ses côtés, accablée. Depuis vingt minutes, elle était officiellement sans domicile.

— Ça va ? demanda Trent en lui jetant un énième regard depuis qu'il était passé la prendre.

— Dylan et moi n'avons nulle part où aller, répondit-elle d'une voix tremblante.

Pourquoi passait-elle sa vie à aller de catastrophe en catastrophe ? À croire qu'elle avait la poisse…

— Je suis une mère complètement nulle.

— Ne dis pas ce genre de choses.

— Je ne suis même pas capable d'offrir un toit à mon fils.

— Ce n'est pas ta faute.

Tout en appréciant les paroles réconfortantes de Trent, elle ne pouvait ignorer la succession de mauvais choix à l'origine de sa situation actuelle. Mais, en même temps, c'était à un de ces choix qu'elle devait l'existence de son fils.

— Peut-être… Mais quand j'ai compris la gravité de notre situation financière j'aurais dû chercher un emploi et trouver un logement, répondit-elle. Mais j'ai préféré faire l'autruche.

— Ne sois pas si dure envers toi-même.

— Dis-moi que tu aurais fait la même chose à ma place, et je me tairai.

— Toi et moi n'avons pas la même façon d'aborder les problèmes.

— Ah, tu vois ?

Curieusement, cette discussion avec Trent la revigorait.

— À ton avis, qu'allons-nous trouver chez West Coast ?

— Je ne devrais pas te le dire vu ton état, mais tu seras probablement très mal reçue.

— Justement, j'ai appelé Gerry ce matin avant de quitter l'hôtel, et effectivement il a fort mal pris ma requête. Donc, je suppose que ce sera encore pire de visu.

— Tu lui as dit que tu venais avec moi ?

— Et rater l'occasion de les prendre par surprise ? fit-elle en souriant.

Dix minutes plus tard, Trent entra dans le parking de West Coast Records et se gara sur une place réservée aux visiteurs. Savannah posa la main sur son bras avant qu'il sorte du véhicule.

— Merci, dit-elle en voyant la voiture de Siggy garée sur la place de Rafe. Je sais que ce n'est pas facile pour toi.

— Ce n'est pas un problème.

— Tu as parlé à Siggy depuis les funérailles de Rafe ?

— Non. Nous n'avons rien à nous dire.

Au grand soulagement de Savannah, il n'y avait eu ce jour-là aucune prise de bec entre le père et le fils. Elle n'avait jamais aimé Rafe, mais elle avait tenu à ce que sa famille lui témoigne le respect qu'il méritait en ce jour solennel.

Réprimant son envie de s'approcher de Trent pour s'imprégner de sa présence rassurante, elle redressa la tête et resta à bonne distance de lui tandis qu'ils pénétraient dans le hall de l'immeuble qui abritait le siège social de West Coast Records depuis les années 1950. Siggy avait racheté l'entreprise en 1976.

Pendant longtemps, le label avait été florissant, mais il avait tardé à s'adapter au numérique. Savannah savait également, que sous l'impulsion de ses dirigeants avides, il avait engagé trop de nouveaux artistes et inondé le marché de titres médiocres.

Ils passèrent devant le bureau d'accueil désert, et Savannah guida Trent vers celui de Rafe. Elle n'était venue au siège que cinq ou six fois, mais elle connaissait assez bien les lieux. Tout en arpentant les couloirs, elle remarqua que de nombreux postes de travail étaient inoccupés.

— Où sont passés les salariés ? demanda-t-elle à Trent en ralentissant pour regarder autour d'elle.

— Ils ont peut-être licencié du monde.

L'inquiétude qui la tiraillait depuis des mois s'accrut. Et si elle avait fait venir Trent trop tard ? Si l'entreprise périclitait, les parts dont son fils avait hérité perdraient toute valeur. Pour l'instant, elle consacrait le petit revenu que lui versait le label à rembourser ses dettes au compte-gouttes en attendant de trouver une meilleure solution. S'il faisait faillite, il ne lui verserait plus rien. Et elle n'aurait plus qu'à se déclarer elle-même en faillite pour échapper à la dette écrasante que Rafe lui avait laissée.

Ils passèrent devant le bureau de Gerry.

— À ton avis, où est-il passé ? s'enquit Trent en haussant un sourcil.

— Je n'ai pas mis les pieds ici depuis que j'ai appris que Rafe était malade. Peut-être a-t-il emménagé dans le bureau du P-DG.

Lorsqu'ils y entrèrent, ils y trouvèrent non seulement Gerry mais Siggy. Le vieil homme était assis au bureau comme s'il dirigeait toujours l'entreprise. Savannah éprouva un profond malaise en le voyant installé dans le fauteuil de son défunt mari.

— Que fichez-vous ici ? lança Sigmund Caldwell en se levant brusquement.

Plaquant les deux mains sur le bureau, il foudroya son fils cadet du regard.

— Bonjour, Siggy, répondit Trent en se plaçant devant Savannah comme pour la protéger. Je suis surpris de te trouver au bureau, ajouta-t-il d'un ton amusé.

— C'est moi qui ai demandé à Trent de venir, intervint Savannah, s'efforçant de rester impassible, tandis que son beau-père posait les yeux sur elle. Je souhaiterais jeter un coup d'œil aux comptes de l'entreprise.

— Ça ne te regarde pas, rétorqua Siggy.

— Tu as tort. Dylan vient d'hériter des parts de son père, et je suis sa mère. Je dois veiller à ce qu'il reste quelque chose de cet héritage lorsqu'il sera en âge d'en profiter.

Savannah comprit aussitôt qu'elle était allée trop loin.

— Tu n'as rien à voir là-dedans. Tu n'es qu'une femme vénale qui n'a cherché qu'à profiter de la maladie de mon fils. Si tu crois que je vais te laisser diriger cette entreprise, tu te trompes lourdement.

— Très bien. Alors, rachète-moi les parts de Rafe, répliqua-t-elle, frémissante de rage bien que consciente que la confrontation aurait été bien plus violente si Trent n'avait pas été auprès d'elle.

— J'ai une meilleure idée. Et si je t'offrais une belle somme pour que tu déguerpisses ? Je suis sûre que tu hésiterais beaucoup moins à me laisser le petit.

C'était l'accord qu'il avait passé avec sa première femme, Naomi Caldwell.

— Je n'ai aucune intention de te laisser mon fils.

Siggy afficha un sourire sceptique.

— Comme tu l'as dit, reprit-il, mon petit-fils sera un jour propriétaire de cette entreprise. Les parts lui appartiennent. Je dirigerai le label jusqu'à ce qu'il soit en âge de me succéder.

— Mais tu as pris ta retraite et tu n'es même plus actionnaire majoritaire, lui rappela Trent.

À peine eut-il prononcé ces mots que son père se tourna vers lui.

— Tu n'as rien à faire ici. Sors de ce bureau ou je te fais jeter dehors par les vigiles.

— Les vigiles ? Tu n'as même plus de salariés.

— Fiche-moi le camp d'ici ! lança Siggy, rouge de colère.

— Pas sans les comptes, répliqua Trent sur un ton flegmatique qui tranchait avec l'hystérie de son père. En tant que mère de l'actionnaire majoritaire, Savannah a parfaitement le droit de savoir comment se porte l'entreprise.

En observant cet échange entre père et fils, Savannah

avait presque de la peine pour son beau-père. Si Siggy n'avait pas eu un ego aussi démesuré, peut-être aurait-il pu s'entendre avec Trent. Mais Siggy voulait garder le contrôle de la société, et pour ce faire il lui fallait mettre la main sur son petit-fils.

Les quatre interlocuteurs se regardèrent en chiens de faïence. À ce stade, Savannah aurait été bien incapable de dire sur quoi allait déboucher cet échange. S'ils n'avaient pas accès aux ordinateurs, elle ne savait absolument pas comment contraindre Siggy et Gerry de leur montrer les comptes. Mais ce n'était pas le cas de Trent.

— Tu sais bien que la justice te donnera tort si nos avocats s'en mêlent, menaça-t-il.

En tant que société privée, West Coast Records n'était pas tenue de rendre ses comptes publics. Le conseil d'administration était composé de six hommes dévoués à Siggy, qui ne la suivraient sans doute pas si elle entreprenait une action en justice.

— Montre-leur les comptes, Gerry, lança Siggy en se levant du bureau et en foudroyant son fils du regard. Tu as peut-être gagné la première manche, mais sache que je ferai tout pour t'empêcher de t'emparer de cette société, dussé-je la détruire.

Il bluffait, comprit Savannah. Mais, en regardant son beau-père, elle ignorait si c'était l'arrogance ou la folie qui habitait cet homme lorsqu'il se trouvait face à son fils.

Gerry tapota le clavier de l'ordinateur avant de sortir de la pièce à son tour.

Tandis que Trent s'installait au bureau, Savannah se laissa tomber sur la chaise en face de lui.

— Comment fais-tu ? demanda-t-elle. Comment peux-tu rester si calme face à cet homme ?

— J'ai de longues années de pratique, répondit-il d'un ton las.

Durant d'interminables minutes, Trent parcourut les fichiers. Savannah avait du mal à contenir sa nervosité, craignant à chaque instant que Siggy réapparaisse pour l'insulter. Avant cet échange, elle était déterminée à protéger son fils des velléités de cet homme ; désormais, elle savait que jamais plus elle ne laisserait Dylan l'approcher.

Elle se mit à faire les cent pas dans la pièce tout en regardant les photos et les récompenses qui ornaient les murs. Apparemment, le label n'avait pas connu de grand succès depuis le début des années 1990. Et le bref passage de Rafe à sa tête ne semblait pas avoir infléchi le destin de l'entreprise. Cela la rendit triste. De bien des façons, son mari avait été piégé dans son rôle de fils aîné.

— Alors ? demanda-t-elle en jetant un coup d'œil à l'écran par-dessus l'épaule de Trent.

Malgré la gravité de la situation, elle ne put s'empêcher de s'imprégner de l'odeur familière de son eau de toilette. Elle fut prise d'un vertige en sentant ses sens s'éveiller d'un seul coup. À la vue des longs doigts sur les touches, elle se rappela leur pression sur sa peau lorsqu'elle avait joui, la veille, dans son bureau.

Regardant les cheveux épais et ondulés de Trent, elle eut soudain une folle envie d'y plonger les doigts. Puis de caresser l'étoffe de son costume et de glisser la main sous sa chemise. Manifestement, leurs ébats de la veille n'avaient fait que ranimer son désir. Avant de succomber à la tentation, elle noua les mains derrière son dos.

— Que fais-tu ? Ça ne ressemble pas à un fichier de comptabilité…

— Un ami m'a prêté un petit logiciel, expliqua-t-il en ôtant une clé USB de l'ordinateur et en la remettant dans sa poche.

— Quel genre de logiciel ? demanda-t-elle en reculant d'un pas tandis qu'il se levait.

— Je te le dirai dans la voiture.

— Est-ce bien nécessaire ?

Pourquoi Trent se comportait-il comme un espion ? Faisait-il cela pour l'aider ? Ou poursuivait-il un autre objectif ? Il posa une main au bas de son dos et la guida vers le couloir.

— Allons-y.

Manifestement, il ne lui dirait rien tant qu'ils seraient dans l'immeuble. Bien qu'impatiente d'en savoir plus, elle se délecta de la chaleur de sa main sur ses reins.

Comme à l'arrivée, ils ne croisèrent personne dans les couloirs. Une fois dans le parking, elle ne put réprimer sa curiosité une seconde de plus.

— Que se passe-t-il ? As-tu trouvé quelque chose dans les comptes ?

— Ils ne nous ont donné qu'un accès partiel.

— Qu'est-ce que ça veut dire ?

— Ça veut dire qu'ils nous attendaient. Le bilan qu'ils nous ont présenté ne couvre que l'année écoulée. Il montre que l'entreprise est bénéficiaire.

— À quel point ?

— Assez bénéficiaire, apparemment, pour leur permettre de payer leurs artistes. Mais tu m'as dit qu'ils avaient cessé de le faire.

— C'est l'impression que j'ai eue. Peut-être ne payent-ils que certains d'entre eux.

— L'entreprise effectue bien des paiements, reprit Trent en lui ouvrant la portière. Mais les comptes ne permettent pas de déterminer si les artistes en sont bien destinataires.

Sans en dire davantage, il claqua la porte, la laissant réfléchir à ce qu'il venait de dire.

Lorsqu'il fut assis au volant, elle revint à la charge.

— Et ce logiciel ? Qu'est-ce que c'était ?

— J'étais sûr que nous n'aurions qu'une vision partielle des comptes. Donc j'ai anticipé. J'ai un ami à Las Vegas qui dirige une entreprise de sécurité. Il se trouve que cet ami pirate volontiers les ordinateurs lorsqu'il le faut, même si bien sûr il ne fait pas de publicité à ce sujet. Je l'ai appelé ce matin pour lui expliquer le problème, et il m'a donné un logiciel espion à implanter dans leur système.

— Un logiciel espion ? répéta Savannah.

Si elle avait vu suffisamment de films pour comprendre

de quoi il retournait, jamais elle n'aurait imaginé que ce genre de choses puisse se pratiquer dans la réalité.

— Tu comptes vraiment espionner leur système informatique ?

— Mon ami aurait pu le faire de l'extérieur, mais pourquoi se fatiguer puisqu'on nous offre la possibilité de le faire de l'intérieur ?

— Et qu'allons-nous en retirer ? demanda-t-elle, soudain pleine d'espoir.

— Eh bien, ça nous donnera accès à la totalité des comptes de l'entreprise.

Une fois de plus, Trent avait dépassé toutes ses attentes. Elle n'aurait jamais imaginé quelque chose d'aussi astucieux.

— Donc, tu seras en mesure d'observer les comptes en temps réel ?

— C'est l'idée.

— Mais c'est illégal, non ?

— En partie, disons. Mais nous n'avons pas le choix puisqu'ils nous interdisent l'accès aux comptes d'une société dont Dylan est actionnaire majoritaire, expliqua Trent en faisant marche arrière. Mais ne t'inquiète pas. Logan m'a assuré que ce logiciel était indétectable. Ils ne sauront jamais comment nous avons obtenu ces informations.

Tout en raccompagnant Savannah à son hôtel, Trent bouillonnait ; c'était le contrecoup du calme auquel il s'était astreint au label. Comme prévu, son père avait perdu les pédales. Pire, il n'avait pas hésité à insulter Savannah. Trent avait eu un mal fou à ne pas prendre sa défense. Mais il ne voulait pas que son père — ou même Savannah — s'imagine qu'il éprouve quoi que ce soit pour elle.

Il lui jeta un coup d'œil à la dérobée. Bien que regardant par la vitre, apparemment détendue, elle avait les mains crispées sur son sac. Il voulut la rassurer, mais décida de se taire. Qu'aurait-il bien pu lui dire ? Que tout allait bien se passer ? Il n'avait aucune certitude. Et que lui prenait-il de se mêler de ses problèmes, alors qu'il s'était juré, dix ans plus tôt, de rester en dehors de ces psychodrames familiaux ?

— Affronter Siggy ne va pas être une partie de plaisir, dit-il enfin. Tu es sûre que tu ne veux pas que je te donne de l'argent, le temps que tu te remettes sur pied ?

Ce n'était pas en qualité d'ex-amant ou de beau-frère qu'il lui faisait cette proposition. Après tout, ils étaient amis depuis bien plus longtemps. Et, qu'il le veuille ou non, elle l'avait toujours soutenu dans les épreuves qu'il avait traversées dans sa jeunesse.

— Je t'ai dit hier soir qu'il n'en était pas question.

— Ça pourrait être un prêt.

— J'y ai pensé, figure-toi, mais c'est toujours non.

Depuis quand était-elle devenue si intraitable ? se demanda-t-il. Apparemment, elle avait beaucoup changé depuis leur rupture, deux ans plus tôt. Mais il ne savait pas si c'était une bonne chose.

— Pourquoi refuses-tu mon aide ?

— Je ne serais pas avec toi dans cette voiture si je refusais ton aide.

— Alors pourquoi refuses-tu mon argent ? Tu sais très bien que ce n'est pas un problème pour moi…

— Je ne sais pas, répondit-elle, le regard vague. Que tu m'aides à régler le problème du label, c'est autre chose, ce n'est pas personnel. Mais j'aurais pu engager un avocat.

— Je croyais que tu n'avais plus un sou…

— Disons que je pourrais m'offrir les services d'un mauvais avocat, répondit-elle en soupirant. Cela dit, je ne savais plus où j'en étais avant hier soir.

— Hier soir ? Qu'est-ce qui a changé, hier soir ?

— Tu as déjà oublié ? fit-elle d'un ton sexy.

Il s'agrippa de toutes ses forces au volant, résistant à l'envie de glisser la main sous sa jupe et de lui caresser les cuisses. Ça le rendait furieux qu'elle s'habille de façon aussi conventionnelle depuis son mariage, comme si elle cherchait à réprimer sa sensualité. Une femme aussi ravissante n'aurait jamais dû masquer son corps de cette façon.

— Pas du tout, répondit-il.

Mais, en jetant un coup d'œil vers elle, il se mit à douter. Peut-être sous-entendait-elle autre chose.

— Tu parles bien de ce qui s'est passé dans mon bureau ?

— Pourquoi ? Ça te gênerait que je parle d'autre chose ?

— Pas du tout, répéta-t-il, pris de court, se demandant pourquoi il espérait tant que leurs ébats aient changé la donne entre eux.

Mais non. Ce n'avait été qu'une passade entre ex-amants. Rien d'autre. En tout cas, cela n'avait rien changé pour lui. Alors pourquoi voulait-il croire que cela avait changé quelque chose pour elle ? Il serra les dents, agacé du doute qui s'était emparé de lui. À son grand soulagement, Savannah poursuivit d'elle-même leur échange.

— Cette soirée avec toi m'a rappelé la fille que j'étais autrefois. Tu m'as appris à faire face aux difficultés de la vie. J'avais oublié que j'avais cette capacité.

Il se rappelait surtout lui avoir appris à s'interroger sur les motivations des gens avant d'accepter quoi que ce soit. Elle avait perdu beaucoup de sa naïveté quand elle vivait à New York mais, à l'évidence, elle oubliait parfois de se méfier des gens désireux de profiter d'elle.

— Pourquoi t'es-tu laissé faire quand tu étais mariée avec Rafe ?

— De bien des façons, ton frère était comme ton père. Il avait des idées précises sur le type de femme qu'il voulait. Une femme qui obéissait sans discuter. J'ai compris trop tard que ce mariage ne serait jamais un partenariat.

Trent réalisa soudain qu'elle avait été malheureuse. Une fois de plus, il eut envie de la réconforter. Une fois de plus, il résista. Il n'avait pas à s'inquiéter pour elle. S'il avait accepté de l'aider à régler le problème du label, c'était uniquement pour défier son père. Elle avait fait mouche, la veille, lorsqu'elle l'avait poussé à montrer à Siggy qu'il était meilleur que lui en affaires.

— Je regrette que les choses ne se soient pas passées comme tu l'espérais.

— À vrai dire, je ne crois pas avoir jamais su ce que j'espérais.

Une fois de plus, sa réponse lui donna envie de la questionner, mais il s'abstint. Elle lui avait dit la veille qu'elle ne souhaitait pas parler de son mariage. Et il n'avait pas plus envie qu'hier d'en entendre parler.

Après avoir garé la voiture au parking de l'hôtel, il l'accompagna à la réception. Elle avait choisi un hôtel bon marché dépourvu des services qu'elle aurait sans doute appréciés si Rafe ne lui avait pas laissé autant de dettes. Même si elle avait changé, elle demeurait fiscalement responsable.

Pour sa part, Trent était descendu au Wiltshire. Il aurait pu se contenter de déposer Savannah à son hôtel et de regagner le sien, mais il avait envie de lui expliquer ce qu'il avait en tête.

La chambre était déserte lorsqu'ils entrèrent. Un lit d'enfant avait été installé près de la fenêtre, mais Dylan n'y était pas, et la baby-sitter semblait s'être volatilisée.

— Ils ne devraient pas être là ? demanda-t-il, inquiet.

— J'ai dit à Lori de ne pas sortir avant mon retour, répondit Savannah en vérifiant fébrilement son portable. Elle ne m'a envoyé aucun texto et ne répond pas au téléphone. Où peuvent-ils être ? demanda-t-elle d'un ton anxieux.

— Depuis combien de temps connais-tu cette baby-sitter ?

— Je l'ai engagée après la mort de Rafe. Je savais que j'allais être occupée et je ne voulais pas perturber les journées de Dylan en l'emmenant partout.

— Tu as vérifié ses références ?

— Je suis passée par une agence réputée qui a procédé à toutes les vérifications nécessaires.

— Elle a déjà fait ce genre de choses ?

— Si tu veux dire par là sortir avec Dylan sans me prévenir, non, pas à ma connaissance.

Visiblement, ses questions n'arrangeaient pas la situation, car Savannah paraissait de plus en plus inquiète.

— Je me trompe ou il y a quelque chose que tu ne me dis pas ? demanda Trent.

— C'est sans doute un détail…

— Je ne crois pas…

— C'est juste que ton père…

Interrompant son explication, Savannah tapa vivement un numéro sur son téléphone.

— Tante Stacy, commença-t-elle lorsque sa correspondante décrocha. Je me demandais, est-ce que Lori et Dylan sont toujours là ?

Elle marqua une pause, et son corps tout entier parut se détendre.

— Non, tout va bien. Simplement, j'ai été étonnée de ne pas les trouver à mon retour. Lori ne m'a pas prévenue qu'elle irait là-bas.

Elle marqua une autre pause.

— Oh ! vraiment ? Non, il ne m'en a pas parlé.

Tout en écoutant l'échange, Trent sentait déjà la colère bouillonner en lui. Et il ne put s'empêcher d'admirer le calme dont Savannah faisait preuve dans cette situation particulièrement stressante.

— Ne parle pas de mon appel, ajouta Savannah. J'arrive.

Lorsqu'elle raccrocha, elle se laissa tomber sur le lit, comme saisie d'une terrible angoisse. Lorsque Trent la prit par l'épaule, elle tressaillit comme sous l'effet d'une brûlure. Puis elle se ressaisit.

— Désolée. Ce n'était pas contre toi. Lori a emmené Dylan chez Siggy.

— Sans te prévenir ?

— Il lui a dit que j'étais d'accord, répondit-elle en se mettant à arpenter la chambre. Je suis venue le provoquer sur son terrain. Alors j'imagine qu'il me rend la monnaie de ma pièce.

— J'aurais dû prévoir sa réaction.

— Ni toi ni moi n'aurions pu le prévoir, déclara-t-elle d'un ton neutre qui tranchait avec l'angoisse qui l'habitait quelques instants plus tôt. Écoute, je vais devoir te demander un autre service : peux-tu me conduire là-bas ? Lori a pris ma voiture.

— Pas de problème.

Cinq minutes plus tard, ils roulaient dans les rues de Los Angeles. Savannah paraissait si stressée qu'il préféra ne pas engager la conversation. La maison de son père se trouvait à une heure de route. Il se concentra donc sur sa conduite. Ce devait être une épreuve terrible pour elle. Et il ne pouvait imaginer la panique qui l'avait submergée au moment où elle avait découvert la chambre vide à l'hôtel, puis appris que la baby-sitter avait emmené Dylan chez son grand-père.

Trent voulait être là lorsqu'elle affronterait Siggy mais, quand il se gara devant l'immense demeure à Beverly Hills et coupa le moteur, elle secoua la tête.

— Il faut que j'y aille seule.

— Tu en es sûre ? Mon père ne te ménagera pas, tu le sais.

— Cette fois, il est allé trop loin.

— Appelle-moi quand tu rentreras à l'hôtel, dit-il, frustré de ne pas être en première ligne pour la sauver des griffes de l'ennemi. Dis-moi au plus vite comment ça s'est passé.

— Tout ira bien.

— Appelle-moi dans tous les cas.

Hochant la tête, elle descendit de voiture, et Trent fixa longuement la porte après qu'elle fut entrée dans la maison.

- 5 -

Savannah traversa vivement le vaste hall, faisant cliqueter ses talons sur le sol en marbre. Toute sa fureur avait maintenant disparu, laissant place à une froide détermination.

Depuis qu'elle était venue vivre dans cette maison à l'âge de onze ans, elle avait toujours été intimidée par le propriétaire des lieux, cet homme despotique qui critiquait ses fils, menait son personnel à la baguette et réduisait au silence ses associés.

Mais aujourd'hui, il ne lui inspirait plus aucune crainte. Aujourd'hui, il avait interféré dans la vie de son fils, et elle ferait tout ce qui était en son pouvoir pour s'assurer que cela ne se reproduise jamais plus.

C'était une maison de style contemporain située au milieu d'un grand parc. Le vaste rez-de-chaussée ouvrait sur une terrasse, une configuration idéale pour recevoir du monde.

L'arrière de la maison était aménagé en deux espaces, avec d'un côté une grande piscine aux rebords carrelés de marbre noir et blanc et une rangée de cabines en bois, et de l'autre un espace barbecue avec une table pour douze convives et un luxueux salon de jardin.

Malgré la taille de la maison, il n'y avait que six pièces au rez-de-chaussée, qui ouvraient toutes sur le vestibule. Savannah trouva sans peine Siggy et Dylan au salon.

Lori la vit arriver la première. Siggy, qui était au téléphone près des baies vitrées donnant sur le jardin, lui tournait le dos. Dylan marchait d'un pas incertain sur le parquet en bois sombre. Savannah se dirigea droit vers lui et le prit dans ses bras. Elle marqua une brève pause pour l'étreindre et humer son odeur familière avant de s'avancer vers la baby-sitter.

— Rendez-moi mes clés de voiture et partez d'ici avant que je vous fasse arrêter.

La jeune fille eut un mouvement de recul, terrifiée.

— Je n'ai rien fait de mal, protesta-t-elle. Il m'a demandé de passer avec le petit. Il m'a dit que c'était d'accord. Qu'il avait vu ça avec vous.

— Je me fiche de ce qu'il a dit. Vous travaillez pour moi et prenez vos instructions de moi seule.

Savannah n'éprouvait aucun remords à la menacer après ce qu'elle avait fait. Elle la foudroya du regard et tendit la main en attendant qu'elle y dépose la clé.

— Et comment vais-je rentrer chez moi ?

— C'est bien le cadet de mes soucis.

Savannah tourna le dos à la jeune fille et se dirigea vers le vestibule, pressée de quitter la maison. Bien que désireuse d'affronter Siggy, elle savait qu'elle perdrait la bataille. Mais, alors qu'elle s'apprêtait à sortir du salon, un homme large d'épaules vêtu d'un costume noir s'interposa.

— Je ne peux pas vous laisser sortir.

Effarée, Savannah resta sans voix. Était-elle prisonnière ? Elle se demanda soudain ce qui lui était passé par la tête de refuser l'aide de Trent. Mais comment aurait-elle pu imaginer une seconde que Siggy irait jusqu'à l'empêcher de partir ?

Dans un premier temps, elle se contenta de lancer un regard noir à l'homme qui lui bloquait le passage mais, voyant que ça n'avait aucun effet, elle se retourna, réalisant qu'elle allait devoir affronter son beau-père. Toujours au téléphone, ce dernier ne prêtait aucune attention à ce qui se passait à quelques mètres de lui. La fureur qui avait envahi Savannah au départ s'était maintenant dissipée, remplacée par une panique croissante. Elle fut soudain submergée par une bouffée d'adrénaline. Elle avait prévu de récupérer son fils et de renvoyer Lori. Jamais elle n'aurait imaginé être piégée de cette façon.

— Laissez-moi passer, dit-elle à l'homme.

À cet endroit, le vestibule faisait environ trois mètres de large, et elle aurait pu facilement contourner le garde du corps. Mais, avec Dylan dans les bras et ses talons de dix centimètres, elle n'aurait probablement pas été assez rapide, en particulier sur un sol en marbre.

— Je vous laisserai partir quand j'aurai son accord.

Voyant que cette discussion ne menait nulle part, Savannah se tourna vers Siggy. Elle se sentait à la fois furieuse et complètement démunie. Et elle détestait ce sentiment, qui l'habitait depuis le jour de son mariage avec Rafe. Pourquoi s'était-elle laissé convaincre de l'épouser, au lieu de redresser la tête et de se persuader qu'elle aurait la force d'élever son enfant toute seule ?

Siggy termina son appel et se dirigea vers elle. À peine eut-il fait trois pas qu'elle laissa exploser son indignation.

— Comment oses-tu nous retenir ici ? lança-t-elle.

Bien que consciente que ce n'était pas la bonne façon d'aborder cet homme, elle s'en fichait complètement.

— Rappelle ton chien de garde. Je ne resterai pas une minute de plus.

— Il faut qu'on discute.

— Je n'ai rien à te dire. Nous partons, Dylan et moi.

— Et pour aller où ? demanda-t-il d'un ton qui aurait pu paraître raisonnable s'il n'y avait pas eu tant de mépris dans ses yeux. Tu n'as pas d'argent et tu es endettée jusqu'au cou.

— À cause de ton fils.

— Il était malade.

— Et il a fait beaucoup de mauvais choix. Il m'a légué ses dettes, et aujourd'hui Dylan et moi n'avons plus rien pour vivre. Il détesterait nous savoir dans une telle situation.

— Je sais qu'il aurait voulu que je m'occupe de son fils.

Son fils. Celui de Rafe. Mais pas le sien. Instinctivement,

Savannah resserra son étreinte autour de Dylan pour le protéger des deux hommes qui les encadraient. Tenteraient-ils de le lui prendre de force ? Quoi qu'ils fassent, elle ne partirait pas sans Dylan. Mais, si elle restait, ils seraient tous les deux prisonniers de Siggy.

— Alors rachète-moi les parts que Rafe a léguées à Dylan. Offre-nous la possibilité de prendre un nouveau départ.

— Un nouveau départ ? Quel genre de nouveau départ ?

— Je voudrais acheter une petite maison juste pour nous deux et reprendre le travail.

— Redevenir actrice, tu veux dire ? fit-il, ironique. Ça ne serait pas nécessaire si tu emménageais ici.

Toujours la même discussion. Siggy et elle avaient épuisé le sujet peu après la mort de Rafe, neuf mois plus tôt.

— Je veux que Dylan vive dans un endroit rempli d'enfants, qu'il retrouve ses copains au square pour jouer après l'école.

— Il est trop jeune pour aller à l'école.

Mais, lorsqu'il serait en âge d'y aller, elle serait complètement piégée.

— Tu comptes me retenir ici de force ?

— Bien sûr que non. Tu es libre de partir.

— Merci.

Elle tourna les talons, mais le gorille lui bloquait toujours le passage.

— Je voudrais partir maintenant.

Derrière elle, elle entendit la voix mielleuse de Siggy.

— D'accord. À condition de me laisser Dylan.

Savannah sentit une fois de plus monter la panique.

— Non. Nous partons tous les deux.

Durant quelques instants qui parurent interminables, personne ne fit un geste. À cet instant, la porte d'entrée s'ouvrit, et Trent apparut dans le luxueux vestibule.

Comprenant la situation d'un regard, il se dirigea vers eux sans refermer la porte derrière lui. Le gorille était bien plus grand et massif que lui, mais cela ne sembla pas le gêner. Il regarda Savannah, espérant qu'elle saisirait son allusion.

— Nous avons un avion à prendre. Et tu sais combien c'est embouteillé.

— Oui, bien sûr.

— Elle a décidé de rester, rétorqua Siggy, tentant le tout pour le tout.

— C'est faux, répondit Savannah en prenant la main que Trent lui tendait et en se plaçant à côté de lui. Dylan et moi essayions de partir, mais ton père me menaçait.

— C'est vrai ?

Au lieu de répondre, Siggy posa une autre question.

— Comme ça, tu trompes ton mari avec lui ?

— Rafe n'est plus là. On ne peut pas tromper un mort, répliqua Trent.

— Et ma vie sentimentale ne te regarde pas, renchérit Savannah. Trent fait partie de cette famille. Il m'aide, voilà tout. C'est aussi ce que tu devrais faire.

— Jamais plus vous ne vous mêlerez des affaires de ma société, vous entendez ?

— Dylan détient la majorité des parts. Ce qui fait de moi la dirigeante du label jusqu'à ses vingt et un ans. Tu ne peux rien y faire.

— C'est *ma* société. C'est *moi* qui l'ai créée. Je fais ce que je veux.

— Alors rachète-moi les parts.

— Ce n'est pas la peine, répondit Siggy d'un air malin. Il me suffit de mettre la main sur mon petit-fils.

Trent sentit Savannah se raidir. Il avança d'un pas.

— Ne la menace pas.

— Ou sinon ? lança Siggy, moqueur.

Trent n'était plus l'adolescent colérique qu'il était autrefois, pourtant son père continuait à le prendre de haut. Depuis qu'il avait quitté sa famille pour se lancer avec succès dans les affaires, Trent se souciait de moins en moins de l'opinion de son père. Il savait que, quoi qu'il fasse, celui-ci ne changerait jamais d'avis à son sujet.

— Eh bien, continue et tu verras.

Adressant à son père un sourire glacial, Trent guida Savannah vers la sortie.

Il sentit qu'elle tremblait lorsqu'ils traversèrent le vestibule et se retrouvèrent sous le soleil éclatant de l'après-midi. Elle esquissa toutefois un sourire quand ils atteignirent sa voiture.

— Je n'ai jamais été aussi heureuse de te voir.

— Tu n'aurais sans doute pas dit ça hier.

Ouvrant la porte arrière du véhicule, elle installa Dylan dans le siège bébé.

— Qui sait ? Tu pourrais être surpris.

Trent attendit qu'elle en dise davantage, mais elle se contenta de boucler la ceinture de Dylan et de refermer la porte. Une fois au volant, elle lui adressa un immense sourire qui l'émut jusqu'au tréfonds de son âme. Hélas, il s'évanouit aussi vite qu'il était apparu.

— C'est une des expériences les plus terrifiantes de ma vie. Il veut me prendre Dylan.

— Tu devrais contacter un avocat au cas où il referait une tentative.

— Tu as raison. Mais pour l'instant, je ne veux qu'une seule chose : ficher le camp d'ici.

Alors que Trent la suivait jusqu'à son hôtel, un plan commença à germer dans son esprit.

— Tu ne peux pas rester ici.

Elle regarda la façade de l'hôtel d'un air sombre.

— Mais ce n'est que temporaire.

Plus il passait de temps en sa compagnie, plus il avait envie de l'aider à régler ses problèmes.

— Je ne parle pas de cet hôtel, mais de Los Angeles.

— Tu as sans doute raison, mais je ne peux pas partir avant d'avoir réglé le problème du label, répondit-elle.

Elle n'avait pas évoqué la gravité de la situation avec Siggy. Seule à Los Angeles, elle serait à sa merci.

— Dylan et toi serez beaucoup mieux à Las Vegas avec moi.

Trent ne chercha pas à justifier davantage cette envie de s'impliquer dans la vie de Savannah et de son fils. Une semaine plus tôt, il l'évitait, refusant de se mêler de ses problèmes. Mais aujourd'hui, vu la tension qui existait entre son père et elle, il ne pouvait rester neutre. Elle avait peut-être été stupide d'épouser son frère, mais elle ne méritait pas de perdre son fils parce que Siggy avait perdu le sien.

— C'est impossible.

— Qu'est-ce qui t'en empêche ? demanda-t-il, agacé. Tu ne connais personne à Los Angeles. Alors qu'à Las Vegas tu me connais, moi.

Elle ouvrit la bouche, s'apprêtant visiblement à répondre par la négative. Il avait l'impression de l'entendre penser. Sans doute pesait-elle le pour et le contre. Il aurait pu se contenter de la rassurer, mais il tenait à être honnête avec elle, quelle que soit la façon dont évoluerait leur relation.

— Je déteste l'idée de te savoir seule ici avec Dylan. J'ai peur que Siggy en profite pour te harceler. Je ne lui fais aucune confiance.

Une main crispée sur ses clés, elle ressemblait un peu à une accusée attendant le verdict du jury.

— Combien de temps faudra-t-il pour régler le problème du label ?

— Je ne sais pas. Tout dépend de ce que Logan trouvera dans les comptes.

— Je pourrais peut-être louer un petit appartement à Las Vegas.

— À mon avis, ce serait beaucoup plus simple que vous emménagiez chez moi.

— Il n'en est pas question.

— J'habite dans une résidence privée et je dispose d'un grand jardin et d'un pavillon meublé pour héberger des amis. J'ai aussi une gouvernante qui adore les enfants. Rhoda pourra garder Dylan quand tu le voudras.

Malgré cette proposition des plus alléchantes, Savannah avait l'air sceptique.

— Je ne comprends pas.

— Qu'y a-t-il à comprendre ?

— Nous ne nous sommes pas parlé depuis mon mariage avec Rafe. Hier encore, j'ai dû te traquer jusqu'à ton club parce que tu refusais de me prendre au téléphone. Et maintenant, tu veux m'accueillir chez toi. Que se passe-t-il ?

Il préféra botter en touche.

— Quand quelqu'un vous fait un cadeau, on l'accepte sans demander le prix.

— Je ne me satisferai pas d'une telle réponse.

— Que veux-tu que je te dise ?

— Qu'est-ce qui a changé ? Pourquoi tiens-tu à redevenir mon sauveur ?

Il comprit cette fois qu'il allait devoir fournir une explication plausible.

— Rassure-toi, mes motivations sont purement égoïstes.

— C'est-à-dire ?

— Tu n'as pas vu la tête de mon père ? fit-il avec un petit sourire satisfait. Ça le met littéralement hors de lui de voir que je t'aide.

— Alors, c'est uniquement à cause de ton père ?

— Oui. Mais, pour être honnête, je me sens aussi une responsabilité vis-à-vis de toi. C'est un peu à cause de moi que tu as épousé mon frère et que tu te retrouves aujourd'hui dans cette situation.

— Qu'est-ce qui te fait penser ça ?

— Tu t'es retrouvée livrée à toi-même après notre rupture, et Rafe a profité de ta vulnérabilité.

Elle le dévisagea longuement avant d'acquiescer.

— Alors, je ferais mieux d'aller chercher Murphy et le reste de nos affaires.

— Tu veux dire que tu acceptes ?

— Disons que ça semble être la meilleure solution pour l'instant, répondit-elle, sans paraître ni soulagée ni satisfaite.

— Et si tu restais ici pendant que je vais chercher tes affaires ?

— Je préfère t'accompagner. L'idée de rester ici toute seule avec Dylan me stresse après ce qui vient de se passer.

Il réalisa alors à quel point elle s'était efforcée jusque-là de masquer son anxiété.

— Je comprends. Détache Dylan, et allons-y tous ensemble.

Dix minutes plus tard, après avoir réglé la note et déposé la valise de la baby-sitter à la réception, ils roulaient en direction de l'aéroport.

Toute la journée, du premier au second vol en passant par la confrontation avec Siggy, Dylan s'était révélé un enfant agréable et curieux. Assis face au petit garçon, Trent le dévisageait avec intérêt.

— Il te ressemble.

— Il a mon nez, c'est sûr.

— C'est vrai, mais ce n'est pas ce que je voulais dire. Je parle de son caractère.

— C'est-à-dire ?

— C'est un bébé ouvert et joyeux. Rafe était un enfant renfermé. Du moins, c'est ce que ma mère disait. Et il l'est resté en grandissant.

— Ton frère n'était pas toujours facile, c'est vrai, répondit Savannah, le regard fixé sur son fils. J'ai eu beaucoup de chance avec Dylan. Il a toujours été adorable, ajouta-t-elle en riant. Il me donne envie d'avoir d'autres enfants.

Lorsqu'elle disait ce genre de choses, Trent l'imaginait entourée de fillettes aux yeux bleus et aux boucles blondes. Curieusement, il ne l'imaginait jamais avec des garçons. Et pourtant, il était assis face à cet enfant aux cheveux bruns et aux yeux bleus pleins de curiosité. Il se demanda combien d'autres fils l'avenir réservait à Savannah.

— Tu es une mère remarquable. Mais ça n'a rien d'étonnant.

— C'était étonnant pour moi, répondit-elle. C'est vrai que j'ai toujours voulu avoir des enfants, mais sans savoir si je serais capable de m'en occuper.

Cet aveu le surprit.

— Mais tu paraissais tellement déterminée…

Comment avait-elle pu être si sûre de vouloir des enfants sans savoir si elle serait capable de s'en occuper ? Trent avait toujours été sûr de lui, quoi qu'il fasse. Jamais il ne se serait lancé dans quoi que ce soit sans savoir s'il en avait les capacités.

— Ce n'est pas parce qu'on a peur de quelque chose qu'on doit renoncer à le faire. Sinon, je ne serais jamais allée à New York ou devenue mannequin. Et jamais je n'aurais joué dans une série, ajouta-t-elle avec un sourire mélancolique. Et pourtant, j'ai toujours eu peur d'échouer. Surtout quand je voyais la beauté des autres mannequins et la dureté des conditions de travail.

— Quand tu as quitté Los Angeles, jamais je n'aurais cru que tu doutais de toi. Tu étais si belle…

— J'étais trop petite… La plupart des filles font un mètre quatre-vingts, comme toi. Beaucoup de contrats me sont passés sous le nez à cause de ça. Pour finir, j'ai compris que ce travail n'était pas fait pour moi et je suis devenue actrice.

— Pourquoi ne m'as-tu jamais parlé de tes doutes ?

— Je voyais les filles avec qui tu sortais. Non seulement elles étaient belles, mais c'étaient de véritables battantes. Elles avaient intérêt à l'être pour sortir avec quelqu'un comme toi.

Pourtant, aucune de ces filles n'était restée. Aucune d'elles n'avait occupé ses pensées comme Savannah l'avait fait. Et le faisait encore.

— Que veux-tu dire par « quelqu'un comme moi » ?

— Tu sais, ta façon de vivre. Les clubs, toutes ces célébrités qui gravitent autour de toi. Tout ça peut paraître très intimidant pour une jeune fille venue d'une petite ville et élevée parmi les domestiques de la maisonnée.

— Je ne t'ai jamais vue comme ça.

— Moi si, répondit-elle.

Il laissa ses mots s'imprimer en lui. Comment se faisait-il, alors qu'ils se connaissaient depuis des années, qu'elle ne lui en ait jamais parlé ? À l'entendre, on avait l'impression qu'elle pensait ne pas être assez bien pour lui, ce qui était parfaitement absurde. Jusqu'à maintenant, il avait toujours cru que leur problème venait essentiellement du fait qu'ils avaient des aspirations différentes.

De plus, elle s'était considérée assez bien pour son frère. Ou bien se pouvait-il que Rafe ne lui ait jamais donné l'amour auquel elle aspirait ? Une angoisse soudaine l'envahit à cette idée.

— Eh bien, tu as tort.

Il consulta sa montre puis, jetant un coup d'œil par le hublot, constata qu'ils traversaient la couche nuageuse. Ils atterriraient dans une vingtaine de minutes. Il sentait le regard de Savannah posé sur lui, comme si elle attendait qu'il en dise davantage. Mais il n'avait rien à ajouter.

Une heure plus tard, il poussait la porte de chez lui, son neveu endormi dans les bras. Avant de lui montrer le pavillon des invités, Trent lui fit visiter le rez-de-chaussée de sa maison, qui donnait sur une terrasse.

Bien qu'habituée aux vastes demeures, elle resta sans voix en découvrant l'intérieur de Trent.

— Tu habites vraiment ici ?

— Oui, pourquoi ? fit-il, étonné par la nuance de moquerie qu'il avait perçue dans sa question. J'ai acheté cette maison pour le jardin, ajouta-t-il, un peu vexé.

Le côté château français n'était pas trop sa tasse de thé, il est vrai, mais les équipements extérieurs dont il bénéficiait compensaient le côté kitsch des lieux, marqués par une surabondance de colonnes et de moulures en plâtre, de cheminées monumentales et d'immenses portes-fenêtres qui laissaient entrer la lumière. Quand il avait acheté la maison, celle-ci était déjà meublée de fausses antiquités qui accentuaient encore le côté tarabiscoté de l'architecture.

— J'ai hâte de le voir.

Trent la guida vers les portes-fenêtres qui donnaient sur une vaste terrasse couverte. Outre le pavillon des invités, le jardin comportait une grande piscine, un bar, un écran extérieur pour regarder des films et un minigolf. Savannah s'immobilisa, stupéfaite.

— C'est un toboggan ? demanda-t-elle en désignant une impressionnante structure en colimaçon qui surplombait la piscine. Je crains que ce ne soit pas tout à fait adapté à Dylan.

— Pourquoi ?

— Parce que cet endroit est manifestement un terrain de jeu pour grands garçons, répondit-elle.

Il comprit à sa façon de le regarder que c'était lui qu'elle désignait en ces termes.

— Où veux-tu en venir ?

— Eh bien, je crains que le fait d'héberger ta belle-sœur et son bébé ne t'oblige à restreindre ta vie sociale…

— Je n'ai aucune intention d'organiser des fêtes tant que tu seras chez moi, si c'est ce qui t'inquiète.

Elle soupira et le regarda gravement.

— Nous ne resterons que deux ou trois jours. Le temps que je reprenne un peu mes esprits et que je trouve un appartement à louer.

— Tu peux rester aussi longtemps que tu le voudras, lui assura-t-il. Maintenant que nous sommes d'accord, tu es prête à voir le pavillon ?

- 6 -

Assise à l'ombre des palmiers, Savannah se rafraîchissait les pieds dans la piscine. Il n'y avait pas le moindre souffle d'air, et elle sentit un filet de sueur dégouliner sur son front. Elle allait devoir s'habituer aux températures caniculaires de Las Vegas, car celles-ci ne commenceraient à s'adoucir qu'au cours du mois de novembre.

À côté d'elle, sur une dalle en terre cuite, se trouvaient un sandwich au thon et un verre de thé glacé. Dylan dormait paisiblement dans un lit parapluie, et Murphy ronflait sur une chaise longue. Cela faisait quatre jours qu'ils s'étaient installés chez Trent. Dans ce jardin luxuriant et superbement équipé, elle avait l'impression de passer des vacances dans un hôtel cinq étoiles, et non de traverser une crise personnelle.

Pour la première fois depuis qu'elle avait découvert la maladie de Rafe, elle se sentait en sécurité. Peut-être même trop. Ce sentiment la troublait, car elle savait que ce n'était pas seulement par peur de Siggy qu'elle avait accepté l'hospitalité de Trent, mais parce qu'elle appréciait infiniment la sollicitude dont il faisait preuve à son égard. En réalité, elle savait pertinemment qu'elle était venue à Las Vegas beaucoup plus pour Trent qu'à cause de Siggy.

Aujourd'hui, toutefois, elle avait décidé d'arrêter de se laisser vivre et de questionner Trent au sujet du label. Elle savait qu'il avait commencé à éplucher les comptes avec l'aide de son ami et voulait savoir ce qu'ils avaient trouvé. Mais, vu la façon dont il avait évité de répondre à ses questions jusque-là, elle craignait qu'ils n'aient découvert quelque chose de grave.

À cet instant, Trent sortit de la maison et apparut sur la terrasse. Ces derniers jours, elle avait remarqué qu'à chaque fois qu'elle pensait à lui, il la rejoignait ou l'appelait presque aussitôt. Par le passé, elle aurait sans doute cru que c'était parce qu'ils étaient des âmes sœurs. Mais aujourd'hui, elle préférait penser qu'il recherchait sa compagnie parce qu'elle le privait d'une bonne part de sa vie sociale.

— Tu sembles heureuse, remarqua-t-il à voix basse lorsqu'il l'eut rejointe.

Il portait un pantalon vert kaki avec un polo blanc qui faisait ressortir son bronzage. Son regard bleu se posa sur Dylan.

— On dirait que Las Vegas te réussit, ajouta-t-il.

— À mon avis, ce qui me réussit, c'est de me sentir en sécurité. C'est la première fois depuis que j'ai découvert la gravité de notre situation financière après la mort de Rafe.

— Ça va s'arranger.

Elle scruta quelques instants son visage et fut rassurée par sa sincérité.

— Qu'as-tu découvert au sujet du label ?

— Rien de très surprenant. Il y a des trous dans les comptes. Apparemment, ils n'ont pas versé aux artistes la totalité des sommes qu'ils leur devaient. Un ou deux d'entre eux ne resigneront probablement pas avec eux.

— Mais que peut-on faire ?

— West Coast Records compte quelques artistes très talentueux. Mais la plupart des autres ne font pratiquement rien. Ce n'est pas leur faute. Ils sont mal managés. Le label pourrait en garder quelques-uns à condition que leurs prochains albums soient mieux produits.

— Mais qui engager pour cela ? Personnellement, je ne connais personne dans le domaine de la musique. Je pourrais prendre en charge le côté commercial et financier à condition d'être aidée, mais, si l'on y réfléchit trente secondes, le label aurait besoin de quelqu'un comme toi, qui cumule des compétences en production et en gestion.

— Je sais où tu veux en venir, mais c'est impossible. Mon père ne me laissera jamais prendre la tête de cette société.

— Même si tu lui épargnes la faillite ?

— À en croire le contenu des échanges entre Gerry, Rafe et lui, Siggy ignore tout des difficultés de la société.

— Comment est-ce possible ? Si Rafe avait caché la gravité de la situation à son père, Gerry lui aurait dit la vérité.

— En risquant de salir l'image de son fils parfait ?

Savannah perçut de l'amertume dans la voix de Trent. Il avait beau prétendre le contraire, il souffrait toujours autant d'être sous-estimé par son père.

— De plus, reprit Trent, Gerry cherche surtout à assouvir ses propres intérêts.

— Que veux-tu dire par là ? demanda Savannah, inquiète.

— Une partie des difficultés de la société viennent du fait que Gerry détourne de l'argent.

— Il détourne de l'argent ? répéta Savannah, incrédule.

— Depuis des années, apparemment. Il est vrai qu'il occupe le poste idéal pour le faire discrètement. À force d'avoir les coudées franches, il s'est mis à détourner des montants de plus en plus importants, j'en suis sûr. Et, lorsque Rafe a été nommé P-DG à sa place, il est probablement devenu encore plus gourmand.

— Mais qu'allons-nous faire ? Porter plainte ?

— Hélas, Gerry est beaucoup plus malin que le croit mon père. Non seulement il vole de l'argent, mais il a maquillé les comptes de façon à faire croire que Rafe était l'auteur de ces malversations. Ce n'est qu'en épluchant les comptes personnels de Gerry que Logan a découvert qu'il dépensait beaucoup plus que ce qu'il gagnait chaque mois, salaire et bonus compris.

Les espoirs de Savannah s'effondrèrent. Toutes ces

informations ne faisaient qu'aggraver sa propre situation. Si le label était au bord de la faillite, il ne ferait que l'entraîner dans sa chute.

— Allez ! lança Trent en ôtant son polo et en se dirigeant vers une cabine pour enfiler un maillot de bain. Tous dans la piscine !

En faisant ses bagages avant de s'envoler pour Las Vegas, elle n'avait pas prévu que son séjour ressemblerait à des vacances.

— Je n'ai pas de maillot.

Ces derniers jours, elle s'était contentée de patauger dans le petit bain avec Dylan. Ce qui n'était guère satisfaisant, étant donné la chaleur. Mais elle avait préféré ne pas s'aventurer hors de la résidence pour faire du shopping.

— Il y a toutes sortes de maillots dans les cabines, répondit Trent en s'enfermant dans l'une d'elles. Moins d'une minute plus tard, il était de retour, vêtu d'un short de bain, exposant son torse musclé au soleil. Tiens, essaye ceux-ci.

Elle ne fut pas étonnée de voir que les maillots en question étaient tous de minuscules bikinis.

— Dis, tu n'aurais pas un une-pièce ?

Il secoua la tête.

— C'est la dernière chose dont tu as besoin. Tu as un corps magnifique. Tu devrais le mettre en valeur.

Elle *avait eu* un corps magnifique. Mais aujourd'hui, elle avait quelques kilos de trop, en particulier sur les hanches. Or, elle savait que Trent préférait les femmes sveltes. Elle chassa cette pensée dès qu'elle apparut. Peu importait quel genre de femme il préférait. De toute façon, elle ne faisait pas partie de ses groupies. Avec un profond soupir, elle se leva et prit les bikinis qu'il lui tendait.

— Dylan dort, mais pourrais-tu garder un œil sur lui pendant que je me change ?

Après ce qui s'était passé à Los Angeles, elle ne quittait pratiquement plus son fils des yeux. Si Trent avait remarqué sa paranoïa, il n'avait fait aucun commentaire. Elle savait qu'elle devrait bien, à un moment ou à un autre, confier Dylan à quelqu'un, mais pour l'instant elle préférait rester constamment à ses côtés.

À son retour, elle trouva Trent contemplant le petit garçon endormi. Elle en profita pour observer Trent. Il affichait une expression émerveillée et paraissait tout à coup beaucoup plus jeune. Plus heureux, aussi. Curieusement, alors qu'il ignorait que Dylan était son fils, il semblait s'attacher à lui. Elle sentit un nœud se former dans son estomac. Elle avait bien sûr envie de lui dire la vérité. Mais la croirait-il ? Ou verrait-il dans cet aveu une façon de le manipuler ?

Mieux valait garder la chose secrète. Trent aimait sa vie de célibataire et tenait plus que tout à sa liberté. Elle n'avait aucune raison de lui ravir tout cela. Elle appréciait l'aide qu'il lui apportait aujourd'hui et n'avait aucune envie de le faire fuir en lui révélant qu'il avait en fait quelque chose dont il n'avait jamais voulu : une famille.

Lorsqu'elle sortit de ses pensées, il affichait un air surpris.

— Pourquoi me regardes-tu comme ça ? J'en connais un rayon sur les enfants, tu sais ?

— Vraiment ? fit-elle, amusée. Et où as-tu acquis toute cette expérience ?

— L'année dernière, je suis sorti avec une femme qui en avait deux.

— Deux quoi ?

— Deux enfants. Agnès et Théo. Quatre et huit ans. Des gamins vraiment adorables.

Elle le dévisagea, accablée. Lui qui avait toujours affirmé ne pas vouloir fonder de famille était sorti avec une femme qui avait des enfants ! Cela lui faisait l'effet d'une trahison, ce qui était ridicule. Il pouvait sortir avec qui il voulait. Ça ne la regardait pas. Après tout, n'avait-elle pas épousé son frère ?

— C'est sympa, répondit-elle d'un ton neutre.

— C'était une femme formidable. Et ses enfants aussi.

— Quelle chance !

— Tu ne me demandes pas ce qui s'est passé ?

Elle secoua la tête.

— On n'était pas censés se baigner ?

Sans attendre sa réponse, elle plongea dans la piscine. Se délectant de la fraîcheur de l'eau sur sa peau, elle traversa la totalité du bassin en apnée avant de reprendre sa respiration et de recommencer en sens inverse. Elle refit un aller et retour à toute allure avant de s'arrêter, hors d'haleine.

Au diable la jalousie. Elle n'avait aucun droit d'éprouver ce sentiment avec Trent. Elle avait toujours cru qu'il sortait avec des jeunes femmes qui aimaient faire la fête. Et jamais elle n'aurait imaginé qu'il puissc sortir avec une mère de famille. *Dans ce cas, pourquoi m'a-t-il rejetée, moi ?* hurlait en elle une petite voix angoissée.

Pendant qu'elle nageait, Trent l'avait rejointe dans la piscine. Il s'arrêta à peu près au milieu du bassin, affichant une expression indéchiffrable. Elle émergea non loin de lui et, jetant un regard vers le lit parapluie, vit que Dylan dormait paisiblement.

— Elle n'a jamais compté pour moi.

Elle le dévisagea, agacée qu'il revienne sur le sujet.

— Ça ne me regarde absolument pas, tu sais…

— C'était six mois après notre rupture. Je voulais savoir ce que c'était de sortir avec une mère de famille.

— Et alors, c'était comment ?

— Pas mal. Différent. Nous sortions assez rarement. Nous passions du temps ensemble chez elle, sans rien faire de spécial. Et puis, un jour, elle m'a dit je n'étais pas le genre de type qu'elle recherchait.

— Un joyeux fêtard ?

— Elle cherchait un homme avec qui construire un avenir.

Elle comprenait très bien cette aspiration.

— Mais elle sortait quand même avec toi.

— Elle était divorcée depuis un an et voulait se

recréer une vie sociale. Je l'ai rencontrée au club. Dès que nous sommes sortis ensemble, nous avons su que ça ne marcherait pas entre nous.

— Mais tu as continué à la voir.

— Elle ne me mettait aucune pression.

Quand elle sortait avec lui, Savannah avait, elle aussi, tenté d'être accommodante et ouverte d'esprit, mais elle n'y parvenait pas toujours. Au fond de son cœur, elle n'aspirait qu'à bâtir un avenir avec lui. Un avenir rempli d'enfants et de bonheur.

— Pourquoi me racontes-tu tout ça ?

— Je ne sais pas.

— Ça ne te ressemble pas. Tu ne fais jamais rien sans raison.

— C'est vrai. Je ne fais jamais les choses sans raison… Sauf avec toi.

— Trent…

Sans lui laisser le temps de terminer sa phrase, il la prit dans ses bras et s'empara de ses lèvres. Au contact de son corps puissant, elle s'abandonna aux émotions qui la submergeaient. Plongeant les mains dans ses cheveux, elle s'ouvrit tout entière à son baiser passionné.

Elle le désirait. Elle désirait cette étreinte.

Enhardie par les nombreuses plantations qui masquaient la piscine à la vue des curieux, elle le laissa dégrafer son soutien-gorge et soupira de plaisir en sentant ses lèvres mordiller fiévreusement sa gorge palpitante. S'accrochant à son cou, elle noua les jambes autour de ses hanches et sentit contre son ventre toute la force de son érection. Il lui caressa les seins et, glissant son autre main sous ses fesses, la souleva légèrement hors de l'eau.

Penchant la tête, il se mit à lécher un mamelon à petits coups de langue pour le faire durcir avant de l'aspirer entre ses lèvres. Elle ferma les yeux, laissant déferler en elle les délicieuses sensations. Lorsqu'ils avaient fait l'amour pour la première fois, il y avait eu entre eux tant de passion que Savannah avait été convaincue qu'ils étaient faits l'un pour l'autre. Hélas, malgré cette incroyable alchimie sensuelle, Trent n'avait aucune intention de lui offrir la vie à laquelle elle aspirait.

Malgré le tumulte de ses émotions, elle perçut les mouvements de Dylan quelques mètres plus loin. Après s'être attardées sur le torse de Trent, les mains de Savannah avaient atteint l'élastique de son short. Mais elle avait beau être dévorée de désir, ce fut l'instinct maternel qui l'emporta.

Frémissante, elle interrompit le baiser et s'écarta de Trent.

— Dylan, murmura-t-elle tandis que les doigts de Trent vagabondaient dans l'échancrure de sa culotte, à quelques centimètres à peine du feu qui la consumait. Il se réveille. Je dois y aller.

Sans le moindre signe d'agacement ou de déception, Trent la libéra. Tout en regagnant le bord, elle se demanda si elle était soulagée ou déçue qu'il se montre si conciliant. En proie à une multitude d'émotions contradictoires, elle se sécha rapidement avant de rejoindre son fils.

Il se frottait les yeux mais, lorsqu'elle prononça son nom, il la regarda avec un grand sourire. Elle se sentit fondre. Quelle chance elle avait d'avoir un enfant si merveilleux ! En entendant Trent sortir de l'eau, elle jeta un regard par-dessus son épaule. Si elle ne pouvait pas avoir l'amour de sa vie, elle avait au moins son fils.

— Je ferais mieux de rentrer le changer au pavillon.

— Savannah, à propos de ce qui vient de se passer…

— Tu n'as pas à te justifier, répondit-elle, touchée qu'il éprouve le besoin de s'excuser. Ça a toujours été comme ça entre nous.

— Et voilà tout ?

— Qu'y a-t-il de plus à dire ? Notre situation n'a pas changé. Nous sommes toujours les deux mêmes personnes : nous avons rompu parce que l'un souhaitait fonder une famille et que l'autre s'y refusait.

— Sans doute, répondit-il d'un ton neutre. Mais quand je t'embrasse j'oublie toutes nos divergences.

Il avait au moins raison sur ce point. Et plus elle passerait de temps chez lui, plus ils se laisseraient aller à la passion qu'ils éprouvaient l'un pour l'autre. Hélas, ce type de relation n'avait pas d'avenir. Et elle devait absolument réfléchir à ce qu'elle allait faire.

— Tu aurais un peu de temps cet après-midi ? J'aimerais qu'on voie ensemble ce qu'on pourrait faire pour améliorer la situation du label.

— J'ai quelques rendez-vous au club, mais je pourrai être de retour en début de soirée.

— Alors, dînons ici ce soir. 19 heures, ça te va ?

— Parfait.

Elle s'enveloppa dans une serviette et prit Dylan dans ses bras. Masquant sa mélancolie, elle adressa à Trent un large sourire.

— À tout à l'heure.

Lorsqu'elle eut disparu à l'intérieur du pavillon, il replongea dans la piscine. Pour évacuer sa frustration sexuelle, il fit quelques longueurs à toute allure avant de se laisser tomber sur une chaise longue. Depuis quatre jours, il était obsédé par la présence de Savannah. Surtout la nuit. La savoir si proche de son grand lit vide faisait remonter les souvenirs des moments qu'ils avaient passés ensemble. Pour juguler ses fantasmes, il passait le plus clair de son temps au club, ne rentrant chez lui qu'au petit jour.

Une stratégie qui n'avait fait qu'aiguiser son désir, comme en témoignait ce qui venait de se produire. Et maintenant, il avait accepté de dîner avec elle…

Avec un grognement, il se leva et se dirigea vers la maison. Elle s'attendait sans doute à ce qu'il lui présente un plan d'action et, s'il en était incapable, elle risquait de retourner à Los Angeles et d'affronter Siggy toute seule. Il devait passer en revue les options qui s'offraient à eux. Et pour cela, il devait en discuter avec JT Stone.

Il revêtit un pantalon gris et une chemise bleu roi. Il eut envie de retourner au jardin, où il avait des chances de croiser de nouveau Savannah. Mais, maudissant sa faiblesse, il se dirigea vers le garage.

L'hôtel Cobalt se trouvait à environ vingt-cinq minutes de chez lui. Bloqué dans les embouteillages, il eut largement le temps de se remémorer les circonstances du baiser passionné échangé avec Savannah. Quelle mouche l'avait piqué de lui parler de Karen ? Ce n'était pourtant pas son genre d'évoquer d'anciennes liaisons. De plus, il s'était montré terriblement maladroit en insistant sur le fait qu'il était sorti avec une mère de famille.

Avait-il voulu ainsi lui rappeler que ses aspirations demeuraient inchangées, et qu'il souhaitait avant tout rester libre ? Mais un observateur extérieur aurait pu se demander s'il n'avait pas voulu, au contraire, faire comprendre à Savannah qu'il avait un peu évolué sur la question.

Arrivé à l'hôtel Cobalt, il monta directement au bureau du P-DG au lieu d'aller au club. Homme d'affaires brillant, JT Stone aurait probablement de bons conseils à lui donner au sujet du label. Les deux hommes s'étaient liés d'amitié lorsqu'ils avaient découvert qu'ils avaient eu tous deux un père despotique et des conflits liés à une entreprise familiale.

— Il est là ? demanda Trent à Nina, l'assistante de JT.

— Il a une réunion dans une demi-heure, mais il est disponible jusque-là.

— Merci.

Trent se dirigea vers le bureau de JT et, trouvant la porte ouverte, toqua sur le chambranle.

— Nina m'a dit que tu avais quelques minutes.

— Bien sûr, entre, répondit JT, se levant de son bureau pour lui serrer la main.

— J'ai un petit problème dont j'aimerais te parler. C'est au sujet d'une entreprise.

Une lueur d'intérêt passa dans le regard de JT, qui, après avoir finalement repris le groupe familial, était constamment confronté à des problèmes en tous genres.

Désignant un confortable espace salon qui se trouvait près de la baie vitrée donnant sur les jardins de l'hôtel, il alla chercher deux bouteilles d'eau avant de rejoindre Trent.

— Que se passe-t-il ?

— Tu connais les difficultés que j'ai avec mon père, qui m'a toujours tenu à l'écart de West Coast Records.

— Tout à fait.

— Il y a quelques jours, ma belle-sœur est venue me demander de l'aide. Avant de mourir, mon frère a légué ses parts à son fils. Ce qui fait aujourd'hui de Savannah l'actionnaire majoritaire du label.

— Laisse-moi deviner… Elle t'a proposé le poste de P-DG.

— Pas exactement. Nous savons tous les deux que mon père y serait farouchement opposé. En réalité, elle m'a demandé mon aide pour résoudre différents problèmes.

— Quel genre de problèmes ?

— Tout d'abord, le label ne paye pas à ses artistes tous les droits d'auteur qu'il leur doit.

— Parce qu'ils n'ont pas l'argent ?

— Le label perd de l'argent depuis des années, mais la situation s'est aggravée depuis la mort de mon frère, expliqua Trent en avalant une gorgée d'eau. De plus, le directeur financier détourne de l'argent depuis pas mal de temps.

— Comment le sais-tu ? demanda JT d'un air intéressé.

Trent haussa les épaules.

— Logan m'a donné un coup de main, disons, un peu particulier.

Mariés à deux des trois sœurs Fontaine, qui étaient propriétaires d'une chaîne d'hôtels sur le Strip, JT et Logan étaient beaux-frères. Trent avait toujours trouvé cela amusant que JT soit marié à l'une de ses concurrentes. Sa femme, Violette, dirigeait deux des trois hôtels du groupe Fontaine.

— Logan a découvert autre chose ?

— Je ne lui ai pas parlé ces deux derniers jours, mais

c'est possible, répondit Trent en espérant que ce ne serait pas le cas. Et aujourd'hui, Savannah est endettée jusqu'au cou à cause des dépenses de son mari. La seule chose qui lui reste, ce sont les parts d'une société au bord de la faillite.

— Elle devrait s'en débarrasser avant que tout le monde connaisse la situation du label.

— Hélas, légalement, elle ne peut pas vendre ses parts sans l'aval du comité d'administration. Or, mon père en est le président et fait tout pour lui mettre des bâtons dans les roues.

— Pourquoi ?

— Parce qu'il espère mettre la main sur son petit-fils et se débarrasser de Savannah.

— Et bien sûr, elle ne veut pas en entendre parler…

— Mais Siggy ne laissera pas partir Dylan si facilement. Il a déjà tenté de le kidnapper.

— Tu plaisantes ?

— Malheureusement, non…

Trent relata alors leur visite dans les bureaux du label, puis leur retour à l'hôtel, où ils avaient trouvé la chambre vide.

— Savannah et Dylan habitent chez moi, à présent. L'incident avec son beau-père lui a tellement fait peur qu'elle n'ose plus quitter la maison.

— Mais il n'a aucun moyen de la contraindre à lui laisser son fils.

— Bien sûr que non, répondit Trent. Mais il est rusé, et il serait bien capable de la faire passer pour une mauvaise mère et de lui intenter un procès.

— Mais elle pourrait prendre un avocat.

— Ses moyens sont limités…

JT le regardait attentivement. Et Trent devina aisément le fond de sa pensée. Il se demandait probablement pourquoi il en faisait tant pour sa belle-sœur.

— Je lui ai proposé de l'argent, expliqua-t-il, anticipant la question de son ami. Mais elle ne veut pas en entendre parler. Et à mon avis, elle n'aurait jamais accepté de s'installer chez moi si Siggy n'avait pas tenté d'enlever son fils.

— Vous vous connaissez depuis longtemps, non ?

— Nous sommes sortis ensemble, répondit-il.

Trent avait beau avoir confiance en son ami, il n'avait aucune envie de s'étendre sur la relation complexe qu'il entretenait avec la veuve de son frère. Mais il avait manifestement piqué la curiosité de JT.

— Et pourtant, ça ne l'a pas empêchée d'épouser ton frère…

— Effectivement.

Trent aurait voulu en rester là, mais JT n'avait apparemment aucune intention d'abandonner le sujet.

— Elle voulait fonder une famille. Avoir des enfants. Enfin, tu vois…

— C'est quand même un peu rude de sa part d'avoir épousé ton frère après votre rupture…

— Je ne crois pas qu'elle ait fait ça pour se venger de moi. Elle avait toujours eu de bonnes relations avec Rafe. Et ensuite, elle est tombée enceinte.

Ce récit donnait une image peu flatteuse de Savannah, ce que Trent trouvait injuste. Pourtant, c'était exactement ce qu'il avait pensé d'elle pendant près de dix-huit mois. Pourquoi tenait-il tant, tout à coup, à prendre sa défense ?

— Elle a traversé de durs moments, conclut-il.

— En tout cas, elle a beaucoup de chance de t'avoir, commenta JT avant de revenir au problème qui les occupait. Donc, si j'ai bien compris, le fils de ta belle-sœur est actionnaire majoritaire d'une entreprise qui est au bord de la faillite. Sa mère voudrait vendre ses parts afin de rembourser les dettes de son mari, mais Siggy s'y oppose.

— Tu as parfaitement résumé les choses.

— Cela dit, je te connais, poursuivit JT avec un sourire. Je suis sûr que tu as déjà envisagé au moins une demi-douzaine de façons de la sortir de cette situation.

— En fait, je n'en ai que trois. Et je voulais te les détailler pour que tu me dises laquelle, à ton avis, pourrait être la plus efficace.

— Alors, vas-y. Dis-moi tout.

- 7 -

Affichant un sourire imperturbable à la Courtney Day, Savannah traversa l'immense salon de Trent, tenant à la main un verre de vin destiné à Scarlett Fontaine. Toute la journée, elle avait attendu fébrilement le dîner en tête à tête avec Trent. Mais finalement, ce dernier était arrivé accompagné de son ami Logan Wolfe et de son épouse. Pour masquer sa déception, Savannah était entrée dans la peau de son alter ego et jouait l'hôtesse parfaite, comme elle l'avait fait si souvent en tant qu'épouse de Rafe.

— Quel plaisir de faire votre connaissance ! dit Savannah, impressionnée par la beauté de Scarlett.

Elle l'avait vue des dizaines de fois à la télévision, mais l'actrice était encore plus charismatique en chair et en os.

— Je suis une de vos grandes admiratrices.

— Et moi, l'une des vôtres.

Scarlett se mit à rire en voyant l'expression étonnée de Savannah.

— Comment ça ? Vous croyez que j'ignore qui vous êtes ? J'ai regardé assidûment *Amour à New York* pendant des années. Vous êtes une excellente actrice.

— Merci. Ça a été une expérience intéressante.

— Ça vous manque ?

— Parfois. J'ai songé à reprendre le métier, mais j'ai du mal à choisir entre Los Angeles et New York.

— Je vous comprends. J'ai beaucoup de chance, pour ma part. Je suis parvenue à concilier mes deux carrières. Je ne me rends à Los Angeles qu'une fois par semaine pour les tournages. Le reste de temps, je dirige le Fontaine Richesse ici, à Las Vegas. Par chance, j'ai un mari formidable qui me soutient à cent pour cent.

Scarlett jeta un regard enflammé en direction de l'homme qui discutait avec Trent sur la terrasse.

— Le Fontaine Richesse ? C'est bien cet hôtel situé sur le Strip ? demanda Savannah, de plus en plus impressionnée. Comment faites-vous pour mener de front deux carrières ?

Scarlett eut un petit rire rauque.

— J'ai des collaborateurs très compétents à l'hôtel, et ma sœur Violette me remplace quand je ne suis pas là.

— Vraiment, vous m'impressionnez, dit Savannah, qui ne pouvait s'empêcher de se comparer. Quand je pense que je ne travaille même pas en ce moment…

— Mais vous avez un bébé et vous venez de perdre votre mari. De plus, l'entreprise dont a hérité votre fils a beaucoup de problèmes.

Savannah n'était pas étonnée que Scarlett soit si bien renseignée. Après tout, Logan aidait Trent. Sans doute, Logan avait-il expliqué l'objet du dîner à sa femme en venant chez Trent.

— C'est assez compliqué, admit Savannah. Je ne sais pas ce que j'aurais fait sans l'aide de Trent.

— Depuis combien de temps vous connaissez-vous ?

— Ma tante travaille pour son père en tant que gouvernante. J'ai emménagé avec elle à l'âge de onze ans.

— Vous avez donc grandi ensemble.

— En quelque sorte. Nous vivions dans la même maison, mais ce n'était pas simple car il était le fils du patron et moi la nièce de la domestique. Cela dit, je suis devenue très proche de tous les enfants.

— Et vous aimiez son frère depuis toujours ?

— Non. En fait, Trent et moi avons été en couple pendant quelques années, quand je vivais à New York.

Peut-être le terme de *couple* n'était-il pas tout à fait approprié. Elle savait qu'il voyait aussi d'autres femmes à l'époque. Mais, à chaque fois qu'ils se retrouvaient, elle avait l'impression d'être la seule qui comptait à ses yeux.

Scarlett la dévisagea, surprise par cette confession.

— Voilà qui explique bien des choses. Apparemment, vous aimez vous compliquer la vie.

— Je ne cherche pas à compliquer les choses, répondit Savannah, mais c'est toujours ce qui se produit. Je ne suis sans doute pas très douée pour obtenir ce que je veux.

— Peut-être ne croyez-vous pas assez que vous le méritez.

— C'est possible…

Il est vrai qu'elle n'avait jamais vraiment cru que Trent renoncerait un jour à sa vie de célibataire pour elle. Peut-être était-ce d'ailleurs pour cette raison qu'elle ne s'était jamais pleinement impliquée dans leur relation.

— J'ai toujours voulu éviter la déception, expliqua Savannah. Peut-être ne me suis-je pas assez battue pour avoir ce que je voulais vraiment.

— Ce n'est pas trop tard.

— Non, peut-être pas.

Mais elle n'y croyait pas. Une fois de plus, elle jeta un regard vers Trent. Elle avait vraiment compromis toutes ses chances lorsqu'elle avait épousé son frère. Si elle avait choisi un autre homme, peut-être Trent aurait-il accepté de lui accorder une seconde chance. Mais il en avait beaucoup voulu à son frère, et la décision désespérée qu'elle avait prise avait dressé entre eux un mur infranchissable. Il n'y avait probablement plus rien à faire.

Certes, Trent avait décidé de l'aider, mais c'était parce qu'il y trouvait son propre intérêt. L'alchimie sensuelle qui existait entre eux avait beau être toujours aussi intense, elle savait au fond que leurs étreintes étaient plus une forme de nostalgie qu'une promesse d'avenir.

— J'envisageais de m'installer dans le Tennessee après avoir trouvé quelqu'un pour diriger West Coast Records. Mais, depuis quelque temps, je ne sais plus trop de quoi j'ai envie, ajouta Savannah en lançant une fois de plus un regard vers Trent.

— Vous devriez vous installer à Las Vegas. Si vous souhaitez poursuivre votre carrière d'actrice, vous ne serez pas très loin de Los Angeles.

— Quand j'ai quitté New York, je souhaitais continuer mon métier d'actrice, mais ensuite Rafe s'y est opposé quand nous nous sommes mariés.

— Vous avez un agent ?

Savannah secoua la tête.

— J'en avais un à New York. Mais nous avons mis fin à notre collaboration quand je suis partie pour Los Angeles. À l'époque, je ne savais pas si je voulais travailler pour la télévision ou le cinéma, et je me suis dit que je trouverais un autre agent une fois sur place. Mais rien ne s'est passé comme prévu.

— Je vais vous mettre en contact avec deux agents de ma connaissance. Tous les deux font un boulot formidable.

— Merci beaucoup.

À sa surprise, elle ressentit un frémissement d'excitation. Elle venait de trouver une bonne raison de s'installer à Los Angeles. Une nouvelle perspective venait de se dessiner. Si elle travaillait dans le cinéma, elle pourrait être envoyée sur des tournages dans le monde entier. Beaucoup d'actrices parvenaient à concilier carrière et vie de famille. Alors pourquoi pas elle ?

— Je suis persuadée que Trent apprécierait que vous restiez à Las Vegas.

— Lorsque nous aurons réglé les problèmes du label, je suis sûre qu'il ne remarquera même pas que je ne suis plus là.

Croyait-elle à ce qu'elle disait ou était-ce une fois de plus une façon pour elle d'éviter de souffrir ?

— Allons donc, vous n'y croyez pas vous-même, répondit Scarlett. Quand mes sœurs ont rencontré JT et Ashton, j'ai compris avant tout le monde qu'ils étaient faits pour être ensemble. Quand je vous regarde, Trent et vous, j'ai exactement la même impression.

Savannah secoua la tête.

— Mais vous n'êtes là que depuis quelques minutes. Comment pourriez-vous en déduire quoi que ce soit à propos de nous ?

— Je connais Trent depuis deux ans. Logan et moi fréquentons beaucoup son club. Je ne l'ai jamais vu regarder une femme comme il vous regarde.

Réalisant combien elle avait envie de croire Scarlett, Savannah se mit à rire nerveusement mais décida de ne pas répondre. Peu importait la façon dont Trent la regardait. Deux ans plus tôt, il avait refusé de s'engager avec elle. Depuis, elle avait épousé son frère et donné naissance à Dylan. Trent la désirait — et c'était sans doute ce que percevait Scarlett —, mais en aucun cas il n'était prêt à renoncer à son style de vie et à la demander en mariage.

Et, puisqu'elle savait ce qu'elle voulait, n'était-elle pas complètement idiote de tomber une fois de plus dans le même piège ? Il fallait qu'elle déménage. Ce qui voulait dire qu'elle devait arrêter de faire l'autruche et trouver du travail et un logement.

— Je suis vraiment ravie de vous avoir rencontrée, reprit Savannah. J'ai besoin de travailler et je pense que le plus tôt sera le mieux.

— Je me rends à Los Angeles dans deux jours. Accompagnez-moi. Je vous présenterai quelques amis. Ils se feront un plaisir de vous remettre le pied à l'étrier.

Lorsqu'elle se réinstallerait à Los Angeles, la situation avec Siggy se serait peut-être un peu arrangée. Et, dans le cas contraire, elle pourrait grâce à son travail s'offrir les services d'un avocat et protéger son fils.

— Ce serait vraiment formidable, fit-elle avec un grand sourire.

Trent jeta un regard par-dessus son épaule et vit les deux femmes en grande conversation.

— Tu avais raison, dit-il à Logan, ravi de voir un

sourire illuminer pour une fois le beau visage de Savannah. Savannah semble beaucoup plus détendue.

— Ma femme est comme ça. Elle a un don pour mettre les gens à l'aise. Et, si Savannah souhaite reprendre son métier d'actrice, Scarlett peut l'y aider. Elle a d'excellents contacts à Hollywood.

Trent fit la moue. Il n'avait pas envisagé que Savannah puisse retourner si vite à Los Angeles. Cela ne faisait qu'une semaine que Siggy avait tenté d'enlever Dylan, et il n'y avait aucune raison de croire qu'il ne tenterait pas autre chose s'il retournait à Los Angeles avec sa mère.

Son inquiétude s'accrut durant le dîner lorsque Scarlett et Savannah discutèrent de l'industrie du cinéma. Manifestement, sa belle-sœur avait bel et bien l'intention de reprendre le travail.

Après le repas, les deux couples s'installèrent sur la terrasse pour le dessert. Trent, qui organisait généralement de grandes réceptions pour ses amis, n'était pas habitué à ce genre de soirée en petit comité. Mais finalement, il trouvait cela bien agréable.

Avant de rejoindre les autres sur la terrasse, Savannah s'éclipsa pour aller jeter un coup d'œil sur son fils. Elle revint avec l'écoute-bébé, expliquant qu'elle avait renvoyé Rhoda chez elle. Les deux femmes enchaînèrent sur le sujet des enfants.

Scarlett tapota le genou de son mari et lui adressa un sourire complice.

— Pour notre part, nous avons décidé d'attendre encore un an avant d'avoir un bébé. Logan n'est pas très content, mais c'est sans doute parce qu'il ne réalise pas à quel point je vais devenir infernale une fois que je serai enceinte.

— Ce ne sera sans doute pas pire qu'actuellement, plaisanta Logan en regardant tendrement sa femme.

— Détrompe-toi. Violette était une femme charmante jusqu'au jour où elle est tombée enceinte de Rowan. Le pauvre JT était complètement effaré, ajouta Scarlett en levant les yeux au ciel sur un mode théâtral.

— Mais, en même temps, il était sur un petit nuage, ajouta Trent, se souvenant de l'euphorie de JT durant la grossesse de sa femme.

Il se mit à rire en voyant le regard faussement offusqué que lui lançait Scarlett.

— Et ce sera la même chose pour Logan.

— Tu ne me facilites pas les choses, reprit Scarlett en se tournant vers Savannah. Je suppose que vous allez prendre leur parti, vous aussi.

— Autrefois, je rêvais d'avoir beaucoup d'enfants, répondit Savannah, évitant soigneusement de regarder Trent. Mais, maintenant que j'ai Dylan, je me considère comme comblée.

À cette déclaration, Trent sentit son cœur se serrer. Savannah faisait de son mieux pour positiver sa situation, mais il la connaissait depuis longtemps et savait que seule une immense déception avait pu anéantir ses rêves.

— Melodie et moi faisons aussi partie de ta famille, lui rappela-t-il.

— Je n'ai pas oublié. C'est pourquoi j'ai décidé de ne pas aller dans le Tennessee.

— Tant mieux.

— Je suis heureuse que tu approuves, poursuivit Savannah en esquissant un sourire. Et, si je peux décrocher quelques rôles à Los Angeles, je pourrai y acheter une petite maison pour Dylan et moi.

À l'entendre, on aurait pu croire qu'elle était sur le point de déménager.

— Il n'y a pas d'urgence. Tu peux rester ici aussi longtemps que tu le souhaites.

— J'apprécie ta générosité, mais je crois que je compte trop sur toi.

Comment aurait-il pu lui dire qu'il aimait qu'elle compte sur lui ? Lorsqu'il venait à sa rescousse, elle le regardait comme s'il était un être extraordinaire. À ses yeux, il était un héros et non le raté qu'avait toujours décrit son père.

Trent ne cessait de surveiller l'heure, pressé que la soirée se termine. Il avait espéré passer un peu de temps avec elle avant qu'elle aille se coucher. Mais il se faisait de plus en plus tard. Enfin, Scarlett tapota le genou de son mari.

— Je crois me souvenir que tu avais quelque chose d'urgent à finir ce soir, dit-elle en se levant. Le travail d'un expert en sécurité n'est jamais terminé.

— Je comprends, répondit Trent, s'efforçant de masquer son soulagement tandis que tout le monde se dirigeait vers le vestibule. Il m'arrive aussi de travailler à des heures peu orthodoxes.

— Merci pour l'invitation, dit Logan. La prochaine fois, ce sera chez nous.

Les deux hommes se serrèrent la main tandis que les deux femmes s'étreignirent. Quelques minutes plus tard, Trent et Savannah étaient seuls dans la grande maison. Sans plus attendre, il l'attira dans ses bras et s'empara de ses lèvres. Elle semblait attendre cette étreinte autant que lui, car elle glissa aussitôt les mains sous sa chemise.

Il grogna de plaisir au contact de ses doigts caressants le long de son dos. La soulevant de terre, il se dirigea vers le pavillon, sachant qu'elle voudrait être près de son fils au cas où il aurait besoin d'elle. Son cœur battait la chamade, à la mesure du désir qu'il éprouvait pour elle. Lorsqu'il la déposa près de son lit, il recula d'un pas et, fermant les yeux, prit une profonde inspiration.

— Ce soir, nous allons prendre tout notre temps, déclara-t-il en ouvrant les paupières.

Les joues empourprées, légèrement désorientée, elle recula d'un pas et porta la main à son visage. Trent crut qu'elle allait reprendre ses esprits et lui ordonner de sortir de sa chambre. À son grand soulagement, elle n'en fit rien. Elle se dépouilla de son haut asymétrique et le jeta par terre. Debout devant lui en soutien-gorge et legging, elle écarta les bras en signe d'abandon.

— Je ne sais pas si j'en aurai la force.

À son tour, Trent déboutonna sa chemise et la jeta au sol, où elle rejoignit celle de sa partenaire.

— Nous avons toute la nuit au moins pour essayer.

Elle haussa un sourcil.

— Dommage que nous manquions de pratique, fit-elle en tiraillant l'élastique de son legging. Tu veux que j'enlève ce truc ou tu préfères t'en charger ?

Le regard enflammé, il la dévisagea un instant puis, avançant d'un pas, la prit par la taille, se délectant de la chaleur de sa peau sous ses doigts. Avec une lenteur délibérée, il passa les mains sous l'élastique et fit glisser le legging vers le bas tout en dessinant ses courbes. Elle tremblait lorsqu'il lui retira enfin son pantalon moulant. Tandis qu'elle dégrafait son soutien-gorge, il déposa un baiser sur son ventre. Avide de revisiter chaque parcelle de son corps, il laissa remonter ses deux mains le long de ses jambes. Le souffle court, elle dut s'agripper à ses épaules tant elle tremblait. Toujours agenouillé, il insinua les doigts sous sa culotte en dentelle et la tira lentement le long de ses cuisses.

— Je ne crois pas que je vais pouvoir supporter ça beaucoup plus longtemps, souffla-t-elle, fébrile, tandis qu'il lui embrassait le nombril.

— Eh bien, on va voir…

Trent l'étendit sur le lit avant de retirer ses vêtements. Elle se hissa sur les coudes et posa sur lui un regard avide.

Elle fléchit une jambe, remuant le genou de manière provocante.

— Alors, tu viens ?

Il prit le temps de sortir quelques préservatifs de son pantalon. Elle haussa un sourcil lorsqu'il les déposa sur la table de nuit.

— Ça fait trop longtemps, dit-il en posant un genou sur le lit.

Elle lui caressa le torse et le dos tandis qu'il s'allongeait sur elle.

— Quoi donc ?

— Que tu n'as pas été rien qu'à moi.

Il l'embrassa alors, cessant la conversation pour

l'empêcher de se demander ce qu'il avait voulu dire. Sa bouche était chaude et accueillante, et son corps tout en souplesse. Elle goûta ses lèvres à petits coups de langue. Ils passèrent un long moment à se redécouvrir, tour à tour se caressant et se mordillant. Elle se tortilla sous lui lorsqu'il trouva un point sensible dans son cou. Quand ils avaient fait l'amour au club, il avait été privé de ses jolis seins. L'heure était venue de se rattraper.

Exhalant un soupir, elle se cambra lorsqu'il se mit à lui lécher les mamelons, plantant les ongles dans ses épaules. Sachant exactement ce qu'elle aimait, il mouilla les tétons et souffla dessus pour les faire durcir. Une fois de plus, elle se cambra sous lui. Tous ses soupirs, tous ses petits cris, tous ses râles agissaient sur lui comme autant de caresses des sens. Au bout de quelques instants, il eut l'impression qu'ils n'avaient jamais été séparés.

Depuis qu'elle avait eu Dylan, son corps, autrefois parfait, avait gagné en caractère. La maternité avait apporté des changements qu'il était avide de découvrir. Il voyait ses vergetures comme un signe de maturité. Et les quelques kilos qu'elle avait pris au niveau des hanches et des fesses la rendaient encore plus sensuelle.

Elle tressaillit lorsqu'il traça du bout du doigt les vergetures qui marquaient son ventre.

— La maternité n'est pas tendre avec le corps des femmes, murmura-t-elle.

Il résista lorsqu'elle tenta de ramener sa main sur ses seins.

— Tu es plus belle que jamais.

— Tu n'as jamais aimé les grosses…

— Tu es loin d'être grosse. J'aime chaque parcelle de ton corps. Aujourd'hui comme hier.

S'agenouillant entre ses cuisses, il s'empara de ses fesses rondes et la sentit trembler lorsqu'il laissa errer ses lèvres au creux de sa taille.

Oui, cela faisait longtemps. Beaucoup trop longtemps. Il se mit alors à la lécher. Elle tressaillit au tout premier contact, et il posa une main sur son ventre pour l'empêcher de bouger. Lorsqu'elle trembla en continu, il sentit qu'elle était prête. Il donna un petit coup de langue, comme elle les aimait, et elle gémit. Souriant à cette réaction, il commença à chantonner contre son entrejambe, sachant que ça la rendrait folle.

— Oui !

Il devait lui rappeler comment c'était entre eux. Être le seul homme à occuper ses pensées. Déployant toute son expertise, il continua de la caresser de la bouche, des mains, de la voix.

— Je veux entendre ce bruit que tu fais, dit-il en levant les yeux vers elle.

— Quel bruit ?

— Celui que tu fais quand je fais ça.

Il réitéra son geste, et elle poussa un petit glapissement rauque.

— Oui, souffla-t-il. Celui-là.

Par le passé, il déployait souvent son savoir-faire pour la maintenir le plus longtemps possible au seuil de l'orgasme. Une fois, il avait même fait durer le plaisir pendant une heure. Mais ce soir, elle jouit, le corps tendu comme un arc, laissant échapper un cri étranglé à l'instant où il inséra un doigt en elle. La durée et l'intensité de son orgasme le prirent par surprise.

— Il n'y a pas de mots pour décrire le plaisir que tu me donnes.

Une larme coula sur sa joue, qu'elle essuya du revers de la main avant de tendre les bras vers lui.

— Approche et embrasse-moi.

Il s'exécuta, mais sans approfondir le baiser malgré la tentation de ses lèvres entrouvertes et la caresse de ses doigts dans ses cheveux.

— Je vais te rendre la pareille, je te le promets, dit-elle en l'attirant à elle avec une force surprenante.

— Plus tard.

Fébrilement, il prit l'un des préservatifs posés sur la

table et déchira l'étui d'un coup de dent. Impatient d'être en elle, il l'enfila lui-même et, se positionnant entre ses cuisses, aspira ses mamelons.

Elle glissa alors les mains vers son érection, manifestement dans l'intention de le rendre fou. Au regard espiègle qu'elle lui lança, elle en avait pleinement conscience. Mais il ne fit rien pour l'en empêcher. Lorsqu'elle enroula ses longs doigts autour de son sexe, il atteignit un niveau d'excitation tel qu'il ne put réprimer un grognement.

Résistant à l'envie de plonger en elle, il parvint toutefois à desserrer les dents pour parler.

— Je t'avais promis que nous prendrions notre temps, dit-il en lui écartant la main. Mais je ne vais pas pouvoir tenir plus longtemps.

— Mmm, je n'en suis pas si sûre, souffla-t-elle avec une moue qui le fit sourire.

Leurs lèvres s'unirent à nouveau, cette fois avec douceur. Et de l'excitation la plus débridée, ils passèrent à la tendresse la plus pure, balayant d'un seul baiser les mois de souffrance et d'éloignement qui les avaient menés à cet instant.

Du plat du pied, Savannah lui caressa le mollet, laissant ses mains vagabonder sur son torse magnifiquement ciselé. Chaque mouvement de son corps superbe était gravé dans sa mémoire, mais c'était tellement merveilleux de le voir de ses yeux.

Sentant naître un nouvel orgasme, elle glissa la langue dans sa bouche avant de lui mordiller la lèvre inférieure. Lorsqu'elle se cambra sous lui, il lui saisit les hanches et frémit. Son sexe reposait contre le ventre de Savannah, dur et brûlant, n'attendant plus que de la pénétrer. Une fois de plus, elle le caressa.

— Je ne peux pas attendre une seconde de plus. Prends-moi, tout de suite.

— À tes ordres, souffla-t-il au creux de son cou. Ça fait bien trop longtemps.

Lorsqu'il se hissa sur elle, elle écarta largement les

cuisses. Et quand il la pénétra d'un coup de reins, elle poussa un râle de pur bonheur, inclinant la tête en arrière, s'abandonnant totalement au plaisir.

— C'est magique, murmura-t-elle, les yeux clos, s'émerveillant de la façon dont leurs deux corps semblaient toujours harmonieusement s'ajuster.

— Ça m'a tellement manqué..., souffla-t-il, s'emparant de ses lèvres avant de se mettre à aller et venir en elle.

Cette étreinte ne ressemblait en rien à leurs retrouvailles fébriles dans le bureau. Cette fois, Trent prenait son temps, plongeant dans son regard et mêlant les doigts aux siens. Il mettait dans ses gestes une telle douceur qu'elle avait presque envie de pleurer en songeant que cet homme si merveilleux ne serait jamais à elle.

Car Trent ne serait jamais prêt à lui offrir plus que cela. Elle avait appris à l'accepter mais, lorsqu'il se donnait ainsi à elle corps et âme, elle se prenait à espérer que cette fois les choses allaient peut-être changer. Chassant ces pensées, elle ferma les yeux et laissa ses autres sens prendre le dessus.

Elle sentit son souffle frais sur sa peau brûlante lorsqu'il lui embrassa l'épaule. En cet instant, ils étaient aussi proches qu'on pouvait l'être. Elle reconnut la tension caractéristique de ses muscles et l'intensité croissante de ses murmures. Il voulait la faire jouir et se retenait pour lui laisser la priorité. Elle se retint elle aussi pour prolonger le plus possible cet instant extraordinaire.

Mais son corps semblait doué d'une volonté propre, et le début de l'orgasme lui fit l'effet d'une morsure et lui coupa le souffle. À cet instant, elle ouvrit les yeux, surprenant le sourire satisfait de Trent qui ne manquait rien du spectacle. La seule vue de son visage suffit à la faire basculer dans un plaisir d'une force indicible.

Au même moment, les grognements de Trent s'intensifièrent, même s'il s'efforçait manifestement de faire le moins de bruit possible pour ne pas troubler le sommeil de Dylan. Elle eut le temps d'apprécier sa prévenance avant d'être submergée par un second orgasme.

Elle était perdue. Le cœur serré comme par un étau, elle comprit que ce qui venait de se passer avait ouvert une brèche dans ses défenses, qu'elle n'arriverait jamais plus à refermer. Il lui faudrait beaucoup de temps et d'espace pour oublier ce moment. En aurait-elle la volonté ou même la force ?

Trent roula sur le côté et, l'attirant sur lui, se mit à lui caresser doucement le dos. Elle aimait ce genre d'interlude. Dans ces moments-là, Trent était complètement détendu, et elle pouvait lui parler de n'importe quoi. Mais ce soir, elle peinait à trouver un sujet qui ne soit pas polémique.

Ce fut Trent qui prit la parole le premier.

— Je suis désolé de t'en avoir tant voulu lorsque tu as épousé Rafe.

— Nous avions rompu depuis des mois. Et dans des conditions très pénibles. Mais je n'aurais jamais dû commencer à voir Rafe.

— Je ne comprenais pas comment tu avais pu m'oublier si vite.

Son aveu la surprit.

— Je ne t'ai jamais oublié. C'est toi qui ne voulais pas de moi.

— Ce n'est pas vrai.

Ils roulèrent tous deux sur le côté et poursuivirent leur conversation, les jambes entremêlées pour garder un contact physique. Savannah posa la tête sur l'oreiller, et il lui caressa la joue. Son cœur se mit à battre de façon désordonnée quand elle vit la tristesse sur son visage.

— Tu m'as dit que ça ne t'intéressait pas de te marier et d'avoir des enfants, lui rappela-t-elle.

— Ça ne signifiait pas que je ne te voulais pas, toi. Je ne voulais pas les mêmes choses que toi, c'est tout, expliqua-t-il en l'embrassant sur le front. C'est toi qui as décidé de rompre, pas moi.

Elle se souvint combien elle avait souffert après cette rupture.

— Au final, peu importe qui a été à l'initiative de la rupture. Le fait est que nous avions des aspirations différentes et que nous n'aurions pas été heureux à long terme.

— Ce n'est pas vrai. Moi, j'aurais été heureux avec toi, dit-il avec une sincérité désarmante.

— Mais tu ne voulais pas entendre parler d'enfants et de mariage.

— Je me sentais piégé par tes attentes.

— Par mes… ?

Elle était horrifiée. Si elle avait pu mettre ses rêves de côté et se contenter d'aimer Trent, seraient-ils restés ensemble ? Elle fut prise de vertige en songeant à toute la souffrance qu'elle aurait pu éviter.

— Comment est-ce possible ? reprit-elle. Je ne t'ai jamais mis la pression.

— C'est vrai. Du moins, pas intentionnellement. Mais tu voyais ta vie de manière tellement idéaliste…, répondit-il en jouant avec une mèche de ses cheveux. Tu étais heureuse avec mon frère ?

— C'était avant tout un mariage de raison, déclara-t-elle.

Voyant qu'il ne manifestait aucune hostilité et continuait de la caresser, elle poursuivit :

— Il ne m'aimait pas.

— Et toi ?

— Pas comme je l'aurais dû. Comme je l'ai dit, nous avons conclu un accord et joué cartes sur table. Il voulait un héritier avant tout pour satisfaire ton père, dit-elle en l'embrassant sur l'épaule.

— Et tu étais d'accord ?

— J'étais seule et enceinte. Je ne savais pas ce que j'allais devenir.

Elle se souvenait de la femme qu'elle était à l'époque. Une femme perdue, qui attendait désespérément un sauveur. Elle reprit :

— J'ai passé des tas d'entretiens d'embauche, mais

personne ne voulait engager une femme enceinte de trois mois. De plus, j'avais des nausées. Constamment. Les gens parlent de nausées matinales. Mais moi, c'était toute la journée.

— Je ne savais pas que ça avait été si difficile pour toi. Heureusement que mon frère était là pour t'aider.

Depuis toujours, Trent avait été son sauveur. Percevant du regret dans sa voix, elle plongea dans son regard.

— Ça lui aurait fait très plaisir d'entendre ça.

Il prit un air sévère et lui tira gentiment les cheveux.

— Tu vois toujours ce qu'il y a de meilleur chez les gens, dit-il d'un ton fraternel. C'est d'ailleurs ce qui te cause tous ces ennuis.

— Je sais que tu ne t'es jamais entendu avec ton frère parce qu'il était le préféré de votre père, mais ça ne faisait pas de lui un être détestable, poursuivit Savannah, sans comprendre elle-même pourquoi elle éprouvait ce besoin que Trent voie son frère sous un meilleur jour. Il était aussi blessé et frustré que toi. Siggy lui a fait porter tout le poids de ses attentes, tant en ce qui concernait la famille qu'en ce qui concernait le label. Je crois que tu ne te rends pas compte à quel point tu as eu de la chance d'échapper à cela.

Trent resta impassible. Apparemment, il n'en croyait pas un mot.

— Rafe voulait le label, et il l'a eu.

Épouser Rafe avait au moins eu l'avantage de mettre Savannah en position de comprendre les dysfonctionnements de la famille Caldwell dans leur globalité. Durant son bref mariage avec Rafe, elle avait découvert combien ce dernier avait souffert de la rivalité que Siggy avait créée entre lui et Trent.

— Tu as raison, mais il ne tenait pas à diriger l'entreprise tout seul. Il savait qu'il avait besoin de toi pour dénicher de nouveaux talents et des compétences de Melodie en tant que parolière, compositrice et productrice. Siggy a détruit ses rêves tout comme il a détruit les tiens.

— Si tu essayes de me faire changer d'avis au sujet de mon frère, tu perds ton temps.

— Ce n'est pas le problème, répondit Savannah en posant la tête contre sa poitrine. Le problème, c'est l'amertume que tu portes en toi à cause de ton histoire familiale. C'est ce qui fait que tu es prisonnier du passé.

Si Trent parvenait à comprendre que Rafe avait été l'instrument de Siggy, peut-être se libérerait-il un jour de cette rancœur qui le poussait à garder les autres à distance. Peut-être cesserait-il enfin de fuir l'amour.

De la fuir, elle. De fuir la famille qu'il formait avec elle et Dylan. Une bouffée de désespoir la submergea. Mais Trent verrait-il un jour en Dylan autre chose que le fils de son frère ? Et que se passerait-il s'il apprenait la vérité ? La détesterait-il de ne lui avoir rien dit ou comprendrait-il ses motivations ?

Elle l'embrassa, laissant l'amour qu'elle éprouvait pour lui allumer une fois de plus le feu qui couvait en elle. L'ardeur avec laquelle il répondit à son baiser relégua son anxiété au fin fond de son esprit. Elle aurait bien le temps de régler tout cela. Pour le moment, la seule chose qui comptait, c'était de se concentrer sur l'instant présent et sur cet homme exceptionnel.

- 8 -

— Quel plaisir de te voir ! s'exclama Savannah en étreignant sa belle-sœur.

Melodie était partie en tournée après l'enterrement de Rafe, et Savannah ne l'avait pas revue depuis. L'année suivante, elle avait parcouru le pays, se produisant en première partie des concerts de Nate Tucker et de son groupe. La jeune femme avait perdu du poids et adopté un style rock. Toute de noir vêtue, elle portait une jupe en cuir évasée, un haut en dentelle et des boots à talons. Lorsque Nate Tucker lui avait proposé de faire la première partie de ses concerts, elle avait tout d'abord décliné, préférant écrire des chansons et œuvrer dans l'ombre. Mais Nate, conscient de son talent, était revenu à la charge et avait fini par vaincre ses réticences. C'était une excellente opportunité pour Melodie car, outre les parts du club qu'il possédait, Nate avait créé son propre label et disposait d'un studio d'enregistrement en ville.

— Je suis ravie d'être de retour à Las Vegas. J'ai hâte d'être en studio pour apporter la touche finale à mon premier album.

— Et quand aurai-je la chance de l'écouter ?

— Bientôt, promit Melodie. Je viens d'écrire deux nouvelles chansons que je voudrais enregistrer. Je réécouterai ensuite tous les enregistrements et je sélectionnerai les chansons pour l'album.

— Je suis sûre qu'elles seront toutes exceptionnelles.

— Où est Dylan ? demanda Melodie. Je pensais qu'après

le sale coup que vous a fait mon père, tu n'allais plus le quitter des yeux.

— Il est dans la piscine avec Trent, répondit Savannah du ton le plus neutre possible pour tenter de déjouer la sagacité de Melodie. Il lui apprend à nager. Incroyable, non ?

— Ce qui est incroyable, c'est que tu sois là, répliqua Melodie. Aux funérailles de Rafe, Trent et toi avez passé toute la journée à vous éviter. Que s'est-il passé ?

— Ton frère et moi avons passé une sorte d'accord. Et pour cela, je peux au moins remercier votre père. Je ne serais pas ici si West Coast Records n'était pas en difficulté et si Siggy n'avait pas tenté de me prendre mon fils.

— Il me semble tout de même que ce qui se passe entre vous dépasse le cadre d'un accord, répondit Melodie avec un regard appuyé. Vous vivez ensemble.

— Je loge dans le pavillon, expliqua Savannah. Et tu as raison, Trent fait beaucoup plus que m'aider pour le label. Il m'héberge, car je n'ai plus un sou depuis que Rafe m'a laissé ses dettes. Je n'ai aucun revenu, c'est pourquoi j'espère retrouver du travail.

— Tu as des projets ?

— Demain, j'accompagne Scarlett Fontaine à Los Angeles. Grâce à elle, j'ai décroché des rendez-vous avec trois agents.

— Et qui va garder Dylan ?

— La gouvernante de Trent. Elle est formidable.

— Très bien. Puisque tu le laisses ici, j'en profiterai pour faire un saut. Comme ça, je m'entraînerai à m'occuper des bébés.

Savannah dévisagea Melodie, ignorant si elle avait bien saisi l'allusion.

— Passe autant de temps que tu veux avec Dylan, mais pourquoi as-tu besoin d'entraînement ?

— Je suis enceinte, répondit Melodie avec un sourire hésitant.

— Formidable ! Je suis ravie pour Kyle et toi.

— Euh, tu peux surtout l'être pour moi…

— Comment ça ? Kyle n'est pas content ? C'est impossible. Il t'adore.

— Je ne lui ai encore rien dit.

Savannah cilla, se rappelant cette joie mêlée d'incertitude qu'elle avait ressentie lorsqu'elle avait appris qu'elle était enceinte.

— Je suis sûre qu'il va bien réagir.

— Je t'avoue que je n'en sais rien. Ça ne fait pas si longtemps que nous sommes ensemble, et nous n'avons jamais parlé mariage. J'ignore ce qu'il en pense.

— De combien es-tu enceinte ?

— D'à peine six semaines. J'ai passé un long week-end avec lui pour son anniversaire. C'était merveilleux, dit Melodie en s'illuminant avant de se rembrunir presque aussitôt. Mais après ça, Nate a appelé pour dire que la tournée était prolongée de deux semaines. Kyle était furieux. Il trouvait que nous étions séparés depuis trop longtemps et il m'a demandé d'arrêter la tournée. Nous avons eu une terrible dispute, ajouta-t-elle, l'air accablé.

— Mais il t'a toujours soutenue…

Melodie haussa les épaules.

— Nous ne nous sommes pas rendu compte à quel point cette séparation serait difficile, dit-elle en s'asseyant. Il s'est montré très distant ces derniers mois. Je ne sais pas ce qui lui arrive. Je commence à croire qu'il ne m'aime plus.

— C'est impossible. Je vous ai vus ensemble. Il t'adore.

Melodie poussa un profond soupir.

— Il y a un mois, il m'a pratiquement accusée de le tromper avec Hunter Graves.

— À cause de cette photo où l'on vous voit sortir d'un club la main dans la main ?

Savannah elle aussi s'était posé des questions en voyant ce cliché, mais elle était persuadée que Melodie n'aurait jamais pris le risque de compromettre sa relation avec Kyle.

— Cela dit, ajouta-t-elle, je comprends qu'il ait pu croire qu'il se passait quelque chose entre Hunter et toi.

— Mais nous sommes amis, c'est tout. Il y avait un

monde fou à la sortie de ce club. Hunter m'a prise par la main pour que nous ne soyons pas séparés, voilà tout.

— N'oublie pas que tu es sortie avec lui pendant un an et demi avant de rencontrer Kyle.

En réalité, à un moment donné, Melodie s'était servie de Kyle pour rendre Hunter jaloux. Mais le plan avait complètement échoué, car Kyle avait compris qu'il aimait Melodie, et celle-ci avait réalisé que l'homme de sa vie se trouvait depuis toujours sous son nez.

— Mais j'étais malheureuse, répondit Melodie. Comment Kyle peut-il penser que j'ai envie de revivre ça ?

— Peut-être que tu devrais le lui dire et le rassurer sur tes sentiments.

Étant donné sa propre situation, Savannah n'était pas la mieux placée pour donner des conseils. Mais elle avait envie de réconforter son amie.

— Je ne sais pas… Nous ne nous sommes pas parlé plus de six fois au cours des trois derniers mois.

Voilà qui était curieux, en effet, songea Savannah.

— Il faut absolument que tu tires les choses au clair avec lui.

— Je le ferai. Promis. Mais il faut vraiment que je termine l'album avant.

— Ça va te prendre combien de temps ?

Melodie avait vécu pendant trois mois avec Kyle avant de partir en tournée. Ils sortaient ensemble depuis six mois lorsqu'elle avait emménagé avec lui. Et avant cela, ils s'étaient liés d'amitié au lycée. Kyle était le meilleur ami de Trent depuis leur première année de lycée, et Savannah le connaissait depuis cette époque. Elle n'avait pas été étonnée de voir Melodie et lui sortir ensemble.

— Je ne sais pas, répondit Melodie, mal à l'aise.

— Les choses ne feront qu'empirer si tu attends trop longtemps.

Depuis la mort de Rafe, Savannah regrettait chaque jour de ne pas avoir dit à Trent la vérité au sujet de Dylan lorsqu'elle était tombée enceinte. Elle avait gardé le secret de peur qu'il ne la rejette, une fois de plus. Ce qui était stupide, puisqu'ils avaient déjà rompu.

— Tu as raison mais, si je vais à Los Angeles pour le lui dire, je sais qu'il réagira mal. Alors que, si je reste ici pour finir l'album, au moins je pourrai m'imaginer qu'il réagira bien.

Melodie raisonnait avec la même logique défaillante que Savannah face à ce problème. La décision qu'elle avait prise alors s'était retournée contre elle, et elle ne pouvait que souhaiter que son amie ne se retrouve pas dans la même situation.

— Il sera ravi de l'apprendre, lui assura Savannah. Il t'aime.

— Parfois, l'amour ne suffit pas, répondit Melodie en fixant ses mains.

— C'est pourtant absolument essentiel, répliqua Savannah avec conviction.

Leur conversation fut interrompue par l'apparition de Trent et Dylan, accompagnés du chien Murphy. Comme toujours, lorsqu'elle voyait le père et le fils réunis, elle eut un coup au cœur.

— Alors, cette leçon de natation ? demanda-t-elle en tendant les bras pour prendre son fils enveloppé dans une serviette.

Trent ne semblait absolument pas pressé de lui rendre Dylan.

— Il a déjà appris à retenir sa respiration sous l'eau, répondit-il en se penchant pour embrasser Melodie. Je suis ravi de te voir.

— Moi aussi, répondit sa sœur.

Étonnée par la mine ravie de son frère, elle jeta un regard en coin à Savannah.

— J'aimerais m'installer ici le temps de finir mon album. Mais je ne voudrais pas déranger…

— Pas de problème. La maison est grande. Et Kyle ? Quand est-ce qu'il arrive ? Je l'emmènerai jouer au golf pour qu'il te fiche un peu la paix, si tu veux.

— Il ne viendra pas, répondit Melodie, s'efforçant de rester impassible.

Son frère se rembrunit.

— Pourquoi ?

Pensant que Melodie préférerait probablement avoir cette conversation seule à seul avec son frère, Savannah prit Dylan dans ses bras.

— Je vais le changer, dit-elle avant de s'esquiver.

Tout en habillant son fils, Savannah se demanda ce que Trent penserait de la situation de Melodie. Tout comme avec elle, il s'était toujours montré protecteur envers sa sœur, surtout en ce qui concernait sa relation avec son meilleur ami.

Les deux hommes avaient beau être très proches depuis des années, Trent n'avait pas apprécié que Melodie sorte avec lui. Mais Melodie était une jeune femme déterminée qui entendait mener sa vie à sa guise, et elle avait fait comprendre à son frère de se mêler de ses affaires.

Pour se changer les idées, Savannah décida de se choisir une tenue pour ses rendez-vous à Los Angeles. Elle n'avait malheureusement pas grand-chose. Depuis son premier séjour à Las Vegas, elle fonctionnait avec les mêmes vêtements. Avant de vendre la maison, elle avait mis la majeure partie d'entre eux au garde-meuble, se promettant de les trier dès qu'elle trouverait un nouveau logement.

Fatigué par sa leçon de natation, Dylan s'assit dans un coin pour jouer avec son ours musical. En appuyant sur la patte droite de l'ours, il pouvait faire défiler les chansons sur un petit écran et choisir sa préférée. Après quoi, il se mettait à chanter en agitant ses petites mains, tandis que le chien, apeuré par ce jouet bruyant, se mettait à aboyer et à grogner.

— Pourquoi est-ce que ça ne m'étonne pas qu'il aime la musique ? fit Trent, appuyé contre le chambranle. J'espère que ça ne te dérange pas que je sois entré.

— Pas du tout. Tu es chez toi. D'ailleurs, je commence à me dire que Dylan et moi devrions déménager.

— Déménager ? Pourquoi ?

— Melodie apprécierait sans doute de loger dans le pavillon. Elle serait plus tranquille pour finir son album.

— Où penses-tu aller ?

— Je pense soit rester ici, à Las Vegas, soit m'installer à Los Angeles.

Trent fronça les sourcils.

— Tu as oublié la raison pour laquelle tu es venue ici ?

— Non, absolument pas.

Trent pensait qu'elle l'avait accompagné à Las Vegas pour mettre son fils en sécurité. Mais ce n'était pas la seule raison. Elle avait espéré naïvement que, si Trent passait un peu de temps avec Dylan et elle, il finirait par apprécier la vie de famille.

— Mais la situation a changé, reprit-elle. Si je trouve du travail suite à mes rendez-vous, j'aurai tout intérêt à retourner à Los Angeles.

— Ce n'est absolument pas ce que tu disais il y a encore deux jours, et, je t'en prie, ne prends pas la présence de Melodie comme excuse. Tu savais qu'elle venait. Qu'est-ce qui t'a fait changer d'avis ?

Savannah ne pouvait pas lui expliquer la vraie raison, à savoir que ça la gênait de plus en plus de loger dans le pavillon, où il pouvait venir la retrouver quand bon lui semblait. Hélas, retomber amoureuse de lui ne leur apporterait rien, ni à l'un ni à l'autre.

Certes, c'était une bonne chose pour Dylan que ses parents s'entendent bien, mais mieux valait s'en tenir à une simple amitié. De plus, elle avait besoin de s'affranchir de Trent et de faire face aux difficultés de la vie sans toujours compter sur lui.

— Simplement, le fait d'avoir de nouvelles perspectives en termes de travail, répondit-elle. Bien sûr, ce qu'a fait Siggy m'a effrayée, et c'est uniquement en réaction que je me suis installée chez toi. J'aurais dû mieux peser le pour et le contre.

— Tu sais, il y a de fortes chances que Siggy tente autre chose.

— C'est pourquoi je laisserai Dylan ici pendant que je serai à Los Angeles. Je sais qu'il est en sécurité chez toi.

— Je ne comprends pas pourquoi tu tiens tant à retravailler. Tu peux rester ici aussi longtemps que tu le veux, tu sais ?

— C'est très généreux de ta part, mais j'ai besoin d'ouvrir un nouveau chapitre de ma vie.

Et, si celui-ci ne devait pas s'écrire avec Trent, il fallait qu'elle prenne ses distances le plus tôt possible.

— À propos de Melodie, elle t'a parlé de ses relations avec Kyle ?

— Elle m'a dit que c'était un peu tendu, répondit-il en se passant nerveusement la main dans les cheveux. Elle m'a redit de me mêler de mes affaires.

— Elle a raison. Melodie est une grande fille. Elle n'a pas besoin que son frère interfère dans sa vie amoureuse.

— Et que suis-je censé faire, alors ? La regarder pleurer sans lever le petit doigt ?

— Concentre-toi plutôt sur West Coast Records et laisse Melodie gérer elle-même ses problèmes. Si elle a besoin de toi, elle te le fera savoir.

— Très bien. À propos du label, j'ai trouvé un candidat au poste de P-DG. Je t'enverrai son numéro par texto. Comme ça, tu pourras le rencontrer quand tu seras à Los Angeles. Je pense qu'il te plaira.

— C'est merveilleux ! J'ai hâte de le rencontrer. Et, si je décide de l'engager, comment feras-tu pour éviter que Siggy et Gerry lui mettent des bâtons dans les roues ?

— Si tout se passe comme prévu, il n'y aura pas de problème.

Elle secoua la tête.

— Ça t'embêterait de me dire ce que tu mijotes ?

— Va dîner avec lui chez Cuts à Beverly Hills.

— Pour que ton père ait vent de notre rencontre ?

— Exactement. Le restaurant est à deux pas du label. Si tu vas là-bas, il le saura forcément.

— Et ensuite, quoi ? On attend ?

— Je connais mon père. Nous n'aurons pas à attendre longtemps.

Poussant une poussette dans laquelle dormait son neveu, Trent entra dans le studio d'enregistrement du label de Nate Tucker, Ugly Trout Records. Depuis que Savannah était partie pour Los Angeles au matin, il était de mauvaise humeur. Bien que conscient qu'il était important pour elle de travailler, il ne pouvait s'empêcher de penser que ce serait une grave erreur de sa part de se réinstaller là-bas. Après l'incident de la semaine précédente, il avait cru qu'elle resterait à l'abri chez lui au moins jusqu'à ce qu'ils trouvent un moyen de contrer Siggy. L'intention de Trent était de désengager Savannah de l'entreprise de son père. Et il venait aujourd'hui présenter à Nate une idée dans ce sens.

La réceptionniste lui indiqua le studio B, où Melodie et Nate enregistraient pour l'album. Lorsque Trent entra dans le studio, Nate jeta un œil à ses deux visiteurs, puis se concentra de nouveau sur la prestation de Melodie.

Trent s'adossa au mur et écouta sa sœur. Accompagnée par un guitariste coiffé d'un bonnet, elle était assise au piano électrique, interprétant d'une voix pure et vibrante une chanson pleine de mélancolie. La simplicité des arrangements faisait ressortir la beauté du texte. Trent sentit ses cheveux se dresser sur sa nuque. Quand sa petite sœur était-elle devenue une si remarquable artiste ?

À la fin de la chanson, Nate expira longuement et se cala au fond de sa chaise.

— Elle est absolument fabuleuse. Cet album va faire un carton.

Un peu sonné, Trent acquiesça.

— Ça m'en a tout l'air.

Trent avait beau avoir déjà vu sa sœur en concert, il était de plus en plus impressionné par son talent. Contrairement à Trent qui avait tâté de nombreuses activités dans sa jeunesse, Melodie, elle, avait toujours eu une passion pour la musique. Dès qu'elle avait été en âge de soulever un violon, elle avait pris des cours. À huit ans, elle avait appris le piano toute seule et commencé à composer des chansonnettes que ses amies entonnaient avec elle, rendant ses deux frères complètement fous.

Ce petit jeu avait pris fin lorsqu'elle avait eu dix ans. Melodie avait écrit sa première véritable chanson, et Trent lui avait suggéré de l'enregistrer. Quel était l'intérêt d'avoir un studio d'enregistrement à sa disposition et de ne pas l'utiliser ? Trent lui avait annoncé un beau jour qu'il lui avait réservé une session d'une heure, sachant que s'il lui en avait parlé à l'avance elle se serait dérobée.

Encouragée par Trent, elle avait accepté à contrecœur d'enregistrer sa chanson. Elle venait à peine de commencer que leur père était entré — ou plutôt, avait fait irruption — dans le studio. Siggy avait copieusement insulté Trent. Pour lui, les expériences de sa fille ne valaient pas qu'on gâche du temps de studio. Melodie avait été tellement dépitée qu'elle n'avait jamais terminé son enregistrement et avait même arrêté de chanter.

Dès lors, elle s'était consacrée exclusivement au violon et au piano, cherchant à sa façon à plaire à son père, à l'exemple de Rafe. Trent, lui, avait pris le contre-pied des attentes de Siggy et n'avait plus cessé de s'attirer les foudres de celui-ci.

— Nate, dit Melodie dans le micro, tu pourrais repasser la chanson pour que j'entende ce que ça donne ?

— Bien sûr.

Nate s'exécuta, avant de se tourner vers Trent.

— Elle est tellement perfectionniste. Elle a dû faire au moins cinquante versions.

— Et je suis sûr que chacune est meilleure que la

précédente. Sauf que, bien sûr, elle se trouve toujours nulle. Nous pouvons remercier notre père pour ça.

Assis dans sa poussette, Dylan, à présent réveillé, écoutait la chanson de Melodie, émerveillé. Trent le prit dans ses bras pour qu'il voie sa tante. De l'autre côté de la vitre, celle-ci lui sourit et lui adressa un petit coucou, ce à quoi le petit garçon répondit en lui envoyant un baiser de la main.

— Je lui ai donné un mois pour sélectionner quatorze chansons pour son album. Ma seule crainte, c'est que pendant ce temps elle en enregistre douze de plus.

— Un mois ? Elle compte vraiment rester ici aussi longtemps ?

— Je ne sais pas, répondit Nate, préoccupé. Au départ, je lui avais donné deux semaines, mais elle m'a demandé plus de temps.

— Il y a un problème entre Kyle et elle ?

L'expression de Nate lui dit tout ce qu'il voulait savoir.

— Ça ne nous regarde ni toi ni moi.

— C'est ma sœur, et lui mon meilleur ami.

— Reste en dehors de ça.

— Très bien, répondit Trent à contrecœur.

Même si cela lui coûtait de l'admettre, Trent savait parfaitement qu'en se mêlant des affaires de sa sœur il n'aurait fait que reporter sa frustration sur quelqu'un d'autre. En réalité, il voulait simplement éviter de faire une fixation sur Savannah. Sa volonté de la bannir de sa vie avait volé en éclats le jour où elle était venue au Club T. Dès lors, il avait fait sienne sa bataille avec son père et était retombé dans son lit et sous son charme.

— Melodie et moi pensons ajouter un duo sur l'album, reprit Nate, sans percevoir la mauvaise humeur de Trent. Ça te dirait d'interpréter *La Femme de ma vie* avec elle ?

— Chanter, moi ?

Il se savait bien meilleur à la guitare.

— Melodie affirme que tu as une très belle voix.

Trent se sentit rougir. Pour lui, chanter était une chose

qu'il aimait faire en privé, dans sa voiture ou sous la douche.

— Je n'ai jamais pris de cours.

— Tu crois que tu es le seul ? Moi, j'ai appris à chanter dans mon garage quand j'ai créé mon groupe à l'âge de quatorze ans.

Nate avait peut-être appris à chanter dans son garage, il n'en était pas moins devenu un remarquable auteur-compositeur-interprète, doublé d'un excellent producteur.

— D'accord, je chanterai, répondit Trent, se surprenant lui-même. Mais promets-moi de ne pas la mettre sur l'album.

— Enregistrons la chanson, et on verra comment ça se passe.

— Elle ferait mieux de faire ce duo avec toi. Ta notoriété boosterait les ventes de l'album.

— Tu sais qu'elle rêve de le distribuer gratuitement ?

Trent n'était pas surpris. Depuis toujours, Melodie ne s'intéressait qu'à l'art et se moquait de l'argent.

— Tu l'en as dissuadée, j'espère ?

— Pas tout à fait. En fait, elle est assez déterminée et, de plus, elle gagne suffisamment d'argent avec la tournée et ses droits d'auteur pour s'inquiéter d'en gagner davantage.

— Mais quand même, distribuer un album gratuitement…

Pour l'homme d'affaires qu'il était, cette idée était presque insupportable.

— Je verrai bien ce qu'elle en pense lorsque l'album sera terminé. Mais en attendant…

Nate appuya sur un bouton, s'adressant à Melodie par un micro.

— Trent vient d'arriver, et il est d'accord pour chanter *La Femme de ma vie* avec toi.

Trent poussa un grognement en voyant s'illuminer le visage de sa sœur.

— Après l'enregistrement, j'aimerais te parler de quelque chose.

— Il y a un problème au club ?

— Le Club T se porte à merveille. Ce qui m'amène est à la fois d'ordre personnel et professionnel.

Nate lui lança un regard intéressé.

— C'est lié à cette belle-sœur qui habite chez toi ?

Trent ne fut guère étonné que Nate ait entendu parler de Savannah. Melodie lui avait probablement dit qu'elle avait passé du temps avec Dylan.

— C'est surtout lié au fait que mon neveu est actionnaire majoritaire de West Coast Records.

Les deux hommes étaient amis et associés depuis plusieurs années.

— Grâce aux parts qu'il a héritées de Rafe ?

— Le label se porte mal, et Savannah a besoin d'une grosse somme d'argent pour régler les dettes que lui a laissées mon frère.

Nate hocha solennellement la tête.

— On dirait que cette demoiselle a besoin de notre aide. Allez, va chanter, et ensuite on discutera de ton problème.

— Tu peux t'occuper de Dylan ?

Nate prit le petit garçon sur ses genoux.

— Ça fait dix ans que je m'occupe d'artistes caractériels. Je peux bien m'occuper d'un enfant de un an.

En souriant, Trent se dirigea vers la cabine d'enregistrement. Le guitariste avait laissé son instrument.

— Tu crois que je peux la lui emprunter ?

— Jay est très cool sur ce genre de choses, répondit Melodie en regardant son frère s'installer sur le tabouret pour accorder la guitare. Tu vas vraiment chanter avec moi ?

Trent n'avait jamais voulu faire carrière dans la musique, mais il aurait pu. Au lycée, il avait même monté un groupe avec des amis et donné quelques concerts. Ce qui n'avait fait qu'accroître son aura de mauvais garçon auprès des filles et lui avait valu l'antipathie des sportifs du lycée.

— Nate m'a juré de ne pas la mettre sur l'album, répondit Trent, donc je ne vois pas où est le problème.

— On verra, fit Melodie, avec un sourire complice. Tu te souviens de l'air ?

— Je crois que oui, dit Trent en se mettant à jouer.

- 9 -

Savannah chantonnait dans l'ascenseur de l'hôtel, pressée de rejoindre l'aéroport et de reprendre l'avion pour Las Vegas. Ces trois jours avaient été riches en événements, et elle avait hâte de retrouver son fils. Le dîner de la veille en compagnie de Fred Hammer lui avait donné une idée de la stratégie de Trent. Il était clair que le marché de la musique n'avait aucun secret pour Fred et qu'il ferait un P-DG idéal pour West Coast Records. Ces cinq dernières années, il avait débauché plusieurs artistes du label, ce qui témoignait de son sens de la négociation. Siggy serait sans doute furieux de voir un ancien concurrent prendre les commandes de l'entreprise.

Alors que Savannah traversait le hall inondé de soleil, complètement absorbée dans ses pensées, une femme l'arrêta.

— Savannah Caldwell ?

— Oui ?

Ne reconnaissant pas la petite brune en jean moulant et T-shirt blanc, elle la prit tout d'abord pour l'assistante d'un agent qu'elle avait rencontré la veille. La jeune femme lui tendit une enveloppe.

— C'est pour vous.

Savannah prit machinalement le pli.

— Qu'est-ce que c'est ?

— Je devais vous remettre ce document. C'est fait.

Sans ajouter un mot, la jeune femme se dirigea vers la

sortie avec l'assurance de quelqu'un qui a fait ce genre de choses des centaines de fois.

Stupéfaite, Savannah ouvrit l'enveloppe et en sortit un document légal. Il ne lui fallut pas longtemps pour comprendre de quoi il retournait. C'était une assignation émanant de Siggy qui contestait la répartition actuelle des parts du label au motif que Dylan n'était pas le fils biologique de Rafe. Tout l'optimisme qu'elle avait engrangé au cours des trois derniers jours s'évanouit d'un seul coup. Au lieu de sortir de l'hôtel, elle se dirigea vers le fauteuil le plus proche et s'y laissa tomber.

Comment allait-elle expliquer les choses à Trent ? Savannah avait cessé de s'inquiéter pour les parts et l'argent depuis qu'elle avait décidé de reprendre son métier d'actrice. Elle trouverait bien un moyen de rembourser sa dette progressivement. Mais, si Trent découvrait que Dylan n'était pas le fils de Rafe, il lui en voudrait terriblement de lui avoir menti. Elle devait discuter avec Siggy. Il y avait au moins un point positif à ce rebondissement : son beau-père ne tenterait plus de lui prendre son fils.

Elle se rendit aussitôt chez Siggy. Alors qu'elle craignait de se voir refuser l'accès à la propriété, elle entra sans problème. Manifestement, Siggy l'attendait. Assis à son bureau, il ne se leva pas lorsqu'elle entra dans la pièce.

— Alors, comme ça, tu me traînes en justice ?

— Je ne te laisserai pas faire passer cet enfant pour mon petit-fils.

Savannah résista à l'envie de lui rétorquer que Dylan était de toute façon son petit-fils.

— Dylan est le fils de Rafe.

— Mais pas son fils biologique.

Savannah dévisagea son beau-père, convoquant toute la froideur de Courtney Day pour masquer sa panique. Savait-il quelque chose ? Ou prêchait-il le faux pour savoir le vrai ? Elle n'avait aucun moyen de le savoir, sauf à abattre son jeu.

— Tu ne sais même pas de quoi tu parles.

— Détrompe-toi. Tu t'es arrangée pour épouser mon fils pour faire de cet enfant son héritier.

— Ce n'est pas du tout ce qui s'est passé. De toute façon, tu n'as aucune preuve.

— Mais je peux prouver que Dylan n'est pas le fils biologique de Rafe. Lorsqu'il est venu ici, j'ai prélevé un échantillon de son ADN et je l'ai fait analyser.

Après tout ce temps, qu'est-ce qui avait pu inciter Siggy à faire une chose pareille ? Était-ce parce qu'elle s'était alliée à Trent et représentait une menace pour son label ? La relation qu'elle avait eue avec Trent lorsqu'elle vivait à New York n'était un secret pour personne, mais Siggy ne s'était jamais intéressé aux activités de son fils. Avait-il eu vent de sa liaison avec Trent ? Ou alors Siggy tentait-il de lui nuire parce qu'il avait toujours considéré Savannah indigne d'être la femme de Rafe ?

— Peu importe ce que tu peux prouver ou pas. Rafe voulait un fils et il en a eu un.

Tout en parlant, Savannah commençait à se calmer. Siggy aurait beaucoup de mal à contester le testament. Rafe n'avait jamais spécifié qu'il léguait ses parts à son fils biologique, et Rafe apparaissait sur l'acte de naissance de Dylan comme étant son père.

— Mais je peux faire traîner cette affaire pendant un bon moment. Et, lorsque j'aurai les résultats des analyses ADN, il faudra que tu expliques à Trent pourquoi tu lui as menti depuis le début.

Siggy paraissait satisfait de lui, et Savannah se demanda s'il bluffait ou non.

— Et pendant ce temps, poursuivit-il, j'en profiterai pour reprendre le contrôle de mon entreprise.

Savannah comprenait à présent où Siggy voulait en venir. Elle avait aidé Trent à provoquer son père, et voilà le résultat. De plus, elle savait que Siggy avait raison au sujet de Trent. Il serait furieux qu'elle ait fait passer Dylan pour le fils de Rafe. La seule chose qu'elle pouvait faire pour sauver la situation était de négocier de façon que la paternité de Dylan demeure un secret.

— Tu veux récupérer ta société. Et moi, je veux être soulagée de la dette que ton fils m'a laissée…

— Qu'as-tu à proposer ? fit-il, sceptique.

— Je te rends les parts si tu me donnes le million que je dois. C'est la dette de Rafe, pas la mienne. Et nous savons tous les deux que les parts valent beaucoup plus que ça. Du moins, tant que le label ne fait pas faillite.

— Si nous allons au tribunal, je récupérerai mes parts sans avoir à te verser un centime.

— Tu en es sûr ? Si nous allons en justice, je rendrai publique la situation du label. À savoir que vous ne payez pas vos artistes et que l'entreprise est au bord du gouffre. D'ailleurs, je viens d'engager Fred Hammer au poste de P-DG, et la première chose qu'il fera sera de renvoyer Gerry ou de porter plainte contre lui pour détournement de fonds. Donc, réfléchis à ma proposition.

Laissant Siggy pour une fois bouche bée, Savannah sortit de la maison. La tête haute mais les genoux tremblants, elle parvint à regagner sa voiture et poussa un énorme soupir de soulagement en s'installant au volant. Déterminée à ne pas craquer avant d'avoir quitté la propriété, elle démarra et sortit dans la rue. Voyant un parking, elle se gara et coupa le moteur.

Elle était sur le point de s'effondrer sur le volant lorsque son téléphone sonna. Convaincue que Siggy l'appelait pour lui lancer d'autres menaces, Savannah fut tentée de ne pas décrocher.

À sa surprise, c'était Corinne Scott, l'agent avec qui elle avait signé la veille. Corinne était le second agent qui s'était manifesté pour la représenter, et au bout d'une demi-heure de discussion Savannah avait eu la conviction qu'elle comprenait ses priorités, aussi bien en tant que mère qu'en tant qu'actrice.

— Bonjour, Corinne.

Vu la matinée qu'elle venait de passer, Savannah se prépara au pire.

— Je ne m'attendais pas à avoir si vite de vos nouvelles.

— J'en suis la première surprise. Lors de notre entretien, vous m'avez dit que vous seriez intéressée par un film. Or hier soir, j'ai dîné avec un producteur et je lui ai parlé de vous. Il vient de m'envoyer un scénario dans lequel il y a un rôle parfait pour vous.

— Ça alors ! s'exclama Savannah avec un rire surpris. Vous êtes d'une rare efficacité, ajouta-t-elle, prise de vertige en songeant à cette matinée pleine de rebondissements.

— Il faut parfois du temps pour trouver le bon acteur pour un film, mais ça peut être aussi très rapide. Je sais que vous devez reprendre l'avion pour Las Vegas, mais auriez-vous le temps de passer prendre le scénario ?

Étant donné les détours qu'elle avait déjà faits, Savannah n'avait absolument pas le temps. Elle ferma les yeux et inclina la tête en arrière.

— Je serai là dans une demi-heure.

Appelant la compagnie aérienne, Savannah repoussa l'heure de son vol. Elle contacta ensuite Melodie pour l'informer qu'elle rentrerait plus tard que prévu. Malgré sa hâte de retrouver son fils, elle était assignée en justice et devait absolument prendre conseil auprès d'un avocat.

Son téléphone sonna de nouveau alors qu'elle se rendait au bureau de Corinne. Cette fois, c'était Trent.

— Melodie m'a dit que tu étais retenue à Los Angeles à cause d'un projet.

— Je me rends justement chez mon agent.

— Les choses prennent tournure, on dirait.

— J'en suis la première surprise. Je n'aurais jamais imaginé qu'elle me trouverait un rôle si rapidement. Bien sûr, ce n'est qu'une audition, tempéra Savannah.

— À quelle heure est ton vol ? Je viendrai te chercher.

— Ne te donne pas cette peine.

— J'ai une surprise pour toi qui ne peut pas attendre.

— J'espère qu'elle sera bonne.

Elle raccrocha en souriant, se demandant ce qu'il pouvait bien mijoter. Mais toute sa joie s'évanouit lorsque son regard se posa sur l'enveloppe contenant l'assignation.

L'heure était grave. Si Trent apprenait la vérité, jamais il ne lui pardonnerait de lui avoir caché un secret aussi énorme. La scène qui s'était déroulée chez Siggy lui revint en mémoire. Avait-elle vraiment dit qu'elle avait engagé Fred ? Et menacé de dénoncer Gerry à la police ?

Trent serait furieux d'apprendre qu'elle avait ruiné son plan, même si elle n'en connaissait toujours pas les détails. Il est vrai qu'il s'était montré très réservé lorsqu'elle l'avait questionné. Eh bien, s'il avait voulu qu'elle respecte son scénario, il aurait dû lui donner davantage d'informations.

Il était trop tard, à présent. Elle devait se préparer au procès et assurer son avenir. Quand elle serait dans l'avion, elle devrait trouver une explication à donner à Trent.

Immobile au milieu du flot des passagers, Trent scrutait le tableau des arrivées pour savoir à quelle porte Savannah arriverait. Il était pile à l'heure. L'avion avait atterri cinq minutes plus tôt. Il positionna la poussette de Dylan de façon qu'elle ne puisse pas la manquer lorsqu'elle viendrait récupérer ses bagages.

Savannah n'avait été absente que trois jours, mais il avait l'impression qu'elle avait été partie bien plus longtemps. Ils s'étaient parlé plusieurs fois au téléphone, leurs échanges tournant autour de Dylan et de son agent, alors qu'il aurait voulu lui dire combien elle lui manquait. Il n'avait pas osé le faire. Il était le premier surpris de sa réaction. Lorsqu'elle avait épousé son frère, il avait décidé de couper les ponts avec elle. Et il avait cru y être parvenu pendant dix-huit mois. Quel choc de découvrir qu'il s'était menti à lui-même durant tout ce temps !

Son cœur bondit lorsqu'il l'aperçut, et il comprit alors qu'il était dans de sales draps. Craignant qu'elle ne perçoive son trouble, il s'employa à sortir Dylan de sa poussette.

— Dylan, voilà maman. Viens lui faire un gros câlin.

— Comme tu m'as manqué ! s'écria Savannah, prenant Dylan dans ses bras et l'embrassant bruyamment. Mon Dieu, comme tu as grandi !

— Tu n'es partie que trois jours, fit remarquer Trent. Bien que brûlant de l'étreindre, il fourra les mains dans ses poches et se contenta de lui sourire.

— Personne ne peut grandir en si peu de temps.

— Je sais. Simplement, je culpabilise d'avoir dû m'absenter.

— Tout s'est très bien passé, dit Trent pour la rassurer. Mais, voyant la grimace de Savannah, il tenta de se rattraper.

— Même si, bien sûr, tu lui as beaucoup manqué. Cela dit, Melodie et moi avons fait de notre mieux pour qu'il passe de bons moments.

— J'en suis sûre. Vous êtes les deux personnes les plus merveilleuses que je connaisse.

Trent décida de passer à un sujet plus neutre.

— Donc, si j'ai bien compris, ce voyage a été un succès. Non seulement tu as trouvé un agent, mais tu as décroché une audition pour un film. C'est formidable.

— Oui, il s'est passé un tas de choses. Jamais je n'aurais cru que tout irait si vite.

— Parle-moi du film.

— Le rôle est plus important que je ne le croyais. J'ai feuilleté le scénario dans l'avion. C'est une comédie romantique. Si j'ai le rôle, je serai la meilleure amie de l'actrice principale.

— Où se déroule le tournage ? demanda-t-il alors que les bagages commençaient à apparaître sur le tapis roulant.

— À Los Angeles.

Savannah, qui partageait son attention entre son fils et le tapis roulant, ne vit pas la moue désapprobatrice de Trent.

— J'y retourne dans une semaine pour l'audition.

— Et si tu obtiens le rôle, tu comptes retourner là-bas ? En réalité, il voulait savoir si elle comptait y emménager définitivement. Avant son voyage, il avait eu le sentiment qu'elle pensait plutôt s'installer à Las Vegas.

— Juste le temps du tournage, dit-elle en désignant une valise rouge. Voilà, c'est la mienne.

Trent souleva la valise tandis qu'elle remettait Dylan dans la poussette. Ils sortirent tous les trois du terminal pour rejoindre le parking.

— On dirait qu'il fait beaucoup plus chaud qu'à Los Angeles, remarqua Savannah tandis qu'il chargeait la valise et la poussette dans le coffre de sa voiture.

Pour le vol, elle avait revêtu une petite robe évasée à manches courtes couleur crème et des escarpins assortis, le tout agrémenté d'un imposant collier doré. La tenue lui donnait une apparence à la fois élégante et professionnelle. Mais à peine eut-elle pris place sur le siège passager qu'elle se débarrassa de ses talons et de ses bijoux et défit son chignon. Alors que ses longs cheveux blonds cascadaient sur ses épaules, elle jeta un regard lumineux à son fils assis à l'arrière. Elle était redevenue la femme séduisante et sensuelle qui avait hanté les rêves de Trent pendant toute son absence.

— Je t'ai promis une surprise, tu te souviens ? rappela Trent, s'en voulant aussitôt de l'émotion perceptible dans sa voix.

Il mit le contact et alluma la stéréo. Le CD était déjà en place, et il n'avait qu'à appuyer sur une touche.

— J'ai emmené Dylan au studio pendant que Melodie enregistrait.

Savannah lui adressa un grand sourire ravi.

— Vais-je enfin pouvoir entendre quelques titres de cet album ?

— C'est bien une chanson de Melodie que tu vas entendre, répondit-il en sortant du parking. Mais je ne crois pas qu'elle sera sur l'album.

— Eh bien, qu'est-ce que tu attends ? Ça fait six heures que tu me tiens en haleine.

Il lança le CD, guettant ses réactions. Lorsque la

chanson commença, elle le dévisagea, surprise, plaquant une main sur sa bouche. Il la regarda jusqu'à la fin du morceau, incapable de la quitter des yeux.

— C'est Dylan qui chante ?

Étant donné l'âge de Dylan, ce n'était pas tout à fait le terme approprié. Mais le bambin gazouillait, suivant parfaitement les paroles et les notes que Melodie jouait au piano. C'était une chanson qu'elle avait écrite dans son enfance et qui, manifestement, plaisait toujours autant aux petits. Apparemment, ils avaient travaillé sur ce duo depuis qu'elle avait quitté Las Vegas.

— C'est fantastique ! Quelle merveilleuse surprise ! Merci.

La chanson se termina, et Trent s'apprêtait à la repasser lorsque les premiers accords du morceau suivant résonnèrent dans l'habitacle. C'était Nate qui avait gravé le CD. Apparemment, il avait ajouté un second morceau.

Savannah inclina la tête, intriguée.

— Tiens, tiens, ça me dit quelque chose, déclara-t-elle.

Trent avait bien sûr reconnu l'introduction de *La Femme de ma vie*, la chanson qu'il avait enregistrée la veille. Il ne restait plus que quelques secondes avant qu'il se mette à chanter.

— Et si on réécoutait la chanson de Dylan ?

— Attends, fit Savannah en posant la main sur la sienne. C'est *La Femme de ma vie*, non ? Melodie va la mettre sur son album ?

Le ton sur lequel elle avait prononcé ces mots attira l'attention de Trent. Jetant un œil vers elle, il remarqua qu'elle s'était rembrunie. Alors que sa sœur entonnait le premier couplet, il se demanda ce qui, dans cette chanson, pouvait rendre Savannah si mélancolique. Et comment elle réagirait lorsqu'elle reconnaîtrait sa voix sur le refrain.

— J'espère bien que non, répondit-il au moment précis où sa voix résonnait dans les enceintes.

Il tressaillit en entendant sa propre voix. Ce n'était pas qu'il chantait faux ou semblait manquer de pratique, mais cet enregistrement aurait dû rester secret. À présent, il se sentait vulnérable. Il avait interprété la chanson en pensant à Savannah et avait l'impression que cela s'entendait.

— Je n'aurais jamais cru…, murmura Savannah en repoussant ses cheveux d'une main tremblante, sans finir sa phrase. Vos voix s'accordent parfaitement. Melodie devrait la mettre sur son album.

— Elle devrait plutôt faire un duo avec quelqu'un de connu. Qui se souvient encore du chanteur de Chrome Pulse ? fit Trent, en référence au groupe qu'il avait créé dans son adolescence. Personne j'espère, ajouta-t-il en riant.

Au bout de quelques secondes, Savannah se joignit à son hilarité.

Ils roulèrent quelques instants en silence, perdus dans leurs pensées. Attentif aux moindres mouvements ou expressions de Savannah, Trent cherchait l'occasion de lui prendre la main et de lui montrer à quel point elle lui avait manqué. Mais elle semblait mal à l'aise.

— Tu ne m'as pas raconté ta rencontre avec Fred. Comment ça s'est passé ?

— C'est un type formidable. Je suis sûre qu'il fera un remarquable P-DG…, répondit-elle.

À la façon dont elle laissa sa phrase en suspens, Trent comprit qu'elle avait failli ajouter quelque chose.

— Mais ? relança-t-il.

— Il s'est passé quelque chose avec ton père, admit-elle.

À la façon dont elle s'agrippait à son sac, songea-t-il, cela avait dû être pénible.

— Si ton but était de le provoquer, je crois que tu y as parfaitement réussi…

— S'il a fait quoi que ce soit pour te…

Elle soupira nerveusement.

— Je lui ai parlé de Gerry…

C'était donc ça qui la contrariait.

— Et si tu me racontais tout depuis le début ?

Il lui fallut un bon moment pour rassembler ses pensées, et Trent se demanda pourquoi elle hésitait à ce point.

— Ce matin à l'hôtel, quelqu'un est venu me remettre une assignation. Siggy conteste la répartition des parts du label.

— Pour quel motif ?

Il y eut un nouveau silence.

— Il prétend que Dylan n'est pas le fils de Rafe.

Trent tempéra l'agacement que lui inspirait cette affirmation ridicule.

— Manifestement, nous avons réussi à faire réagir mon père, et c'est une bonne chose. Mais je suis désolé que ce soit toi qui en fasses les frais. Nous allons contacter un avocat pour nous défendre.

— C'est déjà fait. J'ai pensé qu'il valait mieux que je prenne les devants.

— C'est donc pour ça que tu as dit à mon père que tu avais engagé Fred ?

— Je n'avais pas les idées très claires quand j'ai reçu l'assignation. Je me suis précipitée chez lui pour lui demander des explications. J'étais énervée, voilà tout.

Trent esquissa un sourire amusé.

— Depuis quand es-tu le genre de femme qui s'énerve ?

Par le passé, il avait volé des dizaines de fois à sa rescousse, et jamais elle n'avait montré la moindre velléité de prendre les choses en main. Maintenant qu'elle avait un enfant, elle se défendait comme une lionne.

— Il faut croire que je suis plus courageuse maintenant que j'ai Dylan, admit-elle, avec un sourire ironique mais triste.

— Tu l'as toujours été, répondit Trent, songeant à toutes ces fois où elle avait affronté sa rage lorsque son père s'en prenait à lui.

Alors qu'elle venait seulement s'assurer qu'il allait bien, il avait très souvent reporté sa colère sur elle. Il lui avait fallu des années pour comprendre et apprécier sa gentillesse et son courage.

— Mais j'étais le seul à le voir.

— En tout cas, reprit-elle en haussant les épaules, j'ai

dit à Siggy que j'avais engagé Fred et que j'allais porter plainte contre Gerry pour détournement de fonds.

— Tu as vraiment engagé Fred ?

— Je le lui ai dit, mais ce n'était pas encore fait à ce moment-là. Mais j'ai appelé Fred dans la foulée pour lui expliquer la situation. Ça ne le dérange pas de débarquer en terrain hostile et de faire le sale boulot. Je lui ai précisé qu'il ne garderait peut-être pas le poste très longtemps. Et que tout dépendait de l'issue du procès.

Trent expira longuement.

— Eh bien, tu n'as pas chômé, dis-moi…

En réalité, la situation avait tellement évolué qu'il se demandait si elle aurait encore besoin de lui. Ce qui l'ennuyait beaucoup plus qu'il ne voulait se l'avouer. Leur ancienne dynamique lui donnait une mission avec laquelle il s'était toujours senti à l'aise. Elle avait des ennuis. Il l'aidait. Quel serait son rôle à l'avenir ?

— J'espère simplement que je n'ai pas aggravé les choses.

— Quoi qu'il se passe, nous y ferons face ensemble.

- 10 -

À cette déclaration de Trent, Savannah resta silencieuse. Lorsqu'elle lui avait expliqué les motifs du procès intenté par Siggy, à savoir que Dylan n'était pas le fils de Rafe, elle avait cru que Trent la bombarderait de questions. Mais il n'y voyait rien d'autre qu'un sale tour dont son père avait le secret. Pas un seul instant, il n'avait mis en doute sa sincérité. Alors qu'elle lui avait menti. Cette situation la rendait malade, mais lui avouer que Dylan était son fils serait mille fois pire. S'il le découvrait, jamais il ne lui pardonnerait.

— Je commence à me demander si tu ne devrais pas me laisser régler cette affaire toute seule.

— Tu voudrais que je me retire alors que les choses deviennent intéressantes ?

— Qui sait ce que ton père inventera la prochaine fois ? Je n'ai pas envie que tu souffres à cause de moi.

— Il y a bien longtemps que mon père a perdu la faculté de me faire souffrir.

Même si c'était vrai, il portait encore aujourd'hui les séquelles de ce qu'il avait enduré dans son enfance. Trent avait toujours eu peur de s'impliquer pleinement dans une relation. Et Savannah avait beau l'aimer, elle se sentait incapable de combler un tel manque à elle seule.

— Ça ne l'empêchera peut-être pas d'essayer. Tu sais à quel point il a l'esprit tordu.

— Fais-moi confiance. Il peut faire ce qu'il veut, ça ne me touche même plus.

— Il faut quand même que je te dise, reprit-elle, qu'avant de contacter un avocat j'ai fait une proposition à Siggy. Je lui rendrais les parts contre un million de dollars. Ce qui me permettrait de régler mes dettes.

Voyant que Trent tiquait, elle se hâta de poursuivre :

— Je sais que ce n'est pas assez, mais j'en ai plus qu'assez de cette affaire. Je veux juste que ça se termine.

— Qu'a-t-il répondu ?

— Qu'il récupérerait les parts sans débourser un centime.

Trent hocha la tête.

— C'est un excellent joueur de poker. De plus, il te connaît très bien. Il bluffe pour te faire peur. C'était avant ou après lui avoir parlé de Fred et Gerry ?

— Avant, répondit-elle. Il me parlait avec tant d'arrogance que j'ai voulu lui clouer le bec. Et puis, il m'impressionne beaucoup moins depuis qu'il a tenté de s'en prendre à Dylan.

Elle se moquait bien des parts ou de l'argent. Lorsqu'elle reprendrait le travail, elle serait en mesure de payer ses dettes. La seule chose qu'elle craignait à présent, c'était que le procès révèle l'identité du vrai père de Dylan.

— Il ne faut jamais se mettre entre une mère et son enfant.

— Ça, c'est bien vrai, lâcha Trent en riant.

Elle sourit en le voyant rire. C'était si agréable de faire équipe avec lui. Lorsqu'ils avaient cessé de se voir, elle avait eu l'impression de plonger dans un monde terne et sans joie. Ils ne formeraient peut-être jamais une famille, mais le simple fait de pouvoir rire avec lui et de le voir avec Dylan était déjà un grand bonheur.

Quand ils entrèrent dans la maison, Melodie préparait le dîner, Murphy assis à ses pieds. Fixant la jeune femme de ses grands yeux bruns, le chien espérait visiblement une récompense. Trent avait donné sa soirée à Rhoda. Lorsque Melodie refusa son aide en cuisine, Savannah gagna le pavillon et défit ses bagages tandis que Dylan jouait sur le lit avec le nouveau puzzle qu'elle lui avait acheté.

Tout le monde se retrouva une demi-heure plus tard pour déguster les hamburgers de Melodie dans une atmosphère familiale. Lorsque Melodie et Savannah vivaient à New York, elles faisaient l'effort de dîner ensemble au moins deux fois par mois, le plus souvent quand Trent était de passage.

— J'ai vraiment adoré ce duo que tu as fait avec Trent, dit Savannah lorsque la conversation s'orienta sur l'album de Melodie.

— Il te l'a fait écouter ? demanda Melodie en regardant son frère, surprise.

— Involontairement. La chanson était sur le CD où se trouvait le titre que tu as enregistré avec Dylan. Qui est d'ailleurs extraordinaire.

— Dylan est formidable, n'est-ce pas ? répondit Melodie. Si mon album ne marche pas, j'en ferai peut-être un autre pour les enfants.

— Ton album va faire un tabac, assura Trent. Mais je suis sûr que les chansons que tu écrivais étant petite pourraient avoir un franc succès.

— Je suis tout à fait d'accord, ajouta Savannah. Alors, quand aurai-je la chance d'écouter la totalité de l'album ?

— Elle ne mettra pas le duo sur l'album, insista Trent. En fait, je vais demander à Nate de détruire le master.

— J'aurai donc l'unique copie ? demanda Savannah, ravie.

Elle se souvenait encore de la fois où elle avait découvert la chanson. Melodie l'avait écrite en s'inspirant de la vie de Savannah, à l'époque où elles vivaient à New York. Trent n'avait jamais su que la chanson parlait de lui. À l'origine, elle s'intitulait *L'Homme de ma vie*. Comme le sous-entendu était un peu trop explicite, Melodie avait féminisé le titre. Savannah pouvait ainsi faire comme si les paroles ne parlaient de personne en particulier.

— On pourrait parler d'autre chose que de mon album ?

— Bien sûr, fit Trent en jetant un regard interrogateur à sa sœur. Kyle sera à Las Vegas la semaine prochaine pour discuter d'un nouveau projet que nous allons monter en collaboration avec Nate.

Voyant que Melodie, qui préférait apparemment jouer avec son neveu, ne faisait aucun commentaire au sujet de l'arrivée imminente de Kyle, Savannah prit la parole.

— Un nouveau club ?

— Oui. Kyle voudrait en ouvrir un à Los Angeles. Ce serait lui le gérant.

Trent essayait visiblement de faire réagir sa sœur. Manifestement, Melodie ne lui avait rien dit de ses difficultés avec Kyle.

— Il cherche actuellement des locaux et, pour l'instant, il en a trouvé trois qui pourraient faire l'affaire.

— C'est normal que tu cherches à te développer, étant donné le succès du Club T.

— Bien sûr, Los Angeles est un marché différent. Mais Kyle le connaît bien. Apparemment, il est beaucoup sorti ces derniers temps. Sans doute parce qu'il se sentait seul pendant que tu étais en tournée, ajouta Trent, s'adressant directement à sa sœur.

— Je n'ai rien à voir là-dedans, rétorqua Melodie. Kyle a toujours été quelqu'un de très dynamique. Je suis d'ailleurs surprise qu'il ait mis si longtemps à se décider à travailler avec toi. Il adore te remplacer au Club T quand tu es absent.

— Je sais. C'est pourquoi je lui ai demandé de le faire le mois prochain. J'ai un autre projet à Los Angeles qui risque de me prendre pas mal de temps.

— Il va loger ici ? demanda Melodie, inquiète. Tu viens de dire qu'il était occupé à Los Angeles…

— Je croyais que ça te ferait plaisir qu'il soit là pendant que tu travailles sur ton album, répondit Trent, étonné.

— Je n'aurai pas le temps de m'occuper de lui.

— Bien sûr que si ! s'exclama Trent, avant d'ajouter, songeur : Que se passe-t-il entre vous deux ?

Melodie se leva brusquement de table, faisant crisser les pieds de sa chaise en fer forgé sur le carrelage du patio.

— Rien du tout, rétorqua-t-elle en ramassant son assiette et en disparaissant dans la cuisine.

— Quelle mouche l'a piquée ? demanda Trent en regardant Savannah. Elle a des problèmes avec Kyle ?

— Je crois qu'il a eu du mal à supporter son absence, répondit-elle. Je pense que ça leur fera du bien de se retrouver. En territoire neutre.

— Et ça nous donnera l'occasion de passer, nous aussi, un peu de temps ensemble à Los Angeles.

— Toi et moi ? Ensemble ? s'étonna Savannah.

— J'ai eu cette idée quand tu es partie. En fait, je n'aime pas vous savoir, Dylan et toi, seuls à Los Angeles.

— Si tu as peur que Siggy s'en prenne à Dylan, je crois qu'il n'y a plus de risques. Ton père a changé de stratégie.

— Ce n'est pas ce qui m'inquiète, répondit Trent en lui prenant la main. Simplement, tu m'as beaucoup manqué ces deux derniers jours.

Savannah sentit sa gorge se serrer et les larmes lui monter aux yeux, elle baissa le regard. C'était la première fois qu'il lui disait une chose pareille…

— Toi aussi, tu m'as manqué, murmura-t-elle, émue. Ce serait merveilleux de t'avoir avec nous à Los Angeles.

— Alors, c'est réglé. Débarrassons la table, et ensuite je veux tout savoir sur ce film qu'on te propose.

Lorsqu'ils apportèrent les assiettes dans la cuisine, Melodie s'empressa de les chasser au motif que la pièce n'était pas assez grande pour trois. C'était bien sûr complètement faux, mais Savannah se dit que Melodie avait besoin d'être seule. Trent, Savannah et Dylan allèrent donc s'installer dans le salon d'extérieur, où le coucher de soleil illuminait le jardin de nuances orange et or.

— C'est un endroit magnifique, soupira Savannah en posant la tête sur l'épaule de Trent tout en surveillant Dylan qui marchait autour de la table.

— Dans un tel cadre, on a du mal à croire qu'on se trouve à quelques kilomètres à peine d'une immense métropole.

— Tu n'en as pas marre, parfois, de tout ça ? L'agitation du Strip, les hôtels ? Moi, ça me rendait folle, à New York. Tous ces gens partout, tout le temps. C'est ce qui m'a donné envie de m'installer dans le Tennessee. Passer des journées entières sans croiser âme qui vive, c'est le rêve, non ?

— C'est justement pour ça que j'ai acheté cette maison. Pour échapper à toute cette agitation.

— C'est vrai qu'on se croirait en vacances, ici.

— Tu as vraiment envie de te réinstaller à Los Angeles ? Avec cette circulation ? Ces millions de gens qui vivent les uns sur les autres ?

— Si je veux trouver du travail, je n'ai pas le choix. Scarlett parvient à faire la navette entre Las Vegas et Los Angeles. Elle mène ses deux carrières, alors que son mari vit ici.

Savannah n'avait pas voulu insinuer quoi que ce soit par cette dernière remarque. Elle sentit toutefois Trent se crisper. Fatiguée, elle lui tapota le genou et se leva.

— Bon, je vais coucher Dylan. Il est déjà beaucoup trop tard.

Alors qu'elle croyait que Trent serait soulagé d'échapper à cette conversation, il se leva et la suivit jusqu'au pavillon. Lorsqu'elle le questionna du regard, il haussa les épaules.

— Quand tu étais à Los Angeles, j'ai pris l'habitude de lui lire une histoire avant qu'il s'endorme. Je sais que tu le fais toi aussi, mais je me suis dit qu'il aurait peut-être envie que ce soit moi.

Une fois de plus, Trent l'avait surprise.

— C'est adorable, mais je m'en occupe.

— On dirait que tu essayes de te débarrasser de moi.

— Pas du tout, répondit-elle, comprenant soudain ce que pouvait ressentir Melodie.

Comme elle, elle n'avait aucune envie de parler de ses sentiments si cela devait se terminer en dispute.

— Je pensais que tu en avais peut-être assez de jouer les baby-sitters, voilà tout.

Une fois dans la chambre de Dylan, Savannah se mit à sortir tout ce dont elle avait besoin pour coucher son fils. Trent fit la preuve de son expérience fraîchement acquise en apportant couches et lingettes.

— Nous n'avons toujours pas parlé du film, remarqua-t-il en posant le matelas à langer sur le lit.

Savannah y déposa Dylan et commença à le déshabiller.

— Eh bien, nous en parlerons demain.

— Tu essayes de te débarrasser de moi, répétat Trent.

Elle ne répondit pas immédiatement et continua de s'occuper de son fils. Mais leur routine nocturne, ce qu'elle appelait le « quart d'heure chatouilles », ne parvint pas à lui faire oublier la présence de l'homme imposant qui observait leurs facéties. Elle termina enfin de boutonner le pyjama.

— Qui est prêt pour faire dodo ? chantonna-t-elle, faisant sourire son fils.

Ses incisives commençaient à percer, et elle fut soudain frappée de la vitesse à laquelle il grandissait. Submergée d'émotion, elle le serra tendrement dans ses bras, mais à son immense surprise il tendit la main vers Trent.

— Je crois qu'il veut que je lui lise une histoire.

Sidérée, Savannah confia son fils à Trent. S'installant dans un fauteuil avec Dylan, il sortit un album cartonné. Tandis que Savannah regardait ses deux hommes préférés, Trent enchaîna les lectures jusqu'à ce qu'ils aient épuisé la bibliothèque de Dylan.

— Ça suffit pour ce soir, dit fermement Savannah.

Soulevant son fils ensommeillé, elle l'installa dans son lit avec son jouet préféré. Elle alluma la lampe qui projetait des ombres dansantes au plafond et se dirigea vers la porte. Jetant un dernier coup d'œil vers le lit à barreaux, elle éteignit le plafonnier.

— Tout va bien ? demanda Trent alors qu'ils regagnaient le salon.

— Mais oui. Pourquoi ça n'irait pas ?

— Dylan et toi êtes seuls depuis longtemps. Il y a tout

à coup tellement de gens qui s'occupent de lui que je me disais que ça t'agaçait peut-être.

Il avait en partie perçu ce qu'elle ressentait.

— Pas du tout. Je suis ravie qu'il soit entouré de gens qui l'aiment.

En réalité, ce qui la gênait, c'était que Trent se soit attaché à ce point à Dylan. Elle se sentait d'autant plus mal à l'aise de ne pas lui dire la vérité. En le regardant faire la lecture à son fils, elle avait éprouvé une terrible culpabilité. C'était elle qui les avait séparés. Mais elle avait toujours cru que Trent n'éprouvait pas le moindre intérêt pour les enfants.

Trent lui prit la main et la porta à sa joue, tandis qu'il glissait l'autre autour de sa taille. Serrée contre lui, elle s'imprégna de son odeur réconfortante et si virile et sentit son pouls s'accélérer. S'ils avaient vécu ensemble, elle aurait pu s'habituer à le retrouver chaque soir. N'était-ce pas ce qu'elle faisait autrefois lorsqu'il venait la voir à New York et qu'elle se hâtait de rentrer chez elle pour tomber dans ses bras après une longue journée de tournage ?

Mais ces moments, quoique merveilleux, ne duraient jamais. Trent pouvait peut-être apprécier ce bonheur domestique pendant une semaine ou deux, mais il finissait toujours par se lasser. Le temps qu'il passait à présent avec Dylan et elle était une nouveauté. Mais bientôt, ils deviendraient pour lui un fardeau. Et elle voulait partir avant que cela arrive.

— J'ai beaucoup réfléchi en revenant de Los Angeles…

— On en parlera plus tard.

Sans lui laisser le temps de protester, il prit ses lèvres, et elle se laissa submerger par le plaisir. À quoi bon lutter contre la magie qui existait entre eux ? À l'avenir, elle devrait en faire son deuil. Mais pour l'instant, elle avait bien l'intention de prendre tout ce qu'il voudrait bien lui donner.

*
* *

Cette soirée commençait à lui porter sur les nerfs, mais Trent ne savait pas exactement pourquoi. Assis à son bureau au club, il faisait face à sa serveuse la plus expérimentée. Elle avait commis une énorme erreur de calcul sur une addition en défaveur du club. Et Trent se demandait à présent s'il devait s'asseoir sur ces vingt mille dollars pour éviter de contrarier le client ou prendre le risque de se mettre à dos une célébrité connue pour dépenser des sommes folles au club à chacune de ses visites à Las Vegas.

— Allez donner ça à Jason, et dites-lui de laisser Khalid tranquille.

Trent signa le formulaire détaillant le manque à gagner et le tendit à la serveuse.

— Je suis vraiment désolée, Trent.

— Essayez de comprendre ce qui s'est passé et évitez que ça se reproduise à l'avenir.

Agacé, Trent la regarda sortir du bureau. D'habitude, il n'était jamais aussi cassant avec son personnel, même pour une erreur de cette gravité, mais Savannah était à Los Angeles depuis quatre jours et avait, cette fois, emmené Dylan. Or, elle lui manquait terriblement. Ils lui manquaient tous les deux.

— Ah, c'est donc ici que tu te caches ! lança Kyle Taylor du haut de son mètre quatre-vingt-dix, traversant le bureau en quelques enjambées. Je t'ai cherché partout dans le club. Il y a un monde fou.

— Tu es là depuis combien de temps ?

— Une demi-heure. Je suis venu directement de l'aéroport.

Trent se demanda pourquoi son meilleur ami avait décidé de passer au Club T au lieu d'aller retrouver la femme qu'il aimait.

— Tu as donné rendez-vous à Melodie ici ?

— Non. Il est tard. Je la verrai demain.

— Je suis sûr que ça lui ferait plaisir de te voir ce soir.

— Je ne veux vraiment pas la déranger.

— La déranger ? répéta Trent, consterné. J'avais raison. Il y a quelque chose qui cloche entre vous. C'est parce que tu en as assez qu'elle soit en tournée ?

— Qu'a-t-elle dit ?

— Rien. Et c'est ce qui m'inquiète. D'habitude, elle parle de toi constamment. Au point que ça en est presque agaçant.

— Eh bien, c'est peut-être parce qu'elle ne m'aime plus.

— C'est ce qu'elle t'a dit ?

— Non, pas exactement.

— Alors qu'est-ce qui te fait dire ça ?

Voyant que Kyle restait muet, Trent reprit :

— Je connais ma sœur. Si elle ne t'aimait plus, elle te le dirait.

Une fois de plus, Kyle ne répondit pas.

— Tu as quelque chose à te reprocher ?

— Pourquoi crois-tu que c'est ma faute ?

— Parce qu'elle a l'air complètement déprimée, et que tu es sur la défensive, répliqua Trent, agacé.

— On ne pourrait pas parler d'autre chose que de ta sœur ? Je suis venu pour m'amuser. Prenons un verre et trouvons-nous des femmes qui veulent passer du bon temps.

Trent n'en croyait pas ses oreilles. Comment Kyle pouvait-il dire une chose pareille, alors qu'ils venaient de parler de ses problèmes de couple ? Mais, en regardant attentivement son ami, Trent remarqua son expression désespérée. Comme s'il était déterminé à s'amuser même s'il n'en avait aucune envie. Comprenant que Kyle était moins indifférent à ses problèmes qu'il n'en avait l'air, Trent s'abstint de le sermonner.

— C'est au-dessus de mes forces, répondit-il. J'ai passé une soirée difficile. Les problèmes ne cessent de s'enchaîner.

Comme pour lui donner raison, son téléphone se mit à vibrer, annonçant un nouveau texto. Cette fois, le club était à court de vodka, et particulièrement de la marque préférée d'une célébrité. Trent soupira et se leva d'un bond.

— Et, pour couronner le tout, notre DJ est tombé malade à la dernière minute, et j'ai demandé à Nate de le remplacer.

— J'ai vu ça. Les clients ont l'air de l'adorer.

— Viens avec moi, dit Trent en se dirigeant vers la porte. J'ai quelques incendies à éteindre et ensuite je te montrerai quelques-unes des améliorations que nous avons faites dans les patios depuis ta dernière visite.

Kyle grommela qu'il était venu à Las Vegas pour s'amuser et non pour travailler, ce qui ne l'empêcha pas d'accompagner Trent dans sa tournée. À la surprise de celui-ci, son ami passa toute la soirée avec lui, alors même qu'il reçut des invitations de quelques très jolies femmes. Ils se séparèrent à 3 heures du matin, Kyle allant tenter sa chance aux tables de jeu. Mais Trent avait encore du travail.

À 5 heures, il se demanda s'il ne ferait pas mieux de rentrer chez lui dormir deux heures. Il avait rendez-vous à 8 heures avec un nouveau fournisseur de boissons alcoolisées. S'il restait sur son canapé, il aurait une heure de sommeil en plus. Mais, tandis qu'il était étendu à contempler le plafond obscur, il se trouva incapable de dormir.

Il repensa à Kyle et Melodie. S'il s'était au départ opposé à leur relation, il avait changé d'avis en voyant combien sa sœur était heureuse. Mais à présent, il avait peur qu'elle souffre et savait qu'elle serait furieuse s'il intervenait.

Quelques heures plus tard, le rendez-vous avec son fournisseur se conclut positivement. L'ajout de quelques produits haut de gamme renforcerait l'attractivité du Club T sur un marché très concurrentiel.

Pressé de prendre du repos, Trent rentra chez lui. À peine eut-il franchi le seuil du salon qu'une bonne odeur de café frais lui titilla les narines. Prenant une profonde inspiration, il se sentit revitalisé. Son envie de dormir s'évanouit dès qu'il aperçut Savannah et Dylan sur la terrasse. Assise sur le carrelage, elle regardait son fils mettre une balle dans un panier de basket miniature. Posant veste et cravate sur la rambarde, Trent se versa une tasse de café et sortit sur la terrasse, bien décidé à profiter de cette belle matinée.

— Tu viens juste de rentrer ? demanda Savannah en le voyant approcher.

— J'ai travaillé tard et j'avais un rendez-vous ce matin à 8 heures.

Il s'installa sur la chaise la plus proche et bu une gorgée de café. Murphy s'approcha pour l'accueillir, et Trent allongea le chien sur ses genoux pour lui gratter le ventre.

— J'ai dormi quelques heures au bureau.

Hochant la tête, elle prit la balle et la lança dans le panier. Étant donné la taille de la cible et la distance à laquelle elle se trouvait, c'était un tir impressionnant.

— Panier ! s'écria-t-elle, les bras levés, geste que Dylan s'empressa d'imiter.

Savannah prenait plaisir à regarder son fils jouer, mais elle était plus silencieuse que d'habitude. Malgré son sourire, ses yeux semblaient éteints. Trent supposa qu'elle devait s'inquiéter pour Melodie.

— Que se passe-t-il ? demanda Trent, préférant tâter le terrain avant de livrer ses propres inquiétudes.

— Mon avocat m'a appelée ce matin : ton père renonce au procès, annonça Savannah le regard fixé sur Dylan qui poursuivait sa balle sur la terrasse. De plus, il propose de racheter les parts de Dylan pour un million et demi.

Cette bonne nouvelle tranchait curieusement avec la gravité de son expression.

— Ces parts valent beaucoup plus que ça, répondit Trent, pensant que c'était ce qui la contrariait.

— Je sais, mais c'est suffisant pour rembourser mes dettes. Et je pourrai même m'offrir une petite maison.

— Tu devrais faire appel. Tu pourrais obtenir beaucoup plus.

Savannah le dévisagea, horrifiée.

— La seule chose qui compte pour moi, c'est que ce soit terminé.

Alors pourquoi, si tout allait dans son sens, semblait-elle aussi accablée ? Plus que tout au monde, Trent souhaitait la voir heureuse. Son père lui avait fait beaucoup de tort. Et devrait payer pour ça.

— Ton avocat a-t-il dit pourquoi Siggy avait changé d'avis ?

— Non, mais il a mené sa petite enquête. Et il a découvert que West Coast Records était sur le point d'être racheté.

— Donc, tu pourrais récupérer une plus grosse somme…

— Mais Siggy pourrait aussi faire machine arrière.

— Puisque tu as pris ta décision…, dit-il en reposant le chien, qui s'élança aussitôt vers Dylan.

— J'ai déjà donné mon accord pour la vente des parts.

— Alors, pourquoi ne fêtes-tu pas cette grande nouvelle comme il se doit ?

— Tu as raison… C'est complètement idiot de ma part.

Trent commençait à comprendre.

— Tu regrettes d'avoir revendu les parts pour la moitié de leur valeur ?

— Non, je suis satisfaite de ce que j'ai obtenu. Je n'ai pas épousé Rafe pour son argent, mais pour offrir à Dylan une famille digne de ce nom. Maintenant que Rafe est mort, j'ai accepté l'idée qu'à l'avenir nous serons deux.

Ce n'était pas la première fois que Trent éprouvait de l'admiration pour elle. Adolescente à Los Angeles, puis jeune adulte à New York, elle manquait de confiance en elle. Aujourd'hui, Savannah pouvait encore avoir besoin d'aide, mais n'avait plus besoin qu'on vole à son secours. Elle avait osé affronter Siggy et avait participé au plan de Trent. Elle n'avait peut-être pas anticipé la stratégie de Siggy, mais elle l'avait magnifiquement contré lorsqu'il lui avait annoncé qu'il la traînerait en justice.

— Mais alors, que se passe-t-il ?

Ses immenses yeux bleus s'emplirent d'une tristesse infinie.

— Il y a quelque chose… Quelque chose que j'aurais dû te dire il y a bien longtemps…

— Quoi donc ? demanda-t-il, le cœur serré en voyant la douleur qui s'était peinte sur son visage.

— C'est lié au procès que voulait intenter ton père. Quand il affirmait que Dylan n'était pas le fils de Rafe…

Elle serra les poings et se pencha vers lui.

— Eh bien, c'est vrai.

Trent la dévisagea, pétrifié. Il vit soudain en elle une tout autre femme.

— C'est pour ça que tu as décidé de négocier avant le procès ? Parce que tu étais sûre de perdre ?

— Non. Je voulais simplement obtenir la somme nécessaire.

— Rafe savait que Dylan n'était pas son fils ?

Pour la première fois depuis qu'il avait découvert que Rafe et Savannah allaient se marier, Trent éprouva de la peine pour son frère.

— Ou lui as-tu menti à lui aussi ?

Elle lui lança un regard blessé, mais ne baissa pas la tête.

— Rafe était au courant avant même de me demander en mariage. À l'époque, je ne comprenais pas pourquoi il désirait élever un enfant qui n'était pas le sien. Mais en fait, et je l'ai réalisé plus tard, ses traitements anticancéreux l'avaient rendu stérile. Mais ton père lui avait mis depuis si longtemps dans la tête cette idée qu'il fallait à tout prix perpétuer la dynastie que Rafe a voulu faire plaisir à Siggy alors même qu'il était mourant.

— Donc, vous avez menti tous les deux à mon père.

— C'est vrai, mais à l'époque je me sentais très vulnérable. J'étais enceinte, terrifiée à l'idée d'élever Dylan seule.

Elle n'eut pas besoin d'ajouter que Rafe avait été là pour ramasser les morceaux lorsqu'elle s'était séparée de Trent.

— Mais alors, ce premier soir dans mon bureau, quand tu m'as dit que Dylan était le fils de Rafe…, commença Trent, comme s'il ne reconnaissait plus la femme qui se tenait devant lui, tu mentais ?

— Non… Rafe considérait vraiment Dylan comme son fils. Simplement, il n'était pas de lui.

Jamais encore il n'aurait imaginé que Savannah avait en elle une telle duplicité. Pourtant, elle avait menti, à lui et à sa famille. Pouvait-il la croire lorsqu'elle affirmait que Rafe savait que Dylan n'était pas de lui ?

— C'est parce que tu craignais de ne pas avoir assez d'argent pour aller jusqu'au bout du procès que tu as décidé de ne pas te battre pour les parts de Dylan ? Ou est-ce par mauvaise conscience ?

— Me condamneras-tu si je te dis que c'est un peu des deux ?

Trent la dévisagea, parfaitement immobile. Une question lui brûlait à présent les lèvres. Qui était le père de Dylan ? Il pensait connaître Savannah. Avait-elle eu une passade ? Une aventure d'un soir ? Cette idée le dérangeait profondément.

— Jamais je n'aurais imaginé que tu sois capable d'une chose pareille, dit-il d'un ton glacial.

— Quelle chose ?

— Faire passer le fils d'un inconnu pour celui de Rafe.

— Ce n'est pas ce que j'ai fait. Tu ne comprends donc pas ? demanda Savannah en soupirant douloureusement. Il a ton sourire…

— Qui ça ? fit Trent, perplexe.

— Dylan.

Qu'essayait-elle de dire ? Trent ne semblait toujours pas comprendre.

Savannah paraissait accablée. À l'évidence, elle s'attendait à une tout autre réaction.

— Trent, Dylan est ton fils.

- 11 -

C'était étrange, cette facilité avec laquelle elle avait livré son secret. Elle redoutait ce moment depuis le test de grossesse qui lui avait confirmé qu'elle était enceinte. Pourtant, cela s'était avéré beaucoup moins difficile qu'elle ne l'avait imaginé. Peut-être parce qu'elle avait déjà perdu toute estime d'elle-même et voyait son avenir tout tracé. Et puis, l'aveu de Trent, selon lequel il n'avait jamais voulu rompre avec elle, l'avait profondément marquée. Et si, au lieu d'avoir eu peur d'être rejetée, elle lui avait annoncé dès le départ qu'elle était enceinte ? Sa vie aurait peut-être été toute différente.

— C'est impossible, répondit Trent. Nous avons toujours pris nos précautions.

— Ça va sans doute te paraître délirant, déclara prudemment Savannah, craignant qu'il n'accorde aucun crédit à ce qu'elle s'apprêtait à lui dire. Mais c'est Rafe qui m'a suggéré de venir te voir, cette dernière fois, à Las Vegas.

— Rafe t'a demandé de venir me voir ?

— Quand je me suis installée à Los Angeles, nous avons commencé à nous fréquenter. Il m'a dit qu'il était amoureux de moi depuis longtemps et qu'il voulait qu'on soit ensemble. Je l'ai toujours apprécié, mais il savait que c'était toi que j'aimais.

— S'il t'aimait, pourquoi t'a-t-il envoyée me voir ?

— Parce qu'il ne m'aimait pas. C'est ce que j'ai découvert après notre mariage. En réalité, il n'a fait que me manipuler.

Scrutant le visage de Trent, elle n'y vit qu'un mélange de confusion et de doute.

— Et te manipuler, toi.

— Comment ça ?

— Il voulait un héritier. Un héritier qui ressemble à un Caldwell.

Elle le regarda avec insistance, attendant qu'il assimile l'information.

— Mais nous avons pris nos précautions, répéta-t-il.

— La dernière fois que nous avons couché ensemble… Les préservatifs… C'était Rafe qui me les avait donnés en me disant de te sortir une fois pour toutes de mon système.

— Sérieusement ? s'écria Trent, à la fois choqué et furieux. Et ça ne t'a pas paru étrange ?

— Peut-être. Mais je croyais qu'il voulait m'aider. Jamais je n'aurais imaginé qu'il irait jusqu'à percer les préservatifs.

— Il *voulait* que tu tombes enceinte ? Dans quel but ?

— Pour s'assurer qu'un Caldwell reprendrait West Coast Records.

— Tu te rends compte de l'aberration de ce que tu dis ?

— Ça fait dix-huit mois que je vis avec ça, répondit-elle en se laissant tomber dans un fauteuil, à bout de forces. C'est moi qu'il a dupée. Tu imagines ce que je peux ressentir ?

— Nous sommes tous deux victimes dans l'histoire, non ?

Trent s'avança au bord de la terrasse et resta planté là, le dos tourné. Finalement, il s'enquit :

— Tu comptais me dire un jour que Dylan était mon fils ?

Elle aurait dû être mieux préparée à cette question. Mais elle s'était surtout demandé quelles seraient les répercussions, pour son fils et pour elle, si Trent apprenait la vérité.

— Pour quoi faire ? Tu n'as jamais voulu fonder de famille. Rafe, lui, était partant, répondit-elle durement.

— Tu n'avais aucun droit de prendre cette décision à ma place, rétorqua-t-il, se retournant pour la dévisager.

Se remémorant à quel point Trent avait été catégorique lors de leur dernière conversation, elle contre-attaqua.

— Le jour de notre rupture, tu m'as dit que tu n'avais ni le temps ni l'énergie de t'occuper d'autre chose que du club.

— C'était vrai à l'époque. Nous avions ouvert le club depuis moins de six mois, et il y avait des problèmes à régler tous les jours. Nous avions fait un énorme investissement et, pour le rentabiliser, je devais me donner à deux cents pour cent.

— Je l'ai très bien compris. Tu n'étais pas disponible pour moi. Alors pourquoi l'aurais-tu été pour notre enfant ?

— Tu aurais dû me le dire, insista-t-il.

Elle refusait de regretter la décision qu'elle avait prise. Elle avait toujours souffert d'aimer Trent. Épouser Rafe avait été un moyen de trouver la paix et la stabilité.

— Maintenant, tu sais, dit-elle, retrouvant ses forces à mesure qu'une ligne de conduite se dessinait dans son esprit. Tu as un fils, Trent, ajouta-t-elle en s'approchant de lui. Que comptes-tu faire ?

Elle ne l'avait jamais défié directement. Mais, frustrée et à bout de patience, elle n'avait pu s'empêcher de lui poser la question. Plus que tout au monde, elle avait besoin qu'il se positionne clairement.

— Honnêtement, je n'en sais rien, répondit-il en se passant la main dans les cheveux. J'ai besoin d'y réfléchir.

Elle remarqua à peine la déception qui déferla en elle. Mais elle y était habituée.

— Rassure-toi, tu n'auras rien à changer à ta vie, répondit-elle. J'entame une nouvelle carrière à Los Angeles. D'ailleurs, je viens d'apprendre que je dois y retourner demain.

— Déjà ?

— Mon agent croit beaucoup en moi. Elle m'a décroché une nouvelle audition. Apparemment, mon avenir est là-bas.

Peut-être louerait-elle un appartement. C'était douloureux de renoncer à vivre auprès de lui, à Las Vegas, mais il n'avait manifestement aucune intention d'être un père pour Dylan.

— Ton avenir ? répéta-t-il. Tu ne restes pas à Las Vegas ?

La question lui donna l'occasion de poser celle qui la rongeait.

— Et toi, tu veux qu'on reste ? Dylan a besoin d'un père. Je..., bafouilla-t-elle en prenant une profonde inspiration avant de jouer son va-tout. Et moi, j'ai besoin de toi.

— Tu n'espères tout de même pas..., commença Trent, glacial.

— Non, l'interrompit Savannah, convoquant en un instant toute la dignité dont Courtney Day était capable. Je n'espère rien. C'est pourquoi je quitte Las Vegas. De plus, vivre à Los Angeles serait beaucoup plus pratique pour les auditions et les rendez-vous.

Voyant qu'il ne répondait rien, elle ajouta :

— Bien, je vais faire mes valises. Je viendrai te dire au revoir tout à l'heure, ajouta-t-elle en tournant les talons avant de se laisser submerger par les larmes.

Scandalisé, il la regarda prendre Dylan et se diriger vers le pavillon, la tête haute. Il n'en revenait pas du nombre de fois où elle lui avait affirmé que Dylan était le fils de Rafe. Et aujourd'hui, elle faisait comme si elle lui avait rendu service en lui cachant la vérité.

Réalisant qu'il avait les poings serrés, il secoua les bras pour relâcher la tension. Mais rien ne put détendre le nœud qui s'était formé dans son estomac. Regagnant sa chambre, il se doucha rapidement. Sachant qu'il ne parviendrait jamais à dormir, il retourna au club.

Après sa rupture avec Savannah, il s'était jeté à corps perdu dans le travail, s'évertuant à faire du Club T l'établissement le plus prisé du Strip. Non seulement il avait engagé les meilleurs DJ mais il cherchait constamment à améliorer l'ambiance et les services proposés.

Lorsqu'il entra dans son bureau, il fut surpris d'y trouver Kyle.

— Où étais-tu ? attaqua Trent, à cran. Je croyais te voir chez moi. Mais tu étais peut-être en bonne compagnie…

— Absolument pas, répondit Kyle en gardant son calme. J'ai pris une chambre ici, à l'hôtel.

— Pourquoi tu ne loges pas chez moi ? Tu as appelé Melodie ? Qu'est-ce qui cloche entre vous deux ? mitrailla Trent, sans laisser à son ami le temps de répondre.

— Écoute, je ne t'ai rien dit hier soir, mais nous avons eu une grave dispute.

— Grave jusqu'à quel point ?

Le visage de Kyle s'assombrit.

— Je suis venu jusqu'ici, non ? C'est bien la preuve que je tiens à elle…

Il semblait si malheureux que Trent lui accorda un répit.

— Et qu'est-ce qui t'amène ici ce matin ?

— Je voulais discuter du marché des boîtes de nuit à Los Angeles. Je me demandais si tu voulais vraiment ouvrir un club là-bas, sachant que ce marché est beaucoup moins dynamique qu'à Las Vegas.

— Je cherche à m'implanter à Los Angeles, confirma Trent, songeant à Savannah et à la renaissance de sa carrière d'actrice.

Bien sûr, lorsqu'il s'était mis en quête de nouvelles perspectives, il ignorait encore qu'elle lui avait menti au sujet de son fils.

— Parfait. De mon côté, j'ai discuté avec Nate hier soir, et il veut aussi faire partie de l'aventure, poursuivit Kyle. Il m'a dit que Savannah habitait chez toi. Tu es sûr que c'est une bonne idée ?

— Je lui donne un coup de main en souvenir du bon vieux temps. Elle a eu maille à partir avec Siggy, et tu sais combien il peut être féroce lorsqu'on touche à ses intérêts.

Kyle éclata de rire.

— C'est vraiment comme au bon vieux temps, alors !

— Sauf que je viens de découvrir quelque chose d'assez ébouriffant, reprit Trent, lui-même surpris de se confier à Kyle. Savannah m'a dit que Dylan était mon fils.

— Elle trompait Rafe avec toi ?

Trent se demanda comment Kyle en était arrivé à cette conclusion.

— Non, elle était enceinte de Dylan lorsqu'elle l'a épousé.

— Elle ne te l'a jamais dit ? s'exclama Kyle. C'est dingue !

Voyant que son ami était aussi scandalisé que lui, Trent se sentit conforté dans son opinion.

— Elle aurait dû venir me voir.

— Absolument. Et ton pauvre frère…

— Rafe était au courant. Apparemment, son cancer l'avait rendu stérile. Il voulait être père et avoir un héritier à qui transmettre l'entreprise.

Trent comprit alors ce par quoi avait dû passer Rafe. Se servir de Savannah comme il l'avait fait avait certes été un acte insensé, mais sans doute la maladie l'avait-elle poussé à envisager ce recours extrême.

— Qu'aurais-tu fait si elle te l'avait dit avant d'épouser Rafe ?

C'était une question que Trent aurait déjà dû se poser, mais il s'était surtout laissé emporter par la colère.

— Je ne sais pas. Mais une chose est sûre : j'aurais pris soin d'elle et du bébé.

— Tu l'aurais épousée ? Je sais que tu tiens à ta liberté, mais tu es fou de Savannah depuis des années.

— Peut-être…, lâcha-t-il d'un ton hésitant alors que, quelques heures plus tôt, il était persuadé que tout se passait merveilleusement bien avec Savannah et Dylan.

— Alors, ça y est ? Tout est fini entre vous ?

Tout était-il fini entre eux ? Bien sûr que oui. Un frisson glacial le submergea.

— Elle est sur le point de relancer sa carrière d'actrice, reprit-il d'un ton calme et détaché, presque indifférent. Ce qui veut dire qu'elle va passer du temps à Los Angeles.

— Dans quelle proportion ?

— Probablement à plein temps, répondit-il en songeant à leur dernière conversation.

C'est alors qu'il prit conscience de ce que ça signifiait vraiment. Savannah n'allait pas faire la navette entre Las Vegas et Los Angeles, contrairement à ce qu'elle avait dit. Elle partait et emmenait Dylan avec elle. Son fils. Trent était encore sous le choc depuis qu'il avait appris qu'il était père. Il réalisait à présent qu'il allait une fois de plus être séparé de Dylan.

— Comment feras-tu pour voir Dylan s'ils s'installent à Los Angeles ? Moi, si j'avais un enfant, je n'accepterais pas d'être séparé de lui.

Kyle avait absolument raison. Savannah croyait-elle qu'il allait renoncer à son fils ?

— Je n'ai pas encore vraiment réfléchi à la question.

— Tu devrais lui proposer une garde partagée.

— Je ne suis pas sûr qu'elle accepte.

— Tu pourrais l'exiger.

Trent eut un mouvement de recul à la suggestion de son ami. Il en avait plus qu'assez d'être en conflit avec Savannah. Jusqu'ici, il n'avait jamais admis à quel point son univers avait été bouleversé lorsqu'il l'avait perdue.

— J'y penserai.

— Je te plains, reprit Kyle. Quand il y a des enfants, ça fiche tout en l'air.

Trent préféra changer de sujet de conversation. Les deux hommes parlèrent affaires le reste de la matinée avant d'aller déjeuner. Ils retrouvèrent ensuite Nate au studio et l'informèrent de l'évolution de leurs projets. Lorsque Trent rentra chez lui à 15 heures, l'effet de ses deux nuits blanches se fit douloureusement sentir.

Malheureusement, tous ses espoirs de faire une sieste avant de retourner au club dans la soirée s'évanouirent lorsque, entrant dans la maison, il entendit les voix surexcitées de ses invités. À bout de nerfs, il pénétra dans le salon d'une humeur massacrante.

— Que se passe-t-il ici ? fit-il en voyant une bouteille de jus de raisin et des flûtes à moitié vides sur le bar.

— Nous célébrons la bonne nouvelle, répondit Melodie. Savannah est prise pour le film.

Trent aurait dû s'en réjouir, mais il n'était pas encore remis de l'autre nouvelle qu'il avait apprise ce jour-là.

— Tu dois être ravie, dit-il froidement.

— Je suis surtout morte de trac.

— Tu n'as rien à craindre, déclara-t-il, percevant son appréhension.

Un jour qu'il était allé la voir sur le plateau d'*Amour à New York*, il avait vu combien elle était professionnelle. Auparavant, il l'avait toujours considérée comme une jeune femme naïve. La façon dont elle s'était affirmée comme une actrice accomplie l'avait amené à la voir tout autrement.

— Quand démarre le tournage ?

— Le mois prochain. Mais je dois aller voir la costumière la semaine prochaine pour des essayages, répondit-elle, comme abasourdie à la perspective des changements qui s'annonçaient dans sa vie.

Il comprenait ce qu'elle ressentait. Lui-même était complètement désorienté.

— Combien de temps va durer le tournage ? demanda Melodie.

— Dix à douze semaines, apparemment.

— Tu vas devoir trouver un logement, reprit Melodie. Je connais quelqu'un qui pourrait t'aider.

— J'ai déjà trouvé une maison à louer pour six mois.

— On dirait que tout va pour le mieux dans le meilleur des mondes, fit Trent, amer de voir à quelle vitesse Savannah avait pris ses dispositions.

L'estomac noué, il repensa à la conversation qu'il avait eue avec Kyle. Devait-il demander la garde partagée ? Mais tenait-il réellement à ce que son fils soit ballotté entre Las Vegas et Los Angeles ?

— Dylan et moi avons profité de ton hospitalité bien

trop longtemps, reprit Savannah sans le regarder. Tu seras débarrassé de nous dès demain.

— Ce n'est absolument pas ce que je ressens, répondit-il, réalisant qu'il n'était pas tout à fait sincère.

Il lui en voulait toujours autant de lui avoir menti. Mais l'espoir qu'il avait lu sur le visage de Savannah l'avait ému. Elle s'attendait sans doute à quelque chose de sincère et romantique. Qu'il leur demande de rester, peut-être. Ou qu'il avoue qu'il ne pouvait vivre sans eux.

Mais il y avait entre eux un tel contentieux, et la colère était un sentiment familier, et tellement plus simple… Il n'en démordrait pas, et tant pis si leur départ lui brisait le cœur.

— En tout cas, l'heure est venue d'ouvrir un nouveau chapitre de notre vie, reprit Savannah.

Jetant un œil à son fils, elle vit qu'il bâillait.

— Il y a un petit garçon ici qui m'a l'air fin prêt pour sa sieste. Je vais le mettre au lit.

À peine Savannah fut-elle sortie de la pièce que Melodie s'approcha de Trent.

— Tu ne vas tout de même pas la laisser s'installer à Los Angeles, hein ?

— Elle tourne là-bas. Je ne vois pas pourquoi je ne la laisserais pas partir.

— Je sais que je suis mal placée pour donner des conseils, mais Savannah et toi êtes faits l'un pour l'autre. Je le sais depuis que je vous ai vus ensemble à New York. Et puis, tu n'as jamais accepté son mariage avec Rafe, poursuivit Melodie, levant la main en voyant qu'il s'apprêtait à la contredire. Ne dis pas le contraire, je t'en prie. J'ai vu la tête que tu faisais au mariage.

— Parfois, ça ne marche pas entre les gens.

— Parfois, les gens ne font rien pour que ça marche.

— Tu parles de Savannah et moi ? Ou de Kyle et toi ?

— De nous quatre, je crois.

— Et alors, que comptes-tu faire ?

— On ne parle pas de moi. Tu es sur le point de laisser partir la seule femme que tu aies jamais aimée. Pourquoi ?

— Elle m'a menti. Elle nous a menti à tous. Dylan est mon fils.

— Ah, fit Melodie, sans l'ombre d'une surprise. Elle te l'a enfin dit.

— Tu le savais ?

— Oui, depuis la veille de son mariage avec Rafe. Elle craignait de faire une erreur et voulait tout annuler. Je lui ai dit de suivre son cœur. J'ai cru qu'elle allait te dire la vérité au sujet de Dylan.

— Mais elle ne l'a pas fait, répondit Trent en se remémorant le jour du mariage. Jusqu'au dernier moment, il avait espéré l'entendre dire « non ».

Il était parti tout de suite après la cérémonie, sans féliciter les jeunes mariés.

— Manifestement, elle a trouvé ce qu'elle cherchait avec Rafe, ajouta-t-il.

— Oui et non, dit Melodie. Tu aurais dû la voir ce matin-là. Elle était anéantie. J'ai cru qu'elle allait tout annuler. Finalement, Rafe est entré dans la chambre, poursuivit Melodie. Il l'a fait asseoir et s'est agenouillé devant elle. Il lui a pris la main et lui a dit qu'il ferait tout pour que ça marche. Comment aurions-nous pu imaginer qu'il ne serait plus là pour tenir sa promesse ?

Trent la dévisagea, tourmenté par une multitude d'émotions contradictoires. Il avait éprouvé pour son frère autant d'amour que de haine. Il lui en voulait de l'avoir trahi, mais Rafe avait aussi tenté d'offrir à Savannah une sécurité que lui-même lui avait toujours refusée.

Cependant, Trent ne voulait pas s'avouer que son frère avait de bons côtés. C'était plus facile de lui reprocher ses erreurs. Et pourtant, sans Rafe, Dylan ne serait pas venu au monde, et il n'aurait jamais pu prendre un nouveau départ avec Savannah.

Un nouveau départ qui avait, une fois de plus, tourné au fiasco.

— Je me demande pourquoi, après tout ce temps, Savannah a décidé de te dire la vérité, reprit Melodie.

— Siggy voulait lui intenter un procès pour récupérer les parts du label au motif que Dylan n'était pas le fils de Rafe. Elle craignait que le procès l'oblige à révéler la vérité. Alors, elle me l'a dite.

— Tu es sûr que c'est la seule raison ? Peut-être espérait-elle que, si tu connaissais la vérité, tu lui demanderais de rester. Elle t'aime encore. Je le sais.

— Ce n'est pas l'impression qu'elle donne.

Savannah avait renoncé à son rêve de fonder une famille avec lui. Elle avait décidé qu'être la mère de Dylan suffisait à son bonheur. Et curieusement, c'était ça, beaucoup plus que tout le reste, qui le rendait furieux.

— C'est vraiment ce que tu veux ? insista Melodie.

Ces douze dernières heures, Trent avait été tellement occupé à fulminer contre ceux qui l'avaient dépossédé au lieu de le soutenir qu'il n'avait même pas songé à ce qu'il voulait.

— Que veux-tu dire ?

— Tu veux vraiment laisser partir ton fils et la femme que tu aimes à des milliers de kilomètres d'ici et vivre seul dans ta grande maison ?

— La femme que j'aime ? répéta-t-il avec un rire amer. Ce que je voudrais, c'est que les deux semaines qui viennent de s'écouler n'aient jamais existé.

— Tu ne le penses pas.

— Si. Je voudrais que Savannah ne soit jamais venue à Las Vegas me demander de l'aide. Car si elle n'était pas venue je n'aurais jamais su la vérité.

Sur la terrasse, hors de vue des occupants du salon, Savannah entendit la déclaration de Trent et n'en fut ni choquée ni blessée. En fait, elle se sentait plutôt soulagée.

À présent, elle n'avait plus à se demander si elle avait raison de retourner à Los Angeles. Trent ne voulait pas d'elle ni de Dylan dans sa vie. Le moment était venu de tourner la page et de regarder vers l'avenir.

Regagnant le pavillon, elle ferma les portes coulissantes donnant sur le patio. Ses valises étaient bouclées, et elle avait plusieurs heures à tuer avant son vol. Elle s'employa donc à faire un peu de ménage dans la salle de bains et la cuisine en attendant que Dylan se réveille.

Incapable de tenir en place, elle emmena son fils au centre commercial le plus proche dès son réveil. Elle s'efforça de chasser sa mélancolie en cherchant des idées de décoration pour la jolie maison de style colonial qu'elle avait louée à Los Angeles. Elle ne rentra chez Trent qu'à 18 heures, sachant qu'il était déjà parti au club.

Voyant que la voiture de Melodie n'était pas au garage, Savannah se détendit en songeant qu'elle ne croiserait ni le frère ni la sœur avant de partir. Elle réchauffa un reste de poulet qu'elle avait cuisiné la veille. Dylan avait bon appétit, et il dévora les morceaux de carottes, de pommes de terre et de poulet qu'elle avait disposés pour lui dans une assiette.

Elle s'installa ensuite sur le canapé pour lui faire la lecture et se laissa captiver par le rythme des mots et les réactions émerveillées de son fils. Lorsqu'ils eurent épuisé leur stock de livres, elle décida de lui passer de la musique sur son téléphone. Dylan l'écouta chanter en riant et en tapant des mains. Elle échappa à la tristesse jusqu'au moment où les premières mesures de la chanson interprétée par Melodie et Dylan retentirent dans la pièce. Depuis qu'elle l'avait téléchargée, elle la faisait souvent écouter à son fils. Elle fut une fois de plus impressionnée par la capacité de Dylan à suivre la mélodie. Mais, alors qu'elle s'apprêtait à la repasser, le titre que Trent et Melodie chantaient en duo retentit à son tour.

Les doigts de Savannah restèrent en suspens au-dessus de la touche « Stop ». Elle savait qu'il était inutile de ressasser le passé. Mais la magie des paroles de Melodie et la voix profonde de Trent étaient irrésistibles. Elle ne réalisa qu'elle pleurait que lorsque Dylan, le regard grave, posa la main sur sa joue humide. Avec un rire fébrile, elle lui embrassa les doigts et s'empressa d'essuyer ses larmes.

— Maman est un peu bébête, tu as vu ? dit-elle alors que la chanson s'achevait et que la pièce retombait dans le silence.

Pour se changer les idées, elle alla chercher le costume qu'elle avait acheté à Dylan en prévision de Halloween. Elle n'avait pas encore eu le temps de le lui faire essayer.

— Tu vas voir, tu vas être le plus adorable dragon de Los Angeles, dit-elle en lui passant le costume bleu et vert orné d'ailes orange et d'une queue couverte de pics.

Lorsqu'elle eut remonté la fermeture et positionné la capuche, elle lui fit répéter son rugissement. Il avait déjà appris quelques cris d'animaux et maîtrisa celui du dragon en quelques minutes. Il était si adorable qu'elle le prit dans ses bras et virevolta avec lui au milieu du salon, éclatant de rire à ses cris émerveillés.

Pourquoi avait-elle un jour voulu fonder une famille avec Trent, alors qu'elle avait déjà tout ce qu'il lui fallait ? Dylan et elle ne formaient-ils pas déjà une famille parfaite ?

- 12 -

Le Club T pulsait de musique électronique tonitruante et de lumières aveuglantes. Installé dans son coin préféré, Trent regardait la foule boire et danser, rire et flirter. Une ravissante blonde était assise à sa droite. Il avait oublié son prénom dès qu'ils avaient été présentés. C'était l'amie d'une rousse que Kyle avait repérée dans la file d'attente et fait entrer dans le club.

Le portable de Trent vibra, et un texto de Nate se matérialisa sur l'écran.

Tu as l'air de t'ennuyer à mourir.

Il jeta un regard noir en direction de l'extrémité du canapé arrondi où Nate était assis, affichant un sourire sarcastique.

Le club étant trop bruyant pour poursuivre la conversation de vive voix à cette distance, Trent répondit par texto.

Je travaille.

Nate lut son message et rédigea sans lever les yeux :

Kyle et moi sommes là. Prends quelques jours de vacances ailleurs qu'à Las Vegas.

Où diable pourrait-il aller ? Il écarta la première idée qui lui traversa l'esprit. S'il allait à Los Angeles visiter les locaux que Kyle avait trouvés pour leur projet de club, il serait trop près de Savannah et de Dylan. Il n'était pas prêt à faire face à la situation. Il était encore à fleur de peau.

Sourd à la bruyante musique du club, il se remémora les éclats de rire et les grognements expressifs que le vent avait, quelques jours plus tôt, portés jusqu'à lui à travers son jardin obscur et silencieux. Il se trouvait sur la terrasse, lorsque les bruits avaient capté son attention. Attiré par ces manifestations de joie, il s'était approché du pavillon avant d'être rattrapé par la réalité. Il s'était interdit de les rejoindre et les avait regardés jouer sans lui pendant dix minutes avant de faire demi-tour. Une douleur lui déchira la poitrine au souvenir de la solitude qu'il avait ressentie alors.

Il irait à New York, à l'opposé de là où se trouvait Savannah. Rendre visite à sa mère lui changerait les idées. Elle présentait sa première comédie musicale dans un grand théâtre et le tarabustait depuis des mois pour qu'il vienne la voir. Il envoya un nouveau texto à Nate.

Bonne idée.

Décidant que rien ne le retenait plus au club, il se leva, se libérant de la blonde agrippée à sa manche. Il n'avait pris qu'un seul scotch, pourtant en sortant du club il eut l'impression d'être déconnecté de son environnement comme s'il avait trop bu.

Six heures plus tard, il se présentait à son hôtel new-yorkais de Times Square et commandait un petit déjeuner dans sa chambre. Lorsqu'il eut mangé et pris sa douche, il était assez tard pour appeler sa mère sans risquer de la réveiller.

— Tu es à New York ? fit-elle, ravie.

— Oui, depuis quelques heures. Kyle et Nate sont tous les deux à Las Vegas, alors je me suis dit que j'allais en profiter pour te rendre visite.

— Quelle joie ! Je suis attendue au théâtre à 10 heures. J'ai quelques changements à faire sur une scène.

Présentée depuis une semaine, la comédie musicale avait reçu une majorité de critiques positives. Mais sa mère, toujours perfectionniste, cherchait sans cesse à améliorer son travail.

— Retrouve-moi à 10 heures. Ensuite, on ira déjeuner, et tu me raconteras ta vie.

— Je serai là.

Après avoir raccroché, il sortit de l'hôtel. À New York, il n'aimait rien tant que se balader dans les rues et s'imprégner de l'énergie ambiante. Le rythme de New York était aussi frénétique que celui de Las Vegas, mais ici les gens semblaient avoir un objectif, concentrant leur énergie sur des projets commerciaux ou artistiques.

À 10 heures moins cinq, il retrouva sa mère devant le théâtre. Sous un trench anthracite, elle portait un long pull gris et un legging noir. Un rouge à lèvres rouge vif soulignait son grand sourire. Elle était heureuse, aujourd'hui. Mais ça n'avait pas toujours été le cas dans sa jeunesse. Parfois, quand Siggy était absent de la maison, il lui arrivait de chanter avec Trent et Melodie. Mais, même durant les bons moments, son regard était toujours voilé de tristesse.

— Comme c'est merveilleux de te voir ! lança sa mère en prenant son visage entre ses mains pour l'embrasser avant de reculer d'un pas pour l'examiner. Tu as l'air épuisé.

— J'ai pris un vol de nuit. Je n'ai pas fermé l'œil.

— Avec les horaires que tu fais au club, j'aurais cru que tu aurais une certaine habitude, répliqua-t-elle en glissant le bras sous le sien, avant de l'attirer à l'intérieur du théâtre. Il paraît que Melodie est en studio. J'espère qu'elle va le finir un jour, cet album.

— Nate lui a fixé une date butoir en la menaçant de choisir les chansons lui-même si elle n'arrive pas à se décider.

— Elle est heureuse ?

Trent réfléchit longuement à la question de sa mère avant de répondre :

— Oui et non.

— Pourquoi oui ?

— Je crois qu'elle est heureuse d'avoir terminé la tournée. Les voyages et la scène ne sont pas sa tasse de thé. Elle préfère faire des arrangements en studio. Ça, c'est vraiment son truc. D'ailleurs, ça ne m'étonnerait pas qu'elle s'arrête un jour de chanter pour se consacrer à la production.

— Quel dommage que Siggy soit incapable d'apprécier son génie musical ! Elle aurait été un atout formidable pour le label, ajouta sa mère en ôtant son trench. Et toi aussi.

Trent haussa les épaules. Il avait renoncé à plaire à son père avant même d'atteindre l'adolescence.

— Siggy a fait tout ce qu'il fallait pour m'écarter du label, et il considère toujours Melodie comme une enfant.

— Alors, pourquoi ma petite fille est-elle malheureuse ?

— Je ne sais pas exactement, car ni Melodie ni Kyle ne se sont confiés à moi, mais je crois qu'ils ont des problèmes. En ce moment, ils sont à Las Vegas mais évitent soigneusement de se voir.

— Je partage ton sentiment, répondit sa mère avec un soupir éloquent. Cela fait trois mois qu'elle ne parle plus de lui. Je crois qu'il s'est passé quelque chose quand elle est allée le voir à Los Angeles pendant la tournée.

— Ils finiront bien par se réconcilier.

Sa mère le dévisagea, surprise.

— Voilà qui est bien optimiste de ta part.

— Tu crois que je me trompe ?

— Pas du tout, répliqua-t-elle en scrutant son visage comme si elle espérait y trouver un indice. Simplement, je suis étonnée que tu sois si positif.

— Que veux-tu dire ? Je ne comprends pas…

— Eh bien, d'habitude, tu es plutôt pessimiste en ce qui concerne les relations amoureuses. Ne prédisais-tu pas que le mariage de ton frère ne durerait pas plus de un an ?

C'était pourtant ce qui s'était passé. Même si c'était pour une tout autre raison que celle qu'il avait envisagée.

— Rafe et Savannah n'étaient pas faits l'un pour l'autre.

— Pourquoi ? Parce que tu étais sorti avec elle ?

Deux ans plus tôt, jamais il n'aurait imaginé qu'il la perdrait. Le temps qu'il comprenne qu'il ne pouvait vivre sans elle, elle s'était fiancée avec son frère.

— J'ai eu ma chance.

Et il avait tout gâché. Mais il était incapable de le dire à voix haute. Il préférait garder ses regrets pour lui.

— Il paraît qu'elle habitait chez toi, à Las Vegas…

— Siggy voulait lui enlever la garde de Dylan. Je lui ai proposé de loger dans le pavillon le temps que ça s'arrange.

— Pourquoi Siggy voulait-il faire une chose pareille ?

— Il avait perdu Rafe et voulait le remplacer par Dylan. De plus, il voulait récupérer les parts que Rafe avait laissées à son fils. Le tout, sans débourser un centime. Rafe a laissé d'énormes dettes à Savannah, et elle souhaitait revendre les parts du label pour se sortir la tête de l'eau.

Sa mère leva les yeux au ciel.

— Ne me dis pas que tu l'as laissée négocier seule avec Siggy…

— Tout est réglé. Un autre label propose de racheter West Coast Records. Donc, Siggy a racheté les parts de Rafe, ce qui permettra à Savannah de rembourser ses dettes. Elle est retournée à Los Angeles et va tourner dans un film.

Trent songea que c'était l'occasion rêvée pour révéler à sa mère que Dylan était son fils, mais au même instant un homme à l'air épuisé les rejoignit. Lorsqu'elle lui eut présenté son assistant, ils entrèrent dans la salle obscure. Trent choisit une place et regarda sa mère travailler, admirant la compétence avec laquelle elle dirigeait les acteurs. Elle avait à l'évidence une vision claire des changements à effectuer, mais il lui fallut près d'une heure et demie pour atteindre l'objectif escompté. Enfin, elle tapa dans ses mains et libéra l'équipe.

Prenant son imperméable et son sac, Naomi remonta l'allée centrale pour rejoindre Trent.

— On déjeune à La Masseria ?

Situé dans le quartier des théâtres, le restaurant italien était l'un de ses préférés. Durant l'une de ses nombreuses visites à Savannah, ils y avaient dîné avec sa mère et son nouveau mari avant un spectacle sur Broadway. Ils avaient passé une excellente soirée. Par la suite, sa mère ne lui parlait plus que de Savannah, le harcelant pour connaître leurs projets. Mais les réponses de Trent étaient si évasives qu'elle avait fini par cesser de le questionner.

Lorsqu'ils furent installés, Trent consulta rapidement le menu. Il n'avait pas vraiment faim. Le restaurant lui rappelait l'époque heureuse où il sortait avec Savannah, les espoirs que sa mère plaçait en lui et le bonheur de celle-ci d'avoir trouvé un homme qui l'aimait et la soutenait.

— Tout à l'heure, je t'ai dit que Siggy s'était mis en tête d'obtenir la garde de Dylan. Mais ce que je n'ai pas dit, c'est qu'il y a renoncé après avoir découvert que Dylan n'est pas le fils de Rafe.

— C'est typique de Siggy, répondit sa mère avec un geste de la main, apparemment indifférente à la bombe qu'il venait de lancer au sujet de Dylan. Il a toujours été obsédé par son héritage.

— Et, en ce qui concerne Dylan, ça ne te gêne pas ?

— Pourquoi est-ce que ça me gênerait ? J'aime Dylan. Qu'il soit ou non le fils biologique de Rafe ne change rien au fait qu'il est mon petit-fils.

Elle scruta longuement le visage de son fils.

— Et toi, ça te gêne ?

— Ce qui me gêne, c'est que Savannah ait menti.

Pourquoi avait-il cru que sa mère serait, elle aussi, choquée par le mensonge de Savannah ? Après tout, Melodie ne l'avait pas été non plus. C'était Rafe qui avait créé cette situation. Et, hormis lui-même, la seule personne que la situation semblait déranger était Siggy.

— Je ne vois pas le problème. Comme tu l'as dit, tu as eu ta chance, et ça n'a pas marché. Et, pour ce qui est de Dylan, ça ne regarde que Rafe et Savannah. Il l'a épousée, après tout.

Sa mère se tourna vers le serveur qui s'approchait de leur table, laissant Trent ressasser ce qu'elle venait de dire.

— Ça me gêne parce que Dylan est mon fils, reprit Trent dès qu'ils eurent commandé les boissons.

— Je vois, dit sa mère.

Elle leva les yeux du menu qu'elle connaissait sans doute par cœur pour regarder attentivement son fils.

— Puisque tu n'en as pas parlé, dois-je supposer que tu viens de le découvrir ?

— Savannah me l'a dit il y a quelques jours.

— Et alors ? Ça change quelque chose entre vous ?

— Est-ce une façon de me demander si je compte l'épouser ? répliqua Trent, agacé.

— Tu l'aimes, non ?

Curieusement, la question ne fit que remuer le couteau dans la plaie.

— Nous sommes sortis ensemble pendant longtemps. Je n'ai jamais voulu rompre avec elle, mais je me sentais incapable de lui offrir la vie de famille qu'elle voulait.

— Donc, exit la question du mariage. Tu as l'intention de nouer une relation avec ton fils ? Ou comptes-tu suivre l'exemple de ton père ?

Il la dévisagea comme si elle venait de le gifler. Comment osait-elle le comparer à son père ? Trent se replia aussitôt dans sa coquille, affichant une froideur de façade.

— Je n'ai pas encore décidé ce que j'allais faire.

— Allons, ne réagis pas comme ça, reprit sa mère en s'absorbant une fois de plus dans le menu pour choisir une entrée. Ton père se fermait toujours comme une huître, exactement comme toi.

— Arrête de me comparer à lui.

— Alors, arrête de te comporter comme lui. Siggy n'a pas de cœur, et c'est à peine s'il a une âme. C'est un homme buté et rancunier.

— Pourtant, tu l'as épousé, et vous avez eu trois enfants. Pourquoi faire une chose pareille s'il était si terrible ?

— J'étais jeune, idéaliste et ambitieuse. Il me disait que

j'avais du talent, et je pensais qu'avec son soutien je ferais une époustouflante carrière de chanteuse, expliqua-t-elle en soupirant. Au début, il était absolument charmant, et j'étais folle de lui.

— Qu'est-ce qui s'est passé, alors ?

— Il s'est mis en tête que j'avais une liaison.

Le serveur apporta leurs boissons, donnant à Trent un répit pour assimiler cette information.

— C'était vrai ?

Naomi ne parut ni surprise ni agacée par sa question.

— Je n'ai jamais couché avec Marco, mais j'étais amoureuse de lui. C'était un musicien incroyablement talentueux. J'ai fait sa connaissance lorsqu'il a signé avec West Coast Records.

— Marco ? Ce nom ne me dit rien du tout.

— C'est parce que ton père a détruit sa carrière. Il n'a jamais fait d'album et il a fini par arrêter la musique, expliqua Naomi, le regard dans le vague. C'était un an après la naissance de Rafe. Siggy m'a promis que je pourrais enregistrer mon deuxième album. J'avais écrit des chansons pendant ma grossesse. L'une d'elles était un duo. Marco et moi l'avons enregistré ensemble. Il avait une voix extraordinaire. S'il avait signé avec n'importe quel autre label, il serait devenu une star.

— Siggy pense que Marco est mon père ?

— Non. Il a fait pratiquer un test de paternité sur vous trois, répondit-elle avec un sourire amer. C'est à ce moment-là que j'ai arrêté de me battre pour mon mariage. Le jour où j'ai découvert qu'il ne me ferait jamais confiance.

— Alors, pourquoi me déteste-t-il ?

— Parce que tu étais doué pour la musique et que j'étais folle de toi. Rafe n'a pas hérité de mon talent et de ma joie de vivre. C'était un bébé incroyablement sérieux. Dès la naissance, il a pour ainsi dire été écrasé sous les exigences de son père. Mais toi et ta sœur aviez des personnalités exubérantes et des dispositions artistiques. Siggy a connu quelques réussites, au début, avec West Coast Records, c'est vrai, mais c'était un homme d'affaires, pas un visionnaire. Il se reconnaissait davantage en Rafe.

Réfléchissant à ce qu'il venait d'apprendre, Trent réalisa qu'il n'avait jamais cessé d'en vouloir à son père. En fait, il avait même joué la surenchère en utilisant leur relation tourmentée comme excuse pour dresser des barrières entre lui et ses proches.

— Je ne veux pas être comme mon père.

— Tu ne l'es pas du tout.

— Alors, tu crois que j'ai un cœur et une âme ?

— Je n'en ai jamais douté un seul instant, dit sa mère en souriant.

Savannah remplit un grand bol de bonbons de Halloween et le posa près de la porte d'entrée. Il était 17 heures, mais les enfants du quartier ne commenceraient pas leur tournée gourmande avant une heure. Dylan et elle vivaient à Los Angeles depuis une semaine. La maison qu'elle avait louée faisait à peu près la même taille que le pavillon de Trent et était magnifiquement meublée. Pourtant Savannah avait toutes les peines du monde à s'y sentir chez elle.

Après avoir rencontré plusieurs fois le réalisateur, les autres acteurs et les costumiers, elle avait hâte de commencer le tournage. Comme lorsqu'elle avait été engagée pour la série, elle avait pris un coach pour se préparer à son nouveau rôle. Mais quand elle ne travaillait pas, elle ne pouvait pas s'empêcher de ressasser le passé.

La sonnette retentit. Les enfants, déjà ? Savannah jeta un œil à Dylan qui était assis par terre dans le salon, vêtu de son adorable costume de dragon. Voyant qu'il jouait avec Murphy, lui aussi déguisé en dragon, elle prit le bol de bonbons et ouvrit la porte d'entrée. Mais, au lieu d'un enfant en costume de super-héros ou de princesse, une immense plante feuillue avec des jambes se dressait devant elle.

— Bonjour ?

La veille, elle avait reçu, en guise de bienvenue, un joli panier de fruits de la part des producteurs exécutifs du film. Elle n'avait aucune idée de qui pouvait venir cette plante. Consternée, elle découvrit le visage de Trent émergeant de derrière le feuillage.

— J'ai pris la liberté de passer. J'espère que ça ne te dérange pas.

— Qu'est-ce que tu fais ici ? demanda Savannah, sans l'inviter à entrer.

— Je suis allé voir ma mère à New York. Elle voulait t'envoyer ceci pour te féliciter de ton nouveau rôle. J'ai proposé de le livrer moi-même.

— Pourquoi prendre cette peine ?

— Je peux entrer ? demanda-t-il, ignorant sa question brutale.

À contrecœur, elle lui fit signe d'entrer. Trent parcourut du regard le confortable salon, cherchant un endroit où déposer son encombrant cadeau.

— Tu n'as pas beaucoup de place.

Stupéfaite par cette critique, elle croisa les bras.

— J'ai loué cette maison uniquement pour Dylan et moi. Nous n'avons pas besoin de beaucoup de place, répondit-elle en le foudroyant du regard.

— Et si je la mettais là pour l'instant ? suggéra-t-il en déposant la plante sur le bar de la cuisine, hors de portée de Dylan. J'adore son costume de dragon.

— C'est son premier Halloween.

— Tu l'emmènes faire la tournée des bonbons ?

— Nous sommes allés hier à une petite fête organisée par la mairie. Ce soir, nous nous contenterons de distribuer des bonbons.

— Sympa. Tu veux de la compagnie ?

Elle n'en revenait pas qu'il soit planté là, au milieu de son salon, comme s'il n'avait jamais dit qu'il regrettait qu'elle soit revenue dans sa vie. Devait-elle lui demander des explications ?

— J'apprécie tes efforts, commença-t-elle, glaciale mais le cœur battant à tout rompre, mais je ne te laisserai pas faire irruption dans notre vie à chaque fois que tu te souviens de notre existence. J'ai passé une partie de mon enfance à être ballottée entre mon père et ma grand-mère, et je refuse que Dylan vive une chose pareille. Il a besoin de stabilité.

— Veux-tu dire par là que tu refuses que je fasse partie de sa vie ?

— La semaine dernière, tu disais que tu regrettais d'avoir appris la vérité, répliqua-t-elle, scandalisée par son audace.

— Je ne t'ai jamais dit ça.

— Tu l'as dit à Melodie. Je t'ai entendu, lança-t-elle. Tu ne veux pas être père. Je comprends. Pourquoi crois-tu que je ne te l'ai pas dit dès le début ?

— Je n'étais pas dans mon état normal. Je n'aurais jamais dû dire ça.

— Pourtant, c'est ce que tu pensais.

Mais la vérité avait beau être insupportable, elle préférait cela aux mensonges de Rafe.

— Seulement pendant un bref moment. Tu m'as pris de court. Je ne comprenais pas comment tu avais pu me cacher une chose aussi énorme et je refusais d'admettre que tu ne l'avais sans doute pas fait sans raison.

— Je regrette de ne pas te l'avoir dit tout de suite. Je n'aurais jamais dû écouter Rafe.

— Il t'a dit de ne pas m'en parler ?

— Il m'a raconté l'histoire de cette fille, à l'université.

Trent la dévisagea, incrédule. Elle poursuivit :

— Celle qui est tombée enceinte. Tu l'as vraiment poussée à avorter ?

Enfin, une lueur de compréhension éclaira son regard.

— Lisa Wheeler. Quel rapport avec nous ?

— À l'époque déjà, tu avais refusé d'être père.

— Attends, fit Trent. Je n'étais pas le père. J'ai aidé Lisa, c'est tout. C'était une amie. On travaillait ensemble. Je ne suis jamais sorti avec elle. Elle avait été victime d'un viol et était traumatisée. Je l'ai poussée à porter plainte, mais elle ne voulait pas que ses parents l'apprennent.

— Mais alors, pourquoi Rafe…, commença Savannah en sentant un nœud se former dans son estomac. Il m'a menti…

Ce qui n'avait rien d'étonnant, puisqu'il l'avait déjà fait à plusieurs reprises.

— Je n'aurais jamais cru que tu puisses avoir une si piètre opinion de moi…, fit Trent, amer.

— D'accord, j'ai eu tort. Mais tu as toujours été très clair sur le mariage et les enfants. Pour toi, c'était une prison.

— C'est normal que tu aies écouté Rafe. Je ne t'ai jamais donné l'occasion de me voir autrement. J'ai laissé la mauvaise opinion de mon père déteindre sur moi. Je me disais que, tant qu'à être traité d'égoïste et de sauvage, autant me comporter comme tels.

— Qu'espères-tu en venant ici ? Si tu veux faire partie de la vie de Dylan, je suis ouverte à tes suggestions. Je ne t'empêcherai jamais de le voir.

Comprenant qu'on parlait de lui, le bambin se leva. Se dirigeant vers Trent d'un pas incertain, il tendit les bras vers lui. Savannah sentit sa gorge se serrer lorsque Trent le prit dans ses bras et examina son costume.

— C'est vraiment mignon. J'adore les cornes, fit Trent avec un sourire espiègle qui ouvrit une brèche dans les défenses de Savannah.

Elle s'efforça de se ressaisir. Elle ne devait pas trop attendre de cette visite. Ce n'était pas parce qu'il avait fait l'effort de se déplacer qu'il était revenu sur ses positions.

— Dylan, que fait le dragon ? demanda-t-elle, trouvant en son fils une diversion au tumulte de ses pensées.

À son ravissement, Dylan rugit, d'abord en la regardant, puis en se tournant vers son père. Trent se mit à rire.

— Je vous ai entendus vous entraîner la veille de votre

départ. Vous vous amusiez tellement ! Mais j'ai eu peur de ce que je ressentais.

Il souleva Dylan à bout de bras, et le petit se mit à rire. Trent dévisagea longuement son fils, puis son sourire s'estompa. Enfin, il se tourna vers Savannah.

— Depuis, j'ai eu le temps de réfléchir. Je veux faire partie de ta vie.

— Je pense que ce serait formidable pour Dylan, répondit-elle, sincère.

— Et pour toi ?

Et pour elle ? Ce serait à double tranchant de le voir quotidiennement. Il serait certes dans sa vie, mais jamais il ne serait vraiment à elle.

— Tu m'as manqué, c'est vrai, admit-elle.

Mais, ne voulant pas qu'il se fasse des idées, elle précisa sa pensée.

— Nous avons été amis pendant longtemps avant de sortir ensemble à New York. Ce serait formidable d'être de nouveau en bons termes.

— Tu veux que nous redevenions amis ?

Elle faillit dire non, mais le mot resta bloqué dans sa gorge. Être amie avec Trent était la dernière chose dont elle avait envie, mais elle souhaitait encore moins s'engager, une fois de plus, dans un chemin semé de souffrance.

Il reprit la parole sans attendre sa réponse.

— Il y a quelque temps, tu pensais t'installer à Las Vegas… C'est toujours envisageable, selon toi ?

— On peut en discuter. Maintenant que je travaille, ma situation financière s'est bien améliorée. Je pourrais louer une autre maison.

— Ça ne te gênerait pas de faire la navette ?

Voyant que son père ne s'occupait plus de lui, Dylan se tortilla dans ses bras jusqu'à ce que Trent le repose par terre.

— Scarlett y arrive bien. Pourquoi pas moi ? fit Savannah en regardant Dylan sortir son train musical de la boîte où il était rangé. Le bonheur de mon fils compte plus que tout. Si le fairt que nous vivions à Las Vegas te permet de passer un maximum de temps avec lui, alors la chose est entendue.

— Et ton bonheur à toi ?

— J'ai appris que je pouvais vivre n'importe où tant que je suis auprès de ma famille.

— Moi aussi, j'ai appris quelque chose, dit-il en lui prenant la main. Je ne suis heureux que lorsque je suis avec toi.

Elle le dévisagea, le cœur battant à tout rompre. Avait-elle bien entendu ? Ou ne faisait-elle qu'imaginer les mots qu'elle brûlait d'entendre ?

— Mais tu as dit…

— Oublie ce que j'ai dit. J'étais un idiot. Je l'ai été pendant trop longtemps. Sans ça, je ne t'aurais jamais laissée partir.

Il l'attira au creux de ses bras.

— Je t'aime.

Elle s'émerveillait encore de cet incroyable rebondissement lorsque Trent s'empara de ses lèvres. Son baiser reflétait le désir et l'avidité qu'elle ressentait. Elle s'accrocha à lui de toutes ses forces, sentant qu'un nouveau chapitre de sa vie, celui qu'elle attendait depuis si longtemps, était enfin sur le point de s'écrire. Lorsqu'il se décida à mettre fin à leur baiser, elle était hors d'haleine et follement heureuse.

— Je t'aime, répéta-t-il de sa voix grave qui semblait donner encore plus de poids à ces mots. J'ai fait l'erreur de te laisser partir une fois. Je ne la ferai pas une seconde fois.

Elle plongea dans son regard, le cœur serré d'émotion.

— Je n'irai nulle part, le rassura-t-elle avant de jeter un coup d'œil à son fils qui semblait absolument indifférent à ce qui se jouait entre ses parents. Nous n'irons nulle part.

— Promis ?

— Promis.

Trent recula d'un pas et la regarda attentivement.

— Il me faut plus qu'un accord verbal.

— Tu veux un engagement écrit ? fit-elle en riant.

— Absolument. J'exige un accord écrit qui nous lie l'un à l'autre officiellement.

Plongeant la main dans sa poche, il en sortit un écrin. Soulevant le couvercle, il découvrit un magnifique solitaire.

— Veux-tu m'épouser ?

La bague de fiançailles se brouilla lorsque Savannah sentit les larmes lui monter aux yeux. Mais, incapable de se départir totalement de ses doutes, elle le dévisagea.

— Tu es sûr que c'est ce que tu veux ?

Elle retint son souffle tandis qu'il sortait la bague de l'écrin et la lui glissait au doigt.

— De toute ma vie, je n'ai jamais été aussi sûr de moi.

— Alors, c'est oui.

Ivre de bonheur, Savannah jeta les bras autour de son cou et l'étreignit de toutes ses forces avant de se retrouver plaquée contre lui lorsqu'il lui rendit la pareille.

— Je t'aime tellement…, dit-elle, ivre de bonheur.

— Dylan et toi êtes tout pour moi. Rien ne pourra plus nous séparer.

Mais cette promesse faisait surgir un problème logistique.

— Cela dit, ça ne va pas pouvoir se mettre en place tout de suite…, remarqua-t-elle. N'oublie pas que je vais être en tournage et que, toi, tu dois t'occuper du club.

— J'ai déjà trouvé la solution. Nate et Kyle sont à Las Vegas pour quelques semaines. Nate a des enregistrements à faire. Quant à Kyle, il doit sauver sa relation avec ma sœur, expliqua-t-il en la prenant dans ses bras. Je vais rester à Los Angeles pour m'occuper de Dylan pendant que tu travailles.

Bien que ravie qu'il ait déjà pensé à tout, elle préférait rester prudente.

— Tout ça est très bien, répondit-elle, mais j'ai peur que tu t'ennuies loin de tes affaires…

— Aucun risque. J'ai un local à trouver pour notre nouveau club ici, à Los Angeles. De plus, je suis depuis peu copropriétaire d'un label qui a besoin de toute mon attention.

— Comment ça ?

Son sourire satisfait éveilla ses soupçons.

— Tu ne veux pas dire que…

— Siggy a vendu le label à Ugly Trout Records. Nate et moi sommes propriétaires de West Coast Records, déclara Trent avec un sourire irrésistible.

— Mais comment est-ce possible ?

— Nate a fait à Siggy une offre qu'il ne pouvait pas refuser.

— Mais Nate et toi êtes déjà copropriétaires du club… Siggy ignorait que vous étiez associés ?

— Nous sommes aussi copropriétaires d'Ugly Trout Records. Je l'ai aidé à démarrer il y a cinq ans.

— Tu n'as pas peur de sa réaction lorsqu'il découvrira que tu es derrière tout ça ?

— Siggy est un salaud. Il voulait tellement me tenir à l'écart du label qu'il était prêt à vendre pour une bouchée de pain, expliqua Trent. De toute façon, il ne peut plus faire machine arrière. Les papiers sont signés.

Savannah sourit en imaginant la réaction de son beau-père lorsqu'il découvrirait le pot aux roses.

— Il va faire une attaque. Enfin, te voilà propriétaire d'un label qui aurait dû te revenir depuis le début.

Se hissant sur la pointe des pieds, elle noua les bras autour du cou de Trent pour l'attirer à elle, avant de lui donner un baiser passionné qui les laissa tous deux hors d'haleine.

— Tu es intelligent, talentueux, et je t'aime.

Il la dévisagea gravement.

— J'ai cru que jamais plus tu ne me regarderais comme ça.

— Comment ?

— Comme quelqu'un qui croit en moi, répondit-il en lui caressant la joue. Aussi loin que je me souvienne, mon père m'a traité d'égoïste et de raté. Il me disait que j'allais gâcher la vie des autres comme j'avais gâché la sienne. Je n'ai jamais compris ce qu'il me reprochait, pourtant je croyais qu'il avait raison. Au point que ça m'a servi de prétexte pour te laisser tomber. À chaque fois que je te décevais, je m'en voulais de la souffrance que je t'infligeais.

— J'ai toujours cru en toi, affirma Savannah, qui savait depuis longtemps que Siggy était à l'origine de cette incapacité chronique qu'avait Trent à s'impliquer pleinement dans une relation. C'est en nous que j'ai fini par cesser de croire.

Trent posa sur elle un regard lumineux qui la subjugua.

— Je promets de tout mettre en œuvre pour que ça ne se reproduise jamais plus.

Et, tandis qu'il scellait sa promesse d'un long baiser respectueux, Savannah comprit : quel que soit l'endroit où elle vivrait à l'avenir, elle serait chez elle tant que Dylan et Trent seraient à ses côtés.

SHIRLEY JUMP

Une femme d'exception

Traduction française de
ÉDOUARD DIAZ

Passions

HARLEQUIN

Titre original :
WINNING THE NANNY'S HEART

- 1 -

Lorsqu'elle s'était sauvée de la maison pour la première fois, Katie Williams avait huit ans.

Dans son sac à dos Barbie, elle avait rangé un T-shirt propre, une poignée de barres de céréales et trois peluches — parce qu'il lui avait été impossible de choisir entre Rabbit, Harvey et Willard, ses préférées —, puis elle était partie à la découverte du monde. En réalité, pas tout à fait du monde, mais seulement du bout de la 7e Rue, qui se terminait en impasse au fond du parc. Là, elle s'était installée dans l'étroit espace sombre sous l'échelle du toboggan, en prétendant qu'elle n'avait pas peur du tout.

Colton, son frère, l'avait retrouvée une heure plus tard, affamée, frigorifiée et en larmes.

— J'allais préparer des pancakes pour le dîner, bout de chou, lui avait-il dit comme si c'était un mardi soir ordinaire. Et personne n'a envie de manquer de délicieux pancakes, n'est-ce pas ?

Il l'avait enveloppée dans la douce chaleur de son sweat-shirt moelleux, puis l'avait ramenée à la maison à califourchon sur son dos en la distrayant avec l'histoire d'une princesse très courageuse qui vivait dans un palais au sommet d'une montagne, et qui avait un ogre pour ami. Une fois chez eux, Colton l'avait montée directement jusque dans sa chambre, l'avait déposée sur son petit lit aux ressorts grinçants et l'avait bordée sous les minces couvertures. Puis il avait poussé un profond soupir.

— Elle a recommencé, c'est ça ? avait-il alors remarqué.

Ce n'était même pas une question. Katie avait acquiescé en silence, n'osant pas prononcer ces mots fatidiques à voix haute ni raconter à son frère comment leur mère s'en était violemment prise à elle une nouvelle fois, juste parce qu'elle lui avait demandé s'ils avaient de quoi dîner. Ces temps derniers, leur mère buvait plus qu'elle ne mangeait, et, pour une raison mystérieuse, elle passait ses nerfs plus volontiers sur Katie que sur Colton.

Celui-ci avait hoché la tête d'un air compréhensif et l'avait serrée dans ses bras.

— Tu es une petite fille merveilleuse, lui avait-il murmuré. Ne l'oublie jamais.

Il lui avait parlé jusqu'à ce que ses larmes aient séché sur ses joues et, avant de la laisser, lui avait donné un sandwich chipé dans la cuisine.

Il était donc assez ironique que, presque vingt ans plus tard, elle se soit enfuie de nouveau, mais cette fois *vers* son frère. Et, comme auparavant, il ne lui posa aucune question lorsqu'elle réapparut devant lui en cette fin d'après-midi, dans une jolie petite ville de Caroline du Nord.

— Salut, dit-elle en entrant dans la caserne des services d'incendie de Stone Gap. Me revoilà.

Colton, qui astiquait les chromes du camion n° 1, cessa son travail et, jetant son chiffon sur un établi, lui adressa un grand sourire.

— Salut toi-même, bout de chou. Tu te décides enfin à venir me voir ? Ce n'est pas trop tôt.

Un poing campé sur la hanche, elle se planta face à son frère, un solide gaillard d'un mètre quatre-vingt-cinq qui la dépassait d'une bonne tête et qui semblait plus imposant encore dans son uniforme bleu sombre.

— Ce n'est pas parce que tu m'appelles pour m'inviter à te rendre visite que je suis tenue de me précipiter chez toi toutes affaires cessantes, répliqua-t-elle d'un ton impertinent, retombant dans une routine qui leur était familière.

— Et pourquoi pas ? rétorqua son aîné. Ne suis-je pas la personne que tu aimes le plus au monde ?

Son sourire s'élargit et, s'avançant vers elle, il la serra dans ses bras sans lui laisser le temps de protester, avant d'ajouter :

— Tu es ma petite sœur, même si tu es une vraie peste.

Katie s'écarta de lui et redressa les épaules. Elle aurait pu se blottir pour toute l'éternité dans les bras de Colton mais, si elle cédait à cet élan, elle craignait de perdre le fragile contrôle qu'elle avait encore sur ses nerfs et d'éclater en sanglots. Et, s'il y avait quelque chose que Katie détestait, c'était de se laisser gouverner par ses émotions. Elle n'était pas devenue associée dans l'un des plus grands cabinets de comptabilité d'Atlanta en faisant preuve de faiblesse — et elle ne survivrait pas aux deux semaines à venir à moins de rester forte.

Après cela, tout irait bien. Au moins, c'était ce qu'elle n'avait pas cessé de se répéter en venant ici. Deux semaines. C'était le temps qu'elle s'était donné pour trouver un nouvel emploi, pour commencer une nouvelle vie. Pour tout changer et peut-être ainsi arrêter de souffrir.

— Très bien, alors, dit-elle en faisant un effort pour se ressaisir. Je suis ici. Vas-tu me faire visiter cette ville que tu m'as tant vantée ?

À vrai dire, Colton s'était surtout montré dithyrambique au sujet de Rachel Morris, sa fiancée, une organisatrice de mariages qu'il avait rencontrée quelques mois plus tôt et dont il était, à l'évidence, fou amoureux. Il avait accepté un poste à la caserne locale des pompiers, et, d'après ses textos et les conversations qu'ils avaient eues au téléphone, Katie devinait qu'il s'était intégré à Stone Gap comme s'il y était né. Ce fait n'aurait pas dû la surprendre — Colton était le genre de personne à s'intégrer parfaitement partout, même parmi ses demi-frères, dont il avait fait la connaissance peu de temps auparavant. Katie, elle, n'avait jamais possédé une telle aisance avec les gens. Cela venait peut-être de la nature austère de son travail, ou alors, c'était parce que Colton avait suffisamment de charme pour eux deux.

— Je ne peux pas partir pour le moment, s'excusa-t-il. Je commence à peine mon service, et mon tour de garde dure vingt-quatre heures. Mais pourquoi n'irais-tu pas t'installer au Stone Gap Inn ? Dis à Della que tu viens de ma part, et je te rejoindrai demain soir pour le dîner. J'ai séjourné là-bas, avant de trouver une maison à louer en ville. Tu verras, c'est une adorable petite pension. Della est l'épouse de mon père, et elle sait vraiment recevoir. Je te garantis qu'elle t'accueillera comme un membre de la famille depuis trop longtemps perdu de vue.

Katie n'en était pas aussi sûre. À cet instant précis, elle avait surtout besoin d'une chambre pour être seule et réfléchir.

— Cela me semble être une bonne idée, répondit-elle. Disons… 18 heures ?

— J'y serai… à peu près, se moqua-t-il en lui adressant un clin d'œil. Tu sais bien que je ne suis pas à dix minutes près.

— Tu le fais exprès, n'est-ce pas ? remarqua-t-elle, levant les yeux au ciel d'un air excédé outrancier.

Colton lui entoura les épaules de son bras et entreprit de la raccompagner jusqu'à sa voiture, avant d'observer :

— Tu es trop tendue, bout de chou, apprends à te relaxer. Autorise-toi à arriver en retard de temps à autre. N'aie pas peur d'un peu de désordre. Ta vie sera dix fois plus amusante.

— Et la tienne serait dix fois plus facile si tu étais un peu plus organisé et ponctuel.

— À demain, sœurette, répondit Colton en riant.

Katie remonta dans sa voiture et fit démarrer le moteur, puis, adressant un dernier salut de la main à son frère, elle s'éloigna du centre-ville pour tourner peu après dans une jolie rue latérale bordée de grands arbres. Elle n'était arrivée que depuis deux heures qu'elle savait déjà se diriger dans cette localité, on était bien à mille lieues des embouteillages d'Atlanta, songea-t-elle. Bien sûr, elle avait consulté un plan sur Internet pour situer la pension de famille que Colton lui avait suggérée, mais Stone Gap était un cadre simple, facile à comprendre — facile à apprécier.

C'était exactement ce qu'elle désirait, décida-t-elle. Ce qu'il lui fallait. Une pittoresque petite ville tranquille sur la côte, où elle pourrait… oublier, reprendre le cours de sa vie. « Accordez-vous un peu de temps pour assimiler ce qui s'est passé, avait dit le médecin. Ne croyez pas pouvoir retourner directement à votre ancienne vie. Vous avez souffert d'un deuil et vous aurez besoin de temps pour l'accepter. »

Mais comment acceptait-on une fausse couche ? Katie effleura son ventre, comme si le fait de toucher la place qu'avait occupée son bébé pouvait changer quoi que ce soit. Tout était différent, désormais, et c'était ainsi depuis deux mois, deux mois durant lesquels elle avait refoulé ses sentiments et s'était répété que tout allait bien. Puis elle avait totalement craqué sur son lieu de travail et perdu les deux plus gros clients du cabinet — le tout en une seule journée. Le lendemain, son patron l'avait convoquée, et il lui avait expliqué qu'il serait peut-être dans l'intérêt de tout le monde qu'elle commence à chercher un poste à la hauteur de ses talents, un doux euphémisme pour lui signifier qu'elle était licenciée. Le problème, c'était que Katie n'était pas très sûre de ce qu'elle devait faire, ni quelle direction elle devait prendre pour se rapprocher de cet avenir meilleur.

Durant un très bref laps de temps — quelques semaines à peine —, Katie avait osé rêver d'une vie différente de celle qui avait été la sienne. Elle avait rêvé de se détourner du plan de carrière qu'elle avait soigneusement prévu, de quitter son job, parce que les semaines de travail de quatre-vingts heures n'étaient pas compatibles avec le quotidien d'une mère. Elle avait pensé qu'elle pourrait peut-être ouvrir son propre cabinet ou chercher un poste dans une agence moins importante. Elle avait feuilleté les magazines pour jeunes mères, consulté des sites en ligne pour trouver des idées de décoration pour une chambre d'enfant.

Puis, un matin, elle s'était réveillée avec une douleur déchirante dans le ventre et elle avait compris, avec cet instinct inné des femmes qui savent interpréter le moindre chuchotement de leur corps. Plus tard ce jour-là, le médecin avait confirmé l'horrible vérité que Katie connaissait déjà.

Le bébé, la vie différente, le rêve, tout s'était envolé. Sur ce lit d'hôpital, Katie n'avait plus eu qu'un seul désir : se recroqueviller en position fœtale et pleurer toutes les larmes de son corps. Au lieu de cela, elle s'était rhabillée et elle s'était rendue à son travail.

Parce qu'elle pensait que cela pourrait l'aider à oublier.

Vain espoir.

Et, à présent, elle était là, dans une ville pas beaucoup plus grande qu'un timbre-poste, où elle était venue chercher… la paix, un sens à sa vie.

Elle s'arrêta dans la rue de la pension de famille que Colton lui avait suggérée. C'était une résidence deux fois centenaire bâtie sur deux niveaux, aux murs blancs, dotée d'un long porche à colonnades, avec une balancelle suspendue d'un côté et de confortables fauteuils à bascule de l'autre. L'allée conduisant à la porte d'entrée rouge vif était bordée de massifs de fleurs aux couleurs éclatantes. Katie s'attendait presque à ce qu'une servante en costume d'époque apparaisse pour offrir une tasse de thé aux visiteurs.

À l'instant où elle pressait le bouton de la sonnette, le battant s'ouvrit, et une femme rousse aux courbes généreuses, la taille ceinte d'un tablier à motif floral, l'accueillit avec un large sourire.

— Oh ! bonjour ! Vous devez être la sœur de Colton. Il m'a appelée pour m'informer que vous veniez. Je suis Della.

Elle serra la main de Katie avec effusion, avant d'ajouter :

— Della Barlow. Je suis la propriétaire de cette pension de famille et je la gère avec Mavis, ma meilleure amie.

— Euh… Bonjour, répondit Katie, un peu prise de court par le débit rapide et la cordialité de son interlocutrice. Oui, je suis la petite sœur de Colton et je pense qu'il a fait une réservation à mon nom.

— Oui, en effet. Entrez, je vous en prie.

Della s'écarta pour la laisser passer et attendit un instant tandis que Katie restait plantée dans le hall, frappée d'admiration devant l'escalier monumental qui s'élevait en une courbe gracieuse vers l'étage supérieur.

Elle avait l'impression de vivre une scène d'*Autant en emporte le vent*. L'escalier, doté d'une élégante rampe de bois finement sculpté, occupait le centre de la pièce. Dans le salon d'apparat visible sur sa gauche, une paire de causeuses jaune pâle étaient disposées de part et d'autre d'un piano. Les hautes fenêtres étaient encadrées par de longs doubles rideaux de satin couleur crème, et un superbe bureau à cylindre ancien était adossé au mur du fond.

Dans la salle à manger sur sa droite trônait une grande table d'acajou avec un magnifique bouquet de fleurs roses et blanches en son centre.

Le plafond à caissons, visiblement d'origine, mettait merveilleusement en valeur le somptueux lustre de cristal qui y était suspendu. Dans chacune de ces pièces, diverses nuances de blanc, de subtils tons crème et de délicats pastels créaient une atmosphère apaisante. C'était comme si l'on flottait sur un nuage. Katie tomba instantanément amoureuse de ce lieu.

— Bienvenue au Stone Gap Inn, dit Della en montant l'escalier, Katie sur les talons. Nous venons d'ouvrir il y a quelques mois seulement et nous aurons sûrement encore quelques détails à régler. Cette maison était à l'abandon depuis des années lorsque Mavis et moi l'avons achetée. Ces murs ont presque deux cents ans, mais ils sont toujours solides. Mon mari et mes fils m'ont aidée à effectuer les travaux nécessaires, avec le concours de ma future belle-fille, dont la rénovation de demeures anciennes est le métier. Nous avons cherché à garder le plus de détails d'époque, mais n'ayez aucune inquiétude, la plomberie et l'électricité sont tout à fait modernes. Nous avons même fait installer le câble et le wi-fi dans toutes les chambres.

— Tout cela m'a l'air fabuleux, convint Katie en riant. Cette maison est vraiment spectaculaire.

— Merci. Nous l'aimons beaucoup, et, jusqu'à présent, nos hôtes l'ont appréciée aussi. D'autant plus que le propriétaire de l'ancien hôtel de Stone Gap est parti en retraite et que personne n'a pris sa suite.

— Je trouve que votre établissement est parfait pour une petite ville côtière, déclara Katie.

— Merci, répéta Della en riant. Mavis et moi cherchions une activité intéressante pour occuper agréablement nos vieux jours, et, à en juger par la réponse du public, nous avons fait le bon choix. Je vous ai réservé la chambre Charlotte. J'espère que vous l'aimerez.

Si Katie avait voulu imaginer la chambre idéale, elle aurait été à l'image de celle-ci. Verts pâles, blancs éclatants et accents crème donnaient l'impression de se trouver dans un jardin. Le lit à baldaquin qui trônait au centre de cet espace ressemblait davantage à un nuage qu'à un simple lit pour dormir. Des piles d'oreillers cascadaient au milieu d'une épaisse couette immaculée. Sur un banc de bois au pied du lit était disposé un panier contenant des serviettes moelleuses, des savonnettes et des sels de bain, ainsi qu'un plateau chargé de petites bouteilles d'eau minérale et d'un assortiment de fruits. Une armoire ancienne occupait toute la hauteur du mur entre les grandes fenêtres, et le douillet peignoir blanc qu'elle voyait suspendu à l'intérieur donnait envie de l'enfiler immédiatement, pour s'installer dans le confortable fauteuil dans le coin de la pièce et se plonger dans la lecture de l'un des livres de la bibliothèque.

— Oh ! murmura Katie. C'est ravissant !

— Je suis enchantée que cela vous plaise. À présent, je vais vous laisser vous mettre à l'aise. Si vous souhaitez vous joindre à moi pour une tasse de café et des cookies tout juste sortis du four, n'hésitez pas à descendre.

Elle plaça la clé de la chambre dans la main de Katie, avant d'ajouter :

— Bienvenue à Stone Gap.

Après le départ de son hôtesse, Katie s'effondra sur le lit. Tout cela était exactement ce dont elle avait besoin. Avec un peu de chance, peut-être, dans cette ville qui semblait l'envelopper comme une douce couverture, elle trouverait un moyen de retrouver son équilibre.

Le délicieux parfum des cookies aux éclats de chocolat tira Katie de sa sieste une heure plus tard, et elle redescendit dans le salon. Durant cette heure-là, elle avait mieux dormi qu'au cours des deux mois précédents. C'était peut-être ce lit, ou le silence total qui l'entourait, si différent de la constante rumeur de la circulation d'Atlanta.

Elle trouva Della dans la cuisine, plantée devant ses fourneaux, en train de remuer une préparation d'où émanait un arôme appétissant. En l'entendant entrer, son hôtesse se retourna vers elle.

— Un café ?

— Avez-vous du décaféiné ?

— Oui, bien sûr. Asseyez-vous, et…

— Laissez-moi vous aider, s'il vous plaît, coupa Katie, qui se sentait inutile à se prélasser ainsi.

— Il n'en est pas question. Une pension de famille ordinaire fournit la chambre et le petit déjeuner, mais ici, au Stone Gap Inn, vous découvrirez que nous offrons bien davantage.

Della remplit une grande tasse de café fumant et vint la placer devant Katie, ainsi que deux ravissants petits pots en forme de vache, l'un contenant du sucre et l'autre de la crème.

— À présent, asseyez-vous et profitez. Vous êtes en vacances, ma chère.

— Me ferez-vous le plaisir de me tenir compagnie ? s'enquit Katie. S'il vous plaît ?

Pour une raison inconnue, elle n'avait pas envie de rester seule. C'était peut-être parce que, dans ces occasions, elle avait tendance à trop réfléchir et que tous ses souvenirs remontaient alors à la surface.

Della tourna le regard vers les fourneaux, puis vers la chaise vide à la petite table, et elle lui sourit.

— Je crois que je vais accepter. Mes pieds douloureux me crient de m'asseoir quelques minutes, et, au demeurant, ma soupe au crabe peut finir de cuire toute seule.

Sur ces mots, elle ôta son tablier et l'accrocha au dossier de son siège, puis se servit une tasse de café auquel elle ajouta quelques gouttes de crème avant de reprendre la parole :

— Alors, racontez-moi. Qu'est-ce qui vous amène à Stone Gap ?

— Comme vous le disiez, je suis en vacances. Et…

Katie n'hésita qu'une seconde. La bienveillance et l'ouverture d'esprit qu'elle devinait chez Della Barlow l'incitaient à se confier à elle, à lui raconter, au moins en partie, où elle en était dans sa vie.

— Et ensuite, je chercherai peut-être du travail, ajouta-t-elle. Je me trouve en ce moment dans une sorte d'entre-deux et je ne sais pas vraiment quelle direction je dois emprunter. Colton ne tarit pas d'éloges au sujet de cette ville, et j'ai eu l'idée de lui consacrer deux semaines, pour voir si je tombais aussi sous le charme.

— Si vous n'y prenez garde, Stone Gap se glissera dans votre âme sans que vous en soyez consciente, déclara Della en souriant. C'est ce qui m'est arrivé il y a plus de trente-cinq ans, lorsque j'ai emménagé ici avec mon Bobby. Bien sûr, c'était également parce que mon mari occupait déjà toute la place dans mon cœur.

Plus de trente ans plus tôt, l'homme en question avait eu une liaison extraconjugale avec la mère de Katie, une aventure qui avait abouti à la conception de Colton. Katie avait vu des photos de sa mère datant de cette époque, avant que la boisson n'ait exercé ses ravages sur elle. Vanessa

Williams avait été très belle, avec ses longs cheveux d'ébène, ses grands yeux verts et son sourire lumineux. Au cours des années qui avaient suivi la naissance de Katie et de Colton, elle s'était lentement métamorphosée en une femme renfrognée et pleine d'amertume, qui considérait ses enfants comme des fardeaux insupportables.

Mais Della Barlow… était visiblement la sorte de maman que tout le monde rêverait d'avoir. Il était évident qu'elle adorait ses enfants et son mari, en dépit de la brève crise qu'avait traversée leur union plus de trois décennies auparavant. Katie n'en doutait pas un instant, séjourner ici serait comme rentrer enfin à la maison.

— Alors, Katie, que faites-vous dans la vie ? s'enquit Della. Ou plus précisément, qu'aimeriez-vous faire ? Après tout, nous n'avons pas tous la chance de pouvoir exercer tout de suite le métier de nos rêves, étant jeunes.

Beaucoup de temps s'était écoulé depuis que Katie avait réfléchi pour la dernière fois à la carrière de ses rêves. Elle se revoyait au temps du collège, allongée sur son lit, à contempler les fissures du plafond de sa chambre. Quand elle avait onze ans, elle imaginait que ces fissures étaient des routes conduisant dans toutes les directions, comme les fils d'une toile d'araignée. Le monde semblait alors sans limites, et les possibilités les plus folles étaient permises : devenir vétérinaire, comédienne et chef étoilé, tout cela à la fois.

— Je… Je l'ignore. Je suis experte-comptable depuis si longtemps que je n'ai aucune idée de ce que je pourrais faire d'autre.

— Était-ce le métier dont vous rêviez ? Travailler avec les chiffres ?

— Non, convint Katie avec amusement. C'est simplement arrivé. J'étais forte en maths, et cela m'a valu une bourse d'études à l'université, à condition que je suive un cursus en comptabilité. Depuis, je n'ai jamais quitté cette branche et je ne sais rien faire, à part cela.

— Ma chère, vous êtes encore un bébé, répliqua Della

en riant. Vous avez tout le temps de vous lancer dans la réalisation de vos rêves, quels qu'ils soient. Moi-même, j'ai dépassé la cinquantaine et je m'embarque seulement maintenant dans le rêve de ma vie. Osez donc vivre quelque chose de différent tant que vous n'êtes pas responsable d'une famille et d'un chien !

Oser vivre quelque chose de différent. C'était en partie pour cela que Katie était ici : parce qu'elle ignorait quoi faire d'autre. Elle devait changer de vie. Elle n'aurait pas pu rester une seconde de plus à Atlanta, où tout lui rappelait ce qu'elle avait perdu.

— Je ne sais même pas par où commencer, convint-elle en soupirant.

— Commencez donc avec quelques cookies, suggéra Della en lui effleurant la main avec gentillesse.

— Des cookies ?

— Oui, bien sûr, fi Della en souriant. Tout est plus facile avec quelques douceurs. Et, ensuite, si un job temporaire peut vous tenter, je connais quelqu'un qui va avoir besoin d'aide durant quelques semaines. Ce n'est pas un emploi très prestigieux, mais je vous garantis que ce sera intéressant, et pas du tout dans le domaine de la comptabilité.

— De quel genre de poste s'agit-il ? s'enquit Katie en mordant à belles dents dans un délicieux cookie.

— Eh bien…

Della but une gorgée de son café, puis tourna la tasse entre ses doigts avant de poursuivre :

— Sam Millwright a besoin d'une tutrice pour sa fille, et je pense qu'il lui faudrait aussi une bonne nounou. Charity Jacobs, la jeune femme qu'il emploie actuellement, est très gentille, mais à mon avis elle est totalement dépassée.

Tutrice, soit, songea Katie. Mais, nourrice ? Garder des enfants à plein temps ? Elle n'avait aucune expérience dans ce domaine, à moins de compter les deux étés où elle avait été animatrice au centre aéré. Mais cela, c'était un travail d'équipe — elle n'avait jamais été seule à s'occuper d'un enfant du lever jusqu'au coucher. Elle n'avait pas eu de petit frère ou de petite sœur, et son unique essai de baby-sitting avait consisté à nourrir et promener les deux poméraniens de ses voisins. L'idée d'être responsable d'un bébé…

— Les enfants de Sam sont incroyablement mignons, ajouta Della. Libby vient tout juste d'avoir huit ans, et Henry a trois ans. Je suis sûre que vous les adoreriez.

Huit ans et trois ans, ce n'étaient donc pas des nourrissons. C'était peut-être jouable, dans ce cas. Mais tout de même, *elle*, nounou ? Della avait vu juste : c'était aussi loin du métier de comptable qu'on puisse imaginer. Le problème, c'était qu'elle n'avait aucun désir d'être nourrice ni suffisamment d'expérience pour songer à accepter cette responsabilité.

— Ne disiez-vous pas qu'il avait également besoin d'une tutrice ?

— Oui, en effet, répondit Della. Libby a quelques difficultés à l'école. Depuis que sa pauvre maman est décédée, elle a du mal à suivre, la petite chérie. Sam fait de son mieux, mais il ne peut pas être présent en permanence à cause de son travail. Sa baby-sitter est partie sans préavis il y a un mois de cela, et, depuis, Sam s'efforce désespérément de trouver une autre personne pour garder ses enfants. Charity l'aide une partie du temps, mais elle est…

Elle soupira, avant de conclure :

— Enfin, bref, je les ai gardés ici hier toute la journée, mais ce n'est pas facile de s'occuper de deux enfants tout en gérant une affaire comme celle-ci. Et pourtant, je vous assure que ce sont deux petits très attachants.

Deux charmants bambins, songea Katie. Où serait la difficulté ? Apparemment, elle n'aurait à donner des cours qu'à l'un d'eux. Et ce complément de revenus serait une aubaine en attendant qu'elle ait décidé ce qu'elle allait faire de sa vie. En outre, comme Della l'avait remarqué, ce n'était pas de la comptabilité. Ce travail ne l'obligerait pas à mémoriser des millions de détails ni à déchiffrer des montages fiscaux compliqués. Ce serait presque aussi facile que de rester à la maison toute la journée — mieux même, parce qu'elle serait probablement trop occupée pour avoir le temps de réfléchir. La petite fille avait huit ans, et Katie n'aurait pas besoin d'un doctorat en éducation pour lui donner des leçons, elle se sentait de taille à fournir un soutien scolaire à une élève de ce niveau. Et, en mathématiques, ce serait vraiment un jeu d'enfant.

Tout valait mieux que la perspective de tout ce temps vide devant elle, seule avec ses souvenirs…

Elle préférait travailler. S'engager dans une activité qui ne serait pas trop difficile, mais qui empêcherait son esprit de ruminer des idées noires.

— Oui, d'accord, répondit-elle. Je parlerai avec lui.

— C'est merveilleux ! s'exclama Della en souriant. Je vais l'appeler sans perdre une seconde.

Joignant le geste à la parole, Della téléphona aussitôt à Sam Millwright. Katie n'entendit qu'une partie de leur conversation, mais les expressions « Vous allez l'adorer » et « Elle est délicieuse » semblaient revenir fréquemment. Puis Della cita le nom de Colton en passant, et c'est cela qui parut être l'argument décisif. Elle raccrocha, puis griffonna quelques mots sur une feuille.

— Voici son adresse, dit-elle. Il vous attend demain matin à 8 heures et demie pour avoir un entretien avec vous.

— Cela m'a l'air très bien, déclara Katie en prenant le bout de papier qu'elle lui tendait.

Ce n'était pas une avancée majeure vers une nouvelle vie, mais ce n'était pas non plus l'immobilité totale.

Et, pour le moment, elle devrait s'en contenter.

- 2 -

Il était à peine 8 heures du matin, et Sam avait déjà dû avoir recours à la corruption.

— Si tu finis ton petit déjeuner, mon petit ourson, je te donnerai un cookie.

C'était sûrement une très mauvaise manière d'aborder le problème, mais Henry s'était réveillé à l'aube, et cela faisait déjà deux heures que Sam s'occupait de ses enfants… et se retrouvait au bord du désespoir, comme presque tous les jours. Entre les enfants et le golden retriever hyperactif de un an de la famille, il se sentait encerclé, assailli, et surtout totalement à court d'idées.

— Les cookies de Mlle Della ? s'enquit Libby avec un regard prudent. Parce que les tiens ont une drôle d'odeur.

Le problème, c'était que les siens étaient souvent un peu brûlés. La veille, Della Barlow avait jeté un coup d'œil au goûter que Sam avait fourni aux petits et, prise de pitié pour eux, elle leur avait offert trois douzaines de ses délicieux biscuits aux pépites de chocolat. Sam était presque aussi maladroit en cuisine que dans les tâches ménagères — et il ne savait pas très bien non plus coiffer une fillette ou répondre à des questions délicates provenant d'enfants de trois et huit ans traumatisés par un deuil. Son domaine, c'était l'immobilier d'entreprise ou, en tout cas, cela l'avait été jusqu'à ce que l'agence qui l'employait fasse faillite.

Tous les profits générés par des transactions se chiffrant en millions de dollars avaient été gaspillés par le propriétaire de la société, et les coffres étaient vides lorsque le moment était venu de verser le loyer du bâtiment qu'ils occupaient. En arrivant à son travail le lundi précédent, il avait trouvé une pancarte « À vendre » sur la porte, et les serrures avaient été changées, probablement par la banque. Toutes les affaires en cours avaient fait long feu, tandis que leurs clients paniqués fuyaient en masse vers d'autres agences. Et le chèque de commission sur lequel Sam comptait pour régler ses factures était revenu impayé.

C'était, en partie, sa propre faute : tous les signes d'une société au bord du gouffre étaient là, bien visibles, mais il avait été trop occupé à essayer de gérer un foyer, à veiller à ce que ses enfants soient nourris et habillés, et à ce qu'ils se couchent à l'heure, pour y prêter attention. Il avait commis la pire erreur possible — manquer de concentration dans son travail —, et cela avait failli lui coûter tout ce qu'il avait.

Aujourd'hui, en début de matinée, il passait un entretien d'embauche chez le plus gros concurrent de l'agence. Le problème, hélas, c'était qu'il devait encore trouver quelqu'un pour garder ses enfants. On aurait pu croire la chose facile, mais les trois nounous qu'il avait reçues à ce jour s'étaient révélées incompétentes, irresponsables, voire folles à lier. Il avait engagé Charity Jacobs deux semaines plus tôt. Elle faisait à peu près son travail, même si elle ne serait jamais nommée nourrice de l'année. De plus, elle n'était pas intéressée par un emploi à plein temps, car, disait-elle, elle avait besoin de voir son petit ami. Une fois sur deux, Charity paraissait terrifiée à l'idée qu'on la laisse seule avec les enfants, mais, jusqu'à présent, elle les avait gardés propres et correctement nourris, ce qui n'avait pas été le cas avec les autres candidates.

Pour ne rien arranger, il y avait Libby, et la crainte constante qu'elle prenne du retard à l'école. Le cours moyen constituait une étape cruciale dans l'apprentissage du calcul, avait déclaré sa professeure, avec une gravité qui semblait suggérer que Libby finirait mendiante à moins d'assimiler les bases de cette science avant la fin de l'année scolaire. La petite fille avait besoin d'une tutrice, et Sam avait besoin d'un miracle.

Par bonheur, Della l'avait appelé la veille, et elle lui avait promis de lui envoyer la candidate parfaite, qui se trouvait être la sœur de Colton.

Sam aimait bien Colton. D'ailleurs, il appréciait tous les Barlow. Il avait rencontré Colton, le demi-frère de Mac, Luke et Jack, à un pique-nique organisé par la municipalité deux mois plus tôt, et les deux hommes s'étaient mutuellement plu. Ils avaient échangé des plaisanteries, bu quelques bières, et s'étaient découvert une passion commune pour la pêche, un loisir que Colton pratiquait souvent, ces temps derniers, en compagnie de son futur beau-père et de sa fiancée. Depuis, Sam et lui s'étaient retrouvés ensemble en quelques occasions, car Colton avait fait de Stone Gap sa résidence permanente.

Libby sauta de sa chaise et se mit à virevolter devant lui, sa jupe formant une cloche autour de ses jambes.

— Je veux prendre des cours de ballet. Dis, papa, je pourrai prendre des cours de ballet ?

Des cours de ballet… Encore une chose qu'il devrait organiser, et pour laquelle il devrait trouver du temps. Libby plaidait sa cause en portant constamment une vieille robe de ballerine faisant partie d'un déguisement de Halloween, que ses parents lui avaient offert des années auparavant. Aujourd'hui encore, lorsqu'il avait exigé qu'elle enfile un jean et un T-shirt pour aller à l'école, elle s'était jetée sur le sol en sanglotant, criant que sa maman lui avait acheté cette robe et qu'elle avait vraiment envie de la mettre…

Sam avait capitulé. Il avait aussi baissé les bras lorsque les enfants avaient insisté pour regarder des dessins animés en déjeunant, bien que les facéties de Bugs Bunny leur aient fait oublier d'avaler la moindre bouchée.

— Libby, rappela-t-il d'un ton sévère, tu dois terminer ta gaufre afin que nous puissions t'emmener à l'école et Henry à la garderie.

Il avait tout juste le temps pour un bref échange avec la nouvelle candidate au poste de tutrice et pour déposer les enfants à 9 heures, avant de se rendre à son entretien d'embauche à 9 h 15.

— Il n'y a pas école, aujourd'hui, répliqua Libby avec un soupir excédé. C'est Mlle McCarthy qui nous l'a dit. Il y a une réunion des profs ou un truc de ce genre.

Sam se souvint soudain de la petite note qu'il avait collée lui-même la veille sur la porte du réfrigérateur : *Pas d'école demain. Réunion des professeurs.*

Il réprima un juron. Qu'était-il censé faire, à présent ? Faute d'une autre solution, il sortit son téléphone et envoya un texto à Charity :

Pas d'école aujourd'hui. J'ai besoin de vous aussitôt que possible.

— Et oncle Ty a dit que la garderie était fermée, déclara Henry. Je crois qu'il doit réparer les toilettes.

— Je peux aller jouer, maintenant ? s'enquit Libby.

— Finis d'abord ton petit déjeuner.

Sam se sentait totalement désemparé. Il lui restait moins de une heure pour convaincre Charity de venir travailler et pour rencontrer la nouvelle postulante au poste de tutrice avant de se rendre à son entretien. Il ne lui faudrait pas moins d'un miracle pour se sortir de ce mauvais pas.

— Je n'aime pas ces gaufres, protesta Libby. Je préfère celles…

Elle n'acheva pas sa phrase, mais Sam devinait facilement ce qu'elle avait voulu dire. Elle préférait celles que sa maman lui préparait avant d'être victime d'un automobiliste ivre. Les dix-huit mois qui s'étaient écoulés depuis se noyaient dans une sorte de brouillard, durant lequel il lui avait fallu jongler entre son travail, le soin des enfants et son chagrin écrasant. Il avait cru pouvoir s'en sortir honorablement, jusqu'à ce qu'il perde d'abord

Mme Rey, la meilleure nounou qui soit, qui avait déménagé en Floride pour se rapprocher de ses petits-enfants, et ensuite, quelques semaines plus tard, son job. Il avait essayé de se montrer à la hauteur de la situation, mais il avait toutes les peines du monde à assumer simultanément le rôle des deux parents. Il avait seulement besoin de temps, se répétait-il. Avec le temps, tout s'arrangeait.

Sauf que le temps, c'était précisément ce qui lui manquait ; il était d'ailleurs déjà en retard.

— Libby, tu dois vraiment finir ton petit déjeuner, car…

— Non, l'interrompit-elle, croisant les bras.

Depuis peu, Libby expérimentait le défi. Elle n'était pas franchement désobéissante, mais juste assez pour ajouter un élément de stress à sa journée.

Perché sur sa chaise haute, au bout de la table, Henry manifesta son soutien à sa sœur en jetant sa gaufre sur le carrelage. Avant que Sam ait le temps de réagir, le golden retriever bondit et dévora en quelques secondes ce bonus inespéré.

Libby trouva cela très drôle et imita aussitôt son frère.

— Vas-y, Bandit ! Attrape-la !

— Libby…

Mais elle avait déjà disparu dans le salon, et il l'entendit allumer la télévision à plein volume. Saisissant cette occasion, Henry descendit de sa chaise et courut jusqu'à la boîte géante de Lego que Sam avait oublié de ranger sur l'étagère, et renversa tout son contenu sur le sol.

Au même instant, quelqu'un sonna à la porte.

Le chien se mit à aboyer, et Libby commença à mitrailler son père de questions. « Qui est là ? Est-ce Mlle Della, ou le facteur, ou alors Barney, le dinosaure ? » Sam ferma les paupières une seconde, avant d'aller ouvrir.

Une femme d'une incroyable beauté apparut devant lui, ses immenses yeux bruns de biche fixés dans les siens par-dessous une frange de cheveux bruns bouclés. Elle portait un chemisier de satin rose et des escarpins noirs qui la faisaient paraître un peu plus grande qu'elle ne l'était vraiment, c'est-à-dire un mètre cinquante-trois au maximum.

— Euh… Je suis Katie Williams, se présenta-t-elle tandis qu'il continuait à la dévisager. Je viens pour la place de tutrice. Je sais que je suis un peu en avance…

La tutrice, bien sûr. Il avait déjà oublié ce rendez-vous — en fait, il n'avait même pas eu le temps d'avaler une tasse de café. Et, comme Charity n'avait toujours pas répondu à son texto, il n'avait personne pour garder Libby, et son entretien d'embauche était dans moins de quarante-cinq minutes.

— Oui, je… Je vous demande pardon, bredouilla-t-il. Le début de matinée est un peu compliqué. Katie Williams… vous êtes la sœur de Colton, n'est-ce pas ?

— Oui.

Ce qui signifiait qu'elle devait être à peine deux ans plus jeune que Colton. Et, sans qu'il sache trop pourquoi, ce détail lui parut soudain important.

— Colton est un type formidable, reprit-il.

— Bonjour, intervint sa fille en s'arrêtant à la porte avec une glissade. Je m'appelle Libby.

— Bonjour, Libby, répondit Katie en se penchant vers elle. Je suis Katie.

Elle tourna le regard vers un point derrière Sam, avant d'ajouter :

— Et lui, qui est-il ?

Henry les dévisagea encore une seconde, puis battit en retraite dans le salon. Il n'avait pas dit un mot, mais Sam n'en fut pas étonné : depuis le décès de sa mère, Henry avait presque totalement cessé de parler — particulièrement en dehors du cercle familial. Sam avait consulté une longue liste de spécialistes, passé des heures en recherches sur Internet, mais la conclusion était toujours la même : Henry parlerait lorsqu'il y serait prêt.

Le son mélodieux de la voix de Henry et ses questions continuelles lui manquaient terriblement. Sam avait le cœur déchiré lorsqu'il songeait à tout ce qu'il avait perdu, à tout ce qu'il ne pouvait pas changer.

Libby, la plus extravertie de ses deux enfants, dévisageait toujours Katie avec une curiosité évidente.

— Vous aimez les chiens ? s'enquit-elle.

— Je les adore, assura Katie en souriant.

Katie Williams marquait un point. Il restait à espérer qu'elle aimait les chiens débordant d'énergie, car il entendait Bandit arriver au galop derrière lui. Sam eut tout juste le temps de l'attraper par son collier alors qu'il se dressait pour poser les pattes avant sur la poitrine de Katie. La jeune femme tituba, et, durant une affreuse seconde, Sam crut qu'elle allait basculer en arrière sur les marches du porche. Des visions d'hôpitaux et de procès surgissant dans son esprit, il se précipita et saisit sa main pour la retenir au moment même où elle se redressait, et cet effort supplémentaire eut pour effet de la plaquer tout contre lui.

— Oh ! je… Je suis désolée, bredouilla-t-elle en s'écartant de lui en toute hâte.

Il savait qu'il aurait dû s'excuser, lui aussi, mais il aurait menti en affirmant qu'il regrettait ce contact. C'était peut-être parce qu'il était seul depuis si longtemps ou parce qu'elle était l'une des femmes les plus ravissantes qu'il eût jamais rencontrées, quoi qu'il en soit, lorsque leurs deux corps s'étaient touchés, Sam avait senti un frisson électrique le parcourir de la tête aux pieds, aussitôt chassé par une vague de culpabilité. Wendy avait quitté ce monde à peine un an et demi auparavant. Que lui prenait-il de réagir à une femme de cette façon ?

— C'est à moi de vous faire des excuses, répondit Sam. Mon… heu… chien n'a pas encore tout à fait appris les bonnes manières. Mais je vous en prie, entrez. Asseyez-vous et bavardons. Si vous le souhaitez, je peux enfermer Bandit.

— Oh ! non ! Il ne me dérange pas. Je ne mentais pas en disant que j'adore les chiens.

Katie suivait Sam à l'intérieur, Bandit sur les talons,

lorsque Libby glissa la main dans la sienne et l'entraîna vers le bout du couloir.

— Mon père dit toujours que je dois être gentille avec les gens qui viennent à la maison.

Mon père, pas papa. Elle ne l'avait pas appelé « papa » depuis une éternité. Sam réprima un nouveau soupir.

— Et lui aussi, il doit être gentil, ajouta Libby, considérant Sam d'un regard désapprobateur.

Katie leva les yeux vers Sam et lui sourit. Elle avait un sourire merveilleux, irrésistible.

— Ah ? fit-elle. Vraiment ?

— Oui. Parce que, souvent, il est grognon.

Sam s'efforça de ne pas prendre un air excédé. C'était le problème avec les enfants : ils parlaient trop, et toujours au mauvais moment.

— Je ne suis pas grognon, se défendit-il. Seulement… un peu stressé.

— Et pourquoi ? s'enquit Libby.

Sam ébouriffa les cheveux de sa fille, et il la sentit se raidir presque imperceptiblement, comme s'il y avait une distance entre eux. La relation détendue qu'il avait eue avec son aînée avait disparu un an et demi plus tôt, elle aussi. Sam plaqua un sourire sur ses lèvres, prétendant comme toujours qu'il n'avait rien remarqué, que tout allait bien pour eux tous.

— Parce que *certaines personnes* que je connais donnent leur petit déjeuner au chien, rappela-t-il.

— Mon frère faisait aussi cela, autrefois, déclara Katie, réprimant un rire.

— Et pas vous ?

— Bien sûr que non, assura-t-elle. Moi, j'étais très sage.

Son sourire fit surgir dans l'esprit de Sam des images peu compatibles avec un entretien d'embauche de nounou. Aucun doute, il était resté seul beaucoup trop longtemps.

Sam toussota, inspectant la cuisine — qui avait l'air d'un champ de bataille, comme presque tous les jours, avec la vaisselle sale entassée dans l'évier, les miettes du petit déjeuner partout sur la table et sur le plan de travail, et des traces de pattes boueuses sur le carrelage. Ils n'utilisaient jamais la salle à manger, qui était relativement propre, si l'on ignorait la fine couche de poussière recouvrant toutes les surfaces.

— Libby, va regarder des dessins animés avec Henry.

— Mais je veux…

— Vas-y, s'il te plaît, insista-t-il, priant pour qu'elle lui obéisse sans faire d'histoires.

Libby résista encore une seconde, mais le son de ses dessins animés préférés provenant du salon eut bientôt raison de sa rébellion, et elle sortit. Sam devait profiter de ce rarissime instant de paix pour terminer son entretien avec Katie Williams avant qu'elle ait compris qu'elle avait mis les pieds dans un zoo et qu'elle s'enfuie sans demander son reste — comme plusieurs autres candidates l'avaient déjà fait.

— Puis-je espérer que vous acceptiez aussi d'être nounou ? s'enquit-il, ne plaisantant qu'à moitié, car il n'avait toujours aucune nouvelle de Charity.

— Je n'ai jamais été nounou, ni même tutrice, répondit-elle. Je suis experte-comptable. Mais… pour le moment j'explore de nouvelles directions. Je vais séjourner en ville durant deux semaines, le temps de réfléchir à mon avenir.

Experte-comptable ? Della avait-elle perdu l'esprit, de lui envoyer quelqu'un avec de telles qualifications ? Il aurait dû le deviner immédiatement, aucune nourrice ne se serait présentée à sa porte avec ces hauts talons et cette jupe droite qui moulait ses formes.

— Avez-vous une expérience quelconque avec les enfants ?

Il jeta un nouveau coup d'œil à son téléphone — toujours aucune nouvelle de Charity. Il tremblait à l'idée de devoir emmener les enfants. Il y avait été obligé par le passé, et les résultats avaient été… désastreux, alors pour un entretien d'embauche…

— Nous devrions peut-être reporter cette discussion, reprit-il. J'ai une matinée très chargée, aujourd'hui, et… si vous pouviez revenir…

— Non ! hurla Libby dans le salon. Non !

Sam se leva d'un bond et se rua dans le couloir, le cœur serré. Il n'aurait jamais dû laisser les enfants seuls. C'était ainsi que des choses horribles se produisaient. Dix mètres à peine séparaient la salle à manger du salon, mais pour Sam ce furent des kilomètres.

Mon Dieu, pourvu qu'il ne leur soit rien arrivé…

— Libby ? Tout va bien ?

— Henry m'a pris mon ours pendant que je jouais avec lui ! Il lui fait mal ! Dis-lui d'arrêter !

Sam mit un instant à comprendre que Libby et Henry se portaient à merveille, et qu'ils se disputaient seulement au sujet d'une peluche. Sam n'avait que trop souvent entendu ces hurlements de frustration au cours de ces dix-huit derniers mois.

— Henry, rends son ours à Libby.

Mais Henry n'était pas d'accord. Au contraire, il se mit à tirer plus fort, tandis que Libby tirait dans la direction opposée. Puis il y eut un horrible bruit de déchirure, et les deux enfants, emportés par leur élan, tombèrent assis sur le tapis, au milieu des flocons blancs du rembourrage, chacun d'eux serrant une moitié du jouet, comme une vision apocalyptique du partage équitable.

Le volume de leurs sanglots augmenta d'un coup. Libby hurlait, et Henry criait encore plus fort. Sam avait envie de démissionner, de ne plus être un papa aussi incompétent, de cesser d'avoir à tout gérer sans avoir la moindre idée de comment s'y prendre. Il avait envie de courir se cacher quelque part où tout ne serait que silence, paix et propreté.

Son épouse aurait su quoi faire. Wendy comprenait les enfants, et sa présence apaisante avait le pouvoir de les ramener à la raison en un instant. Elle excellait dans toutes ces situations où il se sentait perdu. Wendy aurait su à qui appartenait réellement cet ours. Sam, lui, ne se souvenait même plus de l'avoir acheté.

— Non ! glapit à nouveau Libby. Regarde ce que tu as fait, Henry ! Tu l'as déchiré !

Alors que Sam restait planté là, face à deux enfants en pleine crise de nerfs, Bandit accourut pour se joindre à la mêlée et, emportant une partie de la peluche dans sa gueule, il s'enfuit dans un coin de la pièce comme s'il avait trouvé un trésor. Libby se mit à sangloter de plus belle.

Sam contemplait la scène, tétanisé, incapable de prendre la moindre décision de peur de rendre la situation encore plus tragique, lorsque Katie le contourna vivement.

— Ne pleure pas, Libby, intervint-elle en se postant entre les deux petits. Je peux le recoudre. Il sera comme neuf.

— C'est vrai ? répondit Libby en reniflant.

Katie acquiesça tout en replaçant la bourre de remplissage à l'intérieur de l'ours. Henry se calma, lui aussi, et il observa cette opération avec attention.

— J'ai appris à coudre lorsque j'avais ton âge, déclara Katie. Si tu veux, je te montrerai.

— *Lui*, il ne sait pas coudre, fit remarquer Libby en pointant un doigt vers son père.

— Certains papas ne savent pas, et certaines mamans non plus, expliqua Katie. Mais toi, tu pourrais apprendre, et la prochaine fois tu pourras le recoudre toute seule…

Elle s'agenouilla devant Henry et tapota la tête de la peluche écartelée avant d'ajouter :

— Comment s'appelle-t-il ?

Comme Henry se contentait de la dévisager, serrant une poignée de fibre blanche dans sa petite main, elle lui sourit.

— Un ours doit bien avoir un nom, n'est-ce pas ?

Sam fut tenté de l'avertir qu'elle allait faire fuir Henry, mais elle continua à lui parler d'une voix douce, envoûtante :

— Quand j'étais petite, j'avais un nounours comme celui-ci. J'avais très peur du noir, alors mon grand frère,

Colton, me l'apportait. Il me bordait dans mon lit et il me racontait des histoires jusqu'à ce que je m'endorme. Quelquefois, je partageais mon nounours avec lui, moi aussi, et c'est même lui qui l'a appelé Willard. Mon nounours était mon meilleur ami, à l'époque. C'est peut-être pareil pour toi ?

Henry hocha la tête en silence.

— Willard était tout rapiécé, et il n'était pas aussi beau que ton ours, poursuivit-elle en tapotant la peluche déchirée. Alors, comment s'appelle-t-il ? Je dois connaître son nom pour lui dire que je vais le recoudre et que tout ira bien.

Henry dansait d'un pied sur l'autre d'un air indécis. Libby, qui connaissait la réponse, demeura muette derrière Katie, son regard fixé sur son cadet, retenant son souffle, tout comme Sam. Katie se contentait de sourire.

Puis, très lentement, Henry tendit sa main ouverte, et la fibre qu'il serrait reprit son volume normal dans sa paume.

— Il s'appelle George, dit-il d'une toute petite voix qui sonna dans le silence de la pièce comme un son de cloche. Henry va le réparer aussi ?

Libby se retourna vers son père pour le dévisager, bouche bée. Sam croyait rêver.

Henry avait parlé à cette inconnue. Juste quelques mots mais, pour Sam, c'était le plus beau discours du monde. Il ressentait une telle émotion qu'il avait l'impression que son cœur allait éclater.

— Bien sûr, répondit Katie. Henry va nous aider. Et je trouve que George est un nom magnifique pour un ours.

— Merci, murmura Henry d'une voix à peine audible, déposant sa poignée de fibre sur les genoux de Katie.

Sam prit une profonde inspiration. Il lui était égal que Katie soit venue habillée comme si elle se présentait devant un tribunal ou qu'elle n'ait aucune expérience. Si elle pouvait faire sortir Henry de sa coquille, elle saurait aussi redonner à Libby son ancien amour de l'école. Katie avait accompli un miracle que personne d'autre n'avait fait : elle avait rendu l'espoir à une famille trop longtemps ballottée par les vents du destin et, pour Sam, c'était le meilleur CV du monde.

— Vous êtes engagée.

- 3 -

Katie n'était pas sûre d'avoir bien compris Sam. Était-elle vraiment engagée ? Comme cela, sans aucune question ?

Et avait-elle vraiment envie d'accepter cet emploi ?

Elle serait avec ces petits au moins une heure par jour si elle devenait la tutrice de Libby. De jeunes enfants aux visages charmants et aux voix flûtées. Exactement ce dont elle rêvait avant de…

Pourrait-elle le faire ou serait-ce trop douloureux ?

Katie était toujours agenouillée sur le sol entre Henry et Libby, serrant dans ses mains les lambeaux de George, l'ours en peluche. Libby, paraissant dix fois son âge, vint se planter devant elle. Posant les poings sur ses hanches, elle lui adressa un regard inquisiteur.

— Allez-vous rester ? s'enquit-elle. Parce que, vous savez, notre maman est au ciel… et… j'aimerais beaucoup réparer George.

La sincérité totale et la douleur qu'elle lisait dans les yeux de la fillette lui déchirèrent le cœur. Elle y devinait le vide laissé par l'absence d'une mère. Planté devant elle, le petit Henry la scrutait en silence, suçant son pouce. À l'évidence, Sam adorait ses enfants, mais il était débordé, et ces deux bambins avaient besoin de quelqu'un. Devenir leur tutrice ne serait pas si difficile, songea-t-elle, et, ce faisant, elle pourrait aider des personnes qui en avaient visiblement besoin.

Face au regard des deux enfants, qui la fixaient avec un mélange d'espoir et de confiance prudente, Katie compris qu'ils l'avaient déjà adoptée et sentit son cœur se gonfler de tendresse à l'idée d'être appréciée ainsi. Katie comprenait le besoin d'un enfant d'avoir des parents attentifs et aimants ; elle ne pourrait certes pas remplacer leur maman, mais elle pourrait peut-être tout de même combler certains vides dans leur vie.

— D'accord, Libby, répondit Katie. Je vais rester. Nous réparerons George, si vous avez du fil et une aiguille.

— Si nous les avons, objecta Sam, je ne saurais vous dire où les trouver.

— Pas de problème, dit-elle en se penchant vers Henry. J'en apporterai cette semaine. George aura besoin d'un type de fil spécial pour retrouver son ancienne apparence. Peux-tu patienter un peu ?

Henry acquiesça à contrecœur tandis que Libby disparaissait en courant dans la pièce voisine, d'où elle ressortit presque aussitôt pour placer un chien en peluche dans les bras de son petit frère.

— Tiens, dit-elle. Tu peux jouer avec Puppy en attendant, mais ne l'abîme pas. Et maintenant, viens. Allons regarder *Bob l'éponge*.

Les deux enfants allèrent s'installer sur le sofa, et Libby s'empara de la télécommande pour changer de chaîne. Katie se releva et se tourna vers Sam. Elle venait d'accepter un emploi qu'elle n'était pas certaine de désirer, sans rien savoir des horaires ni de la rémunération, ce qui était tout à fait contraire à ses habitudes.

— À présent, nous pourrions peut-être discuter des détails ?

Il lui sourit. Elle aimait beaucoup son sourire sincère, amical, engageant. Sam était un très bel homme d'un mètre quatre-vingt-cinq, mince et athlétique, avec des cheveux bruns coupés court et des yeux de la couleur du chocolat. Il portait un T-shirt qui moulait son torse d'une façon très intéressante, et un jean à taille basse. Il était pieds nus, un détail intime qui donna à Katie l'impression d'avoir envahi son espace personnel. Depuis l'instant où il lui avait ouvert sa porte, visiblement exaspéré et nerveux, Katie ressentait une étrange chaleur dans tout son corps, comme si un feu liquide circulait dans ses veines.

Au même instant, le téléphone de Sam sonna, et il jeta un coup d'œil à l'écran.

— Mon rendez-vous vient d'être reporté à 9 h 30, observa-t-il. Je vais donc enfin avoir le temps de prendre une tasse de café. Cela vous tente ?

— Oui, avec plaisir, répondit-elle, espérant qu'avec une tasse entre les mains elle cesserait de boire des yeux le corps superbe de ce jeune veuf.

Elle le suivit jusqu'à la cuisine, qui semblait avoir été dévastée par une tornade. L'évier débordait de vaisselle, et le plan de travail était jonché de journaux ; le sol était couvert de miettes et, par la porte entrouverte de la buanderie, on apercevait un énorme tas de linge sale attendant la prochaine lessive.

Oui, aucun doute là-dessus, Sam était stressé… et surtout totalement dépassé.

— Euh… Excusez-moi, dit-il en fouillant les placards. Je crois qu'il reste une seconde tasse propre quelque part.

Il dénicha enfin deux grandes tasses, en remplit une pour elle et la lui tendit.

— Je n'ai plus de crème, mais il y a encore du sucre.

— Un café noir m'ira très bien, merci.

Elle but une première gorgée et, à sa surprise, constata que le café était excellent, riche et parfumé.

Elle demeura debout, adossée au plan de travail, plutôt que de prendre l'unique chaise libre à la table. Les autres étaient encombrées de tas de courrier et de jouets.

— Oh ! pardonnez-moi…, dit-il en se précipitant pour libérer l'un des sièges, déposant une pile d'objets et de livres sur le sol, près d'une plante en pot à l'agonie. C. ela n'a pas été facile de travailler et de garder les enfants, s'excusa-t-il. Ma dernière nounou a démissionné il y a deux semaines, et la nouvelle n'est pas aussi…

Il s'interrompit en soupirant, avant de conclure :

— Enfin, j'ai du mal à gérer tous ces rôles à la fois.

— Ce n'est pas grave, assura-t-elle en riant. Au moins, vous avez l'honnêteté de reconnaître vos lacunes.

— Au travail, je jongle facilement avec des tâches multiples, lui promit-il, désignant la chaise qu'il avait libérée.

Il attendit qu'elle soit assise avant de prendre place en face d'elle à la table et d'ajouter :

— Mais ici, je suis à la merci des caprices d'un bambin de trois ans et d'une élève du cours moyen.

— Vous avez l'air de très bien vous en sortir, le rassura-t-elle charitablement.

— C'est gentil à vous de dire cela, mais j'ai vraiment besoin d'aide, au moins jusqu'à ce que Libby rattrape son retard à l'école. Ce que je vous propose, c'est un travail temporaire. Libre à vous de le refuser. Vous êtes absurdement surqualifiée pour donner des cours de maths à une petite fille de huit ans.

— Cela me convient très bien, répondit-elle, préférant passer sur les raisons pour lesquelles une experte-comptable expérimentée serait tentée d'accepter un poste de tutrice. Je n'étais pas vraiment à la recherche d'un emploi permanent et je peux facilement adapter mon planning à vos besoins professionnels.

— N'étiez-vous pas venue ici en vacances ? s'étonna Sam. Je détesterais monopoliser tout votre temps libre. Vous avez suggéré deux semaines, et, si vous pouviez travailler de façon régulière avec Libby, cela lui donnerait peut-être l'élan nécessaire pour se remettre à niveau.

Il soupira tristement, avant de conclure :

— Je trouverai bien une solution permanente plus tard.

— Ce ne sont pas des vacances ordinaires, confessa Katie en marquant une pause.

Comment aurait-elle pu lui expliquer sa crise de nerfs au cabinet, son besoin de partir très loin, de quitter la ville et de commencer une nouvelle vie ? Comment lui avouer qu'en arrivant ici cinq minutes de cette paix, de ce silence, avaient suffi pour faire resurgir un flot de souvenirs, d'émotions, qui avaient déferlé sur elle comme un raz-de-marée ? Qu'elle espérait que ce poste de tutrice la laisserait trop occupée pour avoir le temps de réfléchir ?

— Cet emploi convient parfaitement à mes projets, conclut-elle.

— Je me réjouis de l'entendre, répondit-il, visiblement soulagé.

Le salaire qu'il lui proposait était correct, et elle accepta. Au même instant, son téléphone sonna de nouveau, et il le tira de sa poche pour lire le texto qu'il venait de recevoir.

— Dieu merci, Charity est en route, dit-il. Normalement, j'emmène Henry au centre aéré que dirige mon oncle. Charity prend ensuite le relais. Mais, comme Libby n'a pas classe aujourd'hui, le plus facile serait de laisser simplement Henry ici. Charity peut le garder pendant que vous aiderez Libby avec ses maths. Vous serait-il possible de commencer dès aujourd'hui ?

— Aujourd'hui ?

— Si vous ne pouvez pas, je comprendrai, mais Charity n'est là que depuis peu ; elle fait de son mieux, mais elle se sent dépassée lorsqu'elle doit gérer Henry et Libby à la fois, et votre présence la soulagerait. Je les emmènerais bien, mais je dois me rendre à un entretien d'embauche et je ne crois pas que ce serait bien vu.

Katie faillit éclater de rire. Le pauvre Sam était à tel point dépassé par le problème des enfants qu'elle ne pouvait s'empêcher d'avoir envie de le décharger d'une partie de ses soucis. En outre, si elle commençait tout de suite, elle ne disposerait pas de toute une journée d'heures interminables, seule avec ses pensées. Colton dormait après sa garde de nuit à la caserne des pompiers, et il ne serait disponible qu'à l'heure du dîner.

— Cela m'ira très bien, assura-t-elle.

— Merveilleux. Merci.

Il jeta un coup d'œil en direction du sofa, avant d'ajouter :

— Les enfants sont tranquilles, maintenant, et, si vous le permettez, je vais vite monter prendre une douche et me préparer. Charity devrait arriver d'ici une dizaine de minutes, mais je dois absolument partir dans… exactement onze minutes. J'apprécierais énormément que vous attendiez un peu. Vous voulez bien ?

— Je crois être capable de gérer la situation, répondit-elle avec un sourire très doux.

Sam retourna à l'étage, et, faisant de son mieux pour ne pas imaginer ce magnifique athlète entrant nu sous la douche, Katie passa dans le salon, qui avait aussi l'air d'avoir été ravagé par un ouragan. Et, à présent qu'elle était seule avec les deux enfants, elle n'était plus très sûre de ce qu'elle devait dire pour engager la conversation.

— Que regardez-vous ? s'enquit-elle, désignant un personnage cocasse en forme d'éponge sur l'écran de la télévision.

— C'est *Bob l'éponge*, expliqua Libby. Il habite dans la mer avec M. Crabe. Et aussi Patrick.

— Cela a l'air… très éducatif.

Un spot publicitaire remplaça le dessin animé, et Libby se tourna vers Katie.

— Vous avez un petit ami ?

— Euh… Non.

Katie *avait eu* un petit ami… qui l'avait plaquée à la seconde où il avait appris qu'elle était enceinte. Elle n'aurait jamais imaginé que Leonard Backstrom, jeune homme studieux et un peu falot qui était également un de ses collègues, prenne l'initiative de leur rupture, lui qui évoquait constamment l'idée de s'installer avec elle, d'acheter une maison dans un quartier agréable, de souscrire à un plan de retraite commun et d'ouvrir un compte pour les études de leurs enfants.

Au final, elle avait découvert qu'il était plus porté sur les discours que sur l'action. Aux dernières nouvelles, Leonard sortait avec Meredith, la réceptionniste. Il ne l'avait pas appelée une seule fois depuis qu'elle l'avait informé qu'elle était enceinte, considérant sans doute que c'était désormais son problème à elle.

Acceptant enfin l'idée de sa grossesse, Katie avait commencé à élaborer des plans d'avenir, pour elle et pour son bébé. Elle s'était mise à rêver, à faire mille projets.

Puis, dix semaines plus tard, les crampes étaient survenues, et son beau rêve s'était écroulé.

— Mon père dit que je n'aurai pas le droit d'avoir un petit ami avant mes trente ans, déclara Libby d'un air sérieux. Et vous ? Vous avez trente ans ?

— J'en ai presque vingt-neuf, répondit Katie en riant.

— Mon père a trente-quatre ans, dit Libby. Il est vieux.

— Tu verras les choses différemment lorsque tu auras trente-quatre ans, commenta Katie.

Il n'était pas si dur de communiquer avec ces enfants, décida-t-elle. Elle se débrouillerait très bien. De plus, Libby et elle semblaient s'entendre à merveille. Ces quelques heures de soutien scolaire ne lui poseraient aucune difficulté.

Libby considéra sa réponse un instant, puis elle tourna le regard vers le petit Henry.

— Lui, c'est mon frère. Il a trois ans.

Henry était assis là, serrant une couverture dans sa main, observant cet échange en silence. Un enfant tranquille, jugea Katie. Probablement facile à vivre.

— Il a l'air très gentil, dit Katie.

— Il sent mauvais, remarqua Libby, plissant le nez. Il me prend tous mes jouets et il joue avec la nourriture.

— Mon frère était exactement pareil, répondit Katie en riant. Mais, en grandissant, il est devenu très cool. Henry suivra sans doute le même chemin.

— Mon père me force à manger des légumes, déclara Libby avec une grimace de dégoût.

— Les légumes sont très bons pour la santé, assura Katie.

— Vous aussi, vous m'obligerez à manger des légumes ?

— Je ne pense pas que cela soit mon rôle.

— Très bien, alors. Parce que je ne veux pas en manger.

— Libby, ma chérie, sois gentille avec Katie, dit la voix

de Sam derrière elle. Katie est ici seulement pour t'aider avec ton travail scolaire. Pas pour te faire aimer le brocoli.

Katie se retourna sur son siège, et son cœur manqua un battement.

Si elle l'avait trouvé séduisant en T-shirt, il était absolument dévastateur en costume cravate, avec ses cheveux encore humides de la douche et sa fraîche fragrance d'after-shave et de savon. Il ajustait les manchettes de sa chemise blanche, et, pour une raison mystérieuse, elle songea que c'était le spectacle le plus sexy auquel elle ait jamais assisté. Il émanait de lui une aura de puissance et de confiance en soi, comme celle d'un lion parcourant son territoire.

— Je n'ai pas envie de faire mes devoirs, grogna Libby en se renfonçant dans le sofa, les bras croisés. Tu es méchant.

— Oui, c'est vrai, convint Sam, avant de se tourner vers Katie en souriant. Alors ? Vous acceptez toujours ce poste ?

Un emploi qui inclurait des bonus tels que voir Sam en costume chaque jour ? Sans la moindre hésitation, oui.

— Euh… Oui, bien sûr, répondit-elle.

À son grand embarras, elle s'entendit bredouiller. La professionnelle pleine d'assurance, associée dans un important cabinet de comptabilité, s'était transformée en adolescente dominée par ses hormones. Elle se leva, lissa les plis de sa jupe et toussota pour s'éclaircir la voix.

— Peut-être pourrions-nous nous accorder tout de suite sur quelques autres règles et sur vos attentes éventuelles ?

Il demeura silencieux un instant, puis il parut faire un effort pour se ressaisir et il hocha la tête.

— Oui, oui, vous avez raison.

Elle le suivit dans la cuisine, et ils se rassirent à leurs anciennes places. Katie prit la parole la première :

— Avez-vous dressé une liste des sujets sur lesquels Libby doit travailler ?

— Sa maîtresse m'a signalé qu'elle a besoin d'aide

avec les tables de multiplication et avec ces problèmes de robinets qui semblent faits pour coller également les parents, répondit-il en riant. Cette brave femme m'a remis une feuille que j'ai dû ranger quelque part. Mon épouse se chargeait de ces questions-là, de son vivant. Depuis qu'elle n'est plus… j'essaye simplement de garder la tête hors de l'eau. Je ne suis pas un papa très efficace.

— J'ai connu cela dans mon enfance et je suppose que c'est pour cette raison que je suis devenue exactement le contraire. J'aime que tout soit clair, et que les comptes tombent juste.

— Si j'ai appris quelque chose en devenant papa c'est que, quel que soit votre niveau d'organisation, rien n'est jamais parfait. Les enfants… changent toute votre vie.

— C'est vrai, convint-elle d'une voix douce, portant la main à son ventre dans un geste inconscient.

— Merci, murmura-t-il en se retournant vers elle, soutenant son regard durant une longue seconde.

— Je n'ai pas encore commencé mon travail, observa-t-elle. Pourquoi me remerciez-vous ?

— Parce que, grâce à vous, Henry a parlé, déclara-t-il avec embarras. Cela fait une éternité qu'il n'avait plus adressé la parole à quelqu'un en dehors de Libby et moi.

Puis, comme si l'émotion qui s'emparait de lui était trop difficile à supporter, il se leva vivement et ramassa un bloc et un stylo sur la table.

— Je vais vous laisser mon numéro de portable, dit-il en se raclant la gorge. Appelez-moi ou envoyez-moi un texto si vous rencontrez le moindre problème. Je rentrerai dès la fin de mon entretien, et Charity devrait arriver d'une minute à l'autre. Tout se passera bien. Si je me souviens bien, la liste des matières que la maîtresse de Libby veut qu'elle révise doit être dans son cartable, ainsi que des exercices. Si vous vous entendez bien, toutes les deux, et si le travail vous convient, nous discuterons de vos horaires de la semaine prochaine à mon retour. D'accord ?

— Oui, c'est parfait, répondit-elle en se levant à son tour pour prendre le papier qu'il lui tendait.

Le regard de Sam descendit une seconde vers ses lèvres, puis il revint se fixer dans ses yeux, et il murmura :

— Et… merci encore.

Elle était consciente de se tenir tout près de lui, trop près, mais pour une raison mystérieuse elle ne parvenait pas à obliger ses pieds à faire un pas en arrière.

— Vous l'avez déjà dit, rappela-t-elle.

— Désolé. J'ai seulement… la tête ailleurs.

Elle fut tentée de lui demander si c'était à cause de son entretien d'embauche ou à cause d'elle, mais, au même instant, on sonna à la porte. Le chien se mit à aboyer, les enfants à crier, et une jeune fille d'une vingtaine d'années à l'expression renfrognée entra dans la cuisine. Le moment était passé.

Charity paraissait aussi heureuse que si on allait lui arracher une dent. Sam procéda aux présentations et expliqua à Charity quel serait le rôle de Katie.

— Appelez-moi au moindre problème, conclut-il. Je serai de retour le plus vite possible.

Quelques minutes plus tard, Sam était parti. Charity s'adossa au plan de travail et croisa les bras.

— Bonne chance, ironisa-t-elle.

— Merci, mais je suis sûre que je m'en tirerai très bien, répondit Katie. Il ne s'agit que de calcul de niveau cours moyen et de lecture.

— Oui, c'est vrai, convint Charity d'un ton moqueur. Mais avec Libby ce sera aussi facile que de négocier la fin de toutes les guerres. Alors, je vous souhaite bonne chance, vous allez en avoir besoin.

Sur ces mots, Charity quitta la pièce sans se retourner, souleva Henry dans ses bras et sortit avec lui dans le jardin pour qu'il joue sur la balançoire. Lorsque Katie tourna les talons, elle vit Libby plantée sur le seuil, les bras croisés, qui la fixait d'un air de défi.

Bonne chance.

- 4 -

— Bienvenue dans l'équipe, Sam, dit Hank Osborn en se levant pour lui serrer la main. Nous sommes ravis de travailler avec vous.

Sam réprima un soupir de soulagement. Il avait à nouveau un emploi. Son pire cauchemar était de ne pas pouvoir nourrir sa famille, et il ne pouvait pas compter sur le salaire d'une épouse pour combler l'absence du sien. Sam portait toutes les responsabilités sur ses épaules, et, certains jours, c'était un lourd fardeau — la maison, les enfants, les factures… et la solitude, sujet sur lequel il préférait ne pas s'attarder — ce gouffre dans son univers, cette place vide dans sa chambre, dans sa salle de bains. La voix guillerette de Wendy lui souhaitant le bonjour chaque matin, son doux murmure lorsqu'elle lui disait bonne nuit, tout cela lui manquait affreusement.

Sam refoula ces pensées dans un recoin de sa conscience, il devait se concentrer sur une chose à la fois. Pour le moment, il avait décroché un emploi, et ce seul fait suffisait à lui donner envie de chanter sur les toits, mais il se contenta d'offrir un sourire professionnel à son interlocuteur.

— J'ai étudié les affaires que vous aviez conclues, poursuivit Hank, et j'ai été très impressionné. Vous avez eu un éclair de génie, avec cet immeuble de bureaux à Raleigh. L'un de mes collaborateurs était chargé de ce dossier, mais vous avez eu la brillante idée de trouver les locataires avant l'ouverture des négociations, et nous nous sommes retrouvés disqualifiés avant même que la course ait commencé. C'était du travail d'artiste, mon garçon.

— Merci.

— Et j'attends de vous une créativité similaire dans les projets que je vous confierai. J'apprécie quelqu'un qui sait sortir des sentiers battus. Alors, nous sommes d'accord ?

— Tout à fait, monsieur.

Sam se réjouissait de découvrir que Hank et lui étaient sur la même longueur d'onde, lorsqu'il s'agissait de boucler une affaire, et il éprouva une sympathie immédiate pour l'aimable vieil homme. Hank dirigeait Osborn Properties depuis trente ans et, de ce qui n'était au départ qu'une petite entreprise où il travaillait seul, il avait fait une société immobilière comportant trois succursales ainsi qu'une trentaine d'agents dans toute la Caroline du Nord et au-delà. Pour Sam, c'était un énorme bond en avant par rapport à sa précédente agence, et les opportunités de carrière comme le soutien logistique sur lesquels il pourrait compter seraient infiniment plus avantageux — et plus grandes aussi seraient les attentes de résultats de la part de son patron.

— Je vais vous confier tout de suite le projet du centre commercial Midway, déclara Hank en lui tendant un dossier. Nous avons cinq cellules libres, là-bas, et je veux qu'elles soient toutes louées avant l'inauguration du complexe dans deux mois. Cent pour cent de capacité le jour de l'ouverture, rien de moins. Croyez-vous pouvoir y arriver ?

Cela représentait une énorme tâche, qui signifierait travailler de longues heures, et il se trouvait dans une situation délicate concernant la garde de ses enfants, mais il n'était pas question de refuser la proposition de son nouveau patron.

— Oui, monsieur, répondit-il.

— Une dernière chose, dit Hank en faisant le tour de son bureau pour le raccompagner jusqu'à la porte, une main sur son épaule. Ne m'appelez pas « monsieur » ; ici, on m'appelle simplement Hank.

— Cela me va très bien… Hank, acquiesça Sam en serrant à nouveau la main du vieil homme.

Sur ces mots, il sortit, mais il ne s'autorisa à pousser un gros soupir de soulagement que lorsqu'il fut assis dans sa voiture.

La perte de son ancien emploi avait pesé sur lui comme un énorme fardeau, mais désormais, grâce à la proposition de Hank — même accompagnée de fortes attentes de résultats —, ce poids avait été levé. Il avait un travail, Libby avait une tutrice, ravissante et hyper qualifiée de surcroît, et sa vie retrouvait peu à peu son équilibre, à petits pas.

Tout en négociant les nombreux virages de la route des collines, dans le décor bucolique de Stone Gap, il passa mentalement en revue une liste de clients potentiels pour le projet du centre commercial. S'il pouvait convaincre Charity de s'engager à long terme comme baby-sitter, il réussirait à atteindre les objectifs que Hank avait fixés. Et, si tout s'était bien passé avec Katie ce matin, alors tant mieux — cela permettrait à Libby de rattraper son retard en calcul et en lecture, et réduirait considérablement la fréquence de ses disputes avec elle.

Et il y avait aussi la manière dont Katie avait transformé sa petite famille en moins de une heure. Sam entendait encore l'écho de la voix de Henry dans sa mémoire. Aujourd'hui, son fils avait franchi une étape, et c'était grâce à Katie Williams. Sam espérait que cela annonçait d'autres progrès à venir.

Il avait une dette immense envers Katie pour avoir ramené son petit garçon du monde du silence. Même si ce n'était qu'un petit pas, et que cela n'était que temporaire, il lui en serait éternellement reconnaissant.

Pour la première fois depuis dix-huit mois, Sam se permit de ressentir une émotion qu'il croyait morte dans cet accident de voiture en même temps que Wendy.

L'espoir.

Il remonta l'allée de sa maison et coupa le contact, puis il demeura un long moment derrière son volant, à écouter le rire de Libby et Henry, les aboiements de Bandit.

En cet instant, il trouvait que la vie était belle. Après les jours sombres que ses enfants et lui avaient traversés, chaque petit instant de joie tenait du miracle, et il avait appris à en profiter.

Sam s'autorisa un nouveau sourire, puis il fit le tour de la demeure pour se rendre dans le jardin à l'arrière.

— On dirait que vous vous amusez…

Sam se figea et, durant de longues secondes, il crut être victime d'une hallucination. Mais, pas du tout, Katie était bien là, couverte de peinture et de boue, les cheveux en grand désordre, occupée à essayer de nettoyer la peinture renversée sur les dalles du patio tandis que Libby et Henry couraient pieds nus sur la pelouse, s'éclaboussant chacun à son tour avec le tuyau d'arrosage et aspergeant copieusement le chien.

— Vous êtes de retour ! s'exclama Katie en se relevant vivement, repoussant les mèches sur son front d'un revers de main et y laissant une traînée rouge. C'est… merveilleux.

Il fit de son mieux pour ne pas éclater de rire tant l'expression de soulagement de Katie était comique. Parcourant le jardin du regard, il remarqua alors l'absence de quelqu'un qui aurait dû être là.

— Où est Charity ?

— À l'intérieur. Elle devait passer un coup de fil.

En engageant Charity, Sam se doutait que la jeune fille ne durerait pas très longtemps à ce poste, mais il avait espéré qu'elle tiendrait jusqu'à ce qu'il lui ait trouvé une remplaçante convenable. Il allait devoir lui parler de ses trop nombreuses conversations personnelles au téléphone pendant qu'il la payait pour surveiller ses enfants.

— Les enfants l'ont-ils barbouillée, elle aussi ?

— Non, répondit Katie en riant. Je suis la seule

responsable et victime : quand Libby et moi avons terminé de réviser ses maths, je leur ai procuré des couleurs parce qu'ils se plaignaient de s'ennuyer, et que je n'avais pas envie de les planter devant la télévision. Mais je ne suis pas vraiment une spécialiste des beaux-arts. Libby s'était taché les mains avec de la peinture, et je me suis dit qu'il serait préférable qu'elle n'utilise pas la salle de bains pour se nettoyer. Alors, j'ai ouvert le robinet du tuyau d'arrosage du jardin, et… voilà le résultat.

Sam aurait reconnu cette expression de désarroi à des kilomètres. Combien de fois s'était-il senti totalement dépassé, face à ses enfants ?

Il était tellement habitué à s'en remettre à Wendy, à lui laisser prendre les décisions tandis qu'il travaillait de longues heures… Lorsque sa chère épouse n'avait plus été là, lorsque les membres de la famille venus lui apporter leur soutien durant les deux semaines qui avaient suivi les obsèques étaient tous rentrés chez eux, Sam s'était retrouvé seul à tourner en rond, complètement perdu, ignorant ce qu'il allait faire du reste de sa vie.

C'était ce que Katie avait l'air de ressentir à cet instant précis. À mieux y regarder, elle était mignonne à croquer avec son chemisier et sa jupe maculés de taches colorées. Elle s'était débarrassée de ses escarpins, et le spectacle de ses pieds nus dans l'herbe suggérait… la douceur de vivre. Une partie de lui-même était tentée de la serrer tout contre lui et de poser ses lèvres sur cette traînée de peinture, tout en haut de son front.

— Venez, lui dit-il, indiquant la porte. Vous devriez peut-être vous débarbouiller un peu. Pendant ce temps, je vais rassembler les monstres, et nous déjeunerons tous ensemble.

— En êtes-vous certain ? Je pourrais commencer à nettoyer le désastre ici.

— Ne vous inquiétez pas. Je m'occupe de tout.

Katie lui offrit un sourire reconnaissant, puis se dirigea vers l'entrée de la maison. Sam suivit des yeux un instant cette femme fascinante qui traversait sa pelouse d'un pas léger avant de s'obliger à détourner le regard.

Et une nouvelle vague de culpabilité déferla sur lui. À ce stade de sa vie, il ne devrait songer à rien d'autre qu'à ses enfants et à son travail. Henry et Libby avaient besoin de lui — ils avaient besoin d'un papa qui reste lucide, pas d'un pauvre type prêt à perdre la tête pour une femme ravissante au visage maculé de peinture.

Il alla rejoindre les enfants et ôta le tuyau des mains de Libby, sur le point d'arroser son petit frère une nouvelle fois. Tous deux étaient trempés et couverts de boue de la tête aux pieds. Il s'apprêtait à les gronder lorsqu'un autre détail le frappa.

Libby et Henry étaient heureux. Ils étaient rouges d'excitation et ils souriaient d'une oreille à l'autre.

— On s'est bien amusés, s'exclama Libby. On pourra rejouer à ce jeu, une autre fois ?

Près d'elle, Henry hocha la tête avec énergie. Son visage était couvert de peinture, que l'eau avait partiellement dissoute, et qui coulait à présent en rigoles multicolores sur son T-shirt orange. Il n'y avait plus trace chez lui du petit garçon grave et renfermé qu'il avait été depuis le jour où Sam lui avait expliqué que sa maman ne reviendrait plus.

Jetant un coup d'œil vers la maison, il se sentit une nouvelle fois émerveillé par les changements que Katie avait apportés dans leurs vies en l'espace de seulement quelques heures. Et c'était une très bonne chose.

Lorsque la douleur resurgissait, c'était toujours de façon soudaine et brutale.

Cela faisait trois jours que Katie venait chez Sam l'après-midi pour travailler avec Libby une heure ou deux lorsqu'elle rentrait de l'école, et la fillette savait déjà ses tables de multiplication presque par cœur. Les devoirs terminés, Katie s'asseyait avec les deux enfants pour dessiner et faire du coloriage. Charity en profitait aussitôt pour se reposer ; en fait, à la seconde où Katie franchissait le seuil, elle disparaissait pour téléphoner à son petit ami.

Les enfants réclamaient à grands cris une nouvelle séance de peinture avec les doigts, et, ce jour-là, Katie céda à leurs demandes, à condition que cela ne nécessite pas un nettoyage au tuyau d'arrosage du jardin.

Tout allait bien jusqu'à ce que Charity annonce tout à coup qu'elle démissionnait, arguant qu'elle avait reçu une réponse positive pour un job au centre commercial et qu'elle en avait assez de faire la nounou. Sur ces mots hâtifs, elle était partie, laissant Katie aux prises avec les deux bambins jusqu'au retour de Sam, une demi-heure plus tard.

Ce fut durant ces trente minutes que tout bascula. C'était peut-être parce qu'ils étaient seuls tous les trois ou parce que les enfants commençaient à s'attacher à elle, mais, alors que Katie aidait Libby à mélanger de la peinture violette, Henry s'était rapproché d'elle et il avait posé la tête sur son bras.

Ce geste n'avait rien d'extraordinaire en soi, mais le petit garçon se blottissait contre elle comme s'il l'avait connue toute sa vie. Puis Libby se tourna vers Katie et déclara :

— Notre maman dessinait avec nous. Je suis contente que vous le fassiez aussi.

La fillette marqua une pause, puis elle leva ses grands yeux vers les siens et s'enquit d'un air grave :

— Vous allez rester avec nous, Katie ?

Katie leva la tête à son tour et vit Sam planté à quelques pas d'elle. Son visage exprimait un mélange de surprise et d'un autre sentiment indéfinissable.

Elle s'était redressée précipitamment et s'était excusée, prétextant qu'elle avait besoin de se rafraîchir un peu, puis elle était partie s'enfermer dans la salle de bains. Elle se savonnait les mains lorsqu'une vive douleur lui avait déchiré la poitrine, tandis qu'un flot de larmes brûlantes montait à ses paupières.

S'appuyant au lavabo, elle contempla son reflet dans le miroir. Elle avait l'air stressée et dépenaillée, à mille lieues de son personnage habituel de professionnelle tirée à quatre épingles. *C'est à cela que ressemble une maman*, songea-t-elle. *Et ce sont ces choses-là qu'une maman fait au quotidien.*

C'était à ce moment-là que cette terrible douleur l'avait brutalement assaillie.

Elle n'était pas une maman et ne le serait peut-être jamais. Lors de son unique occasion de devenir mère, son corps l'avait trahie… ou plutôt, c'était *elle* qui avait échoué. Elle avait perdu son bébé, en même temps que tous les rêves qu'elle caressait. Comment avait-elle pu penser qu'elle pourrait côtoyer ces enfants au quotidien sans que cette vérité vienne se rappeler à elle ? Elle devrait peut-être annoncer à Sam qu'elle ne pouvait pas poursuivre les leçons de Libby. Ou peut-être, au contraire, devrait-elle continuer à travailler ici, parce que cela l'obligerait à affronter toutes ces choses qu'elle s'était efforcée de fuir.

Oui, bien sûr. Mais, à en juger par son histoire passée, ses chances de succès étaient plutôt minces.

C'est alors qu'on frappa quelques coups légers à la porte.

— Tout va bien, là-dedans ?

C'était la voix de Sam, douce et inquiète. À peine quelques mots, mais qui suffirent à desserrer l'étau qui lui comprimait la poitrine.

Katie se détendit, prit une profonde inspiration face à son reflet dans le miroir, puis elle attendit une seconde avant de se sentir capable de répondre :

— Oui. Je me lave les mains.

— Parfait. Je voulais juste être sûr que vous étiez encore là. Je craignais que vous ne vous soyez enfuie par la fenêtre, surtout après la démission de Charity.

— Non, répondit-elle, amusée. Je ne suis pas partie, pas encore.

— Je m'en réjouis.

Elle marqua une pause, sentant que Sam guettait toujours

derrière la porte. Enfin, elle entendit ses pas s'éloigner dans le couloir. Elle acheva de se sécher les mains, puis elle sortit de la salle de bains et retourna dans la cuisine.

Libby montrait l'un de ses dessins à Sam. Son visage exprimait une attente inquiète, et Katie sentit son cœur se serrer. Elle se revit à l'âge de huit ans, montrant à sa mère son premier contrôle de maths avec la meilleure note de la classe, accompagné d'un commentaire flatteur de la maîtresse. Elle avait envie que sa mère soit aussi fière d'elle que l'avait été Mme Walker, et d'entendre les mêmes mots sur ses lèvres : « Tu as réussi, ma petite. »

— C'est ravissant, mon ange, déclara Sam, indiquant le centre du dessin. J'adore cet arc-en-ciel. Et la fleur aussi.

Libby fronça les sourcils.

— Moi, je trouve que la fleur est un peu ratée.

— Pas du tout, ma chérie ! protesta Sam en prenant ses joues entre ses grandes mains en une caresse tendre. Elle est absolument parfaite.

Katie était persuadée de voir apparaître un sourire de fierté sur le visage de Libby, comme un écho d'autrefois, comme si elle aussi avait entendu la phrase tant espérée : « Tu as réussi, ma petite. »

Au lieu de cela, Libby secoua la tête et recula d'un pas.

— Non ! Elle est ratée !

Sur ces mots, elle arracha le dessin des mains de son père et se rua hors de la cuisine, faisant claquer l'écran antimoustiques de la porte comme une gifle dans le silence. Sam la suivit des yeux sans un mot, puis il se redressa lentement et poussa un long soupir avant de se retourner et de découvrir Katie.

— Désolé, s'excusa-t-il. Libby est quelquefois…

Il s'interrompit une seconde, puis il haussa les épaules.

— Je ne sais pas. Je ne sais vraiment pas.

— C'est une petite fille merveilleuse, assura Katie.

Qu'aurait-elle pu dire d'autre ? Comment expliquer la réaction de Libby à ce qui semblait être une conversation normale entre un père et sa fille ? Une partie d'elle-même était tentée de rattraper Libby et de lui expliquer que les parents capables d'apprécier sincèrement chaque arc-en-ciel et chaque fleur dessinés par leur fille n'étaient pas aussi nombreux qu'elle le croyait.

— Oui, c'est vrai, convint Sam, se tournant à nouveau vers la grande fenêtre pour observer Libby à travers la vitre.

Elle se balançait lentement sur la balançoire d'un air désœuvré, laissant traîner le bout de sa chaussure sur le sol. Le dessin gisait, froissé, à ses pieds.

— Mais elle a vécu des moments difficiles, ajouta-t-il. Et, certains jours…

Katie se sentit profondément touchée par son évidente inquiétude pour ses enfants, son besoin sincère de rétablir le lien avec eux. C'était comme si un mur invisible séparait Sam de Libby et Henry, qu'aucun d'eux ne savait comment traverser. Katie n'était pas experte sur ces questions, mais elle connaissait bien la sensation d'être d'un côté de ce mur infranchissable.

Dans un élan irraisonné, elle posa une main sur son épaule, la découvrant solide et tiède sous sa paume.

— Elle reviendra vers vous, murmura-t-elle. Vous êtes un merveilleux papa.

— *J'essaye* de l'être, corrigea-t-il. Ce n'est pas du tout la même chose.

Katie songea à sa propre mère, une femme trop imbue d'elle-même, trop égocentrique pour représenter une figure parentale, et elle laissa retomber son bras. Colton avait dû porter ces responsabilités sur ses épaules pratiquement seul, un grand frère contraint d'assumer un rôle qu'il n'avait pas choisi. C'était peut-être parce que la naissance de Katie n'avait pas été désirée, qu'elle constituait une intrusion importune dans une vie déjà compliquée par l'arrivée de Colton, quelques années plus tôt. Vanessa Williams ne s'était jamais mariée, n'avait jamais gagné plus que le strict nécessaire pour garder un toit au-dessus de la tête.

— Avec les enfants, il est très important de faire des efforts, dit-elle. Et ils le remarquent, croyez-moi.

— Il semblerait que vous ayez quelque expérience en la matière, déclara-t-il après un instant de silence.

— J'avais une mère… très souvent occupée ailleurs, répondit-elle avec un haussement d'épaules.

— À Atlanta ? s'enquit-il en lui tendant l'un des deux verres d'eau qu'il venait de remplir. Est-ce là-bas que vous avez grandi ?

Durant les trois derniers jours, leurs conversations étaient restées centrées uniquement sur les enfants, sur les devoirs de Libby, le livre qu'elle terminait de lire et des sujets similaires. Cette question personnelle prit Katie au dépourvu.

— Je n'ai jamais vraiment vécu ailleurs ni eu l'occasion de voyager. Enfin, jusqu'à maintenant.

— Je ne sais pas si j'appellerais Stone Gap une destination idéale, dit-il en riant.

— Ça l'est pour certains, observa-t-elle d'une voix douce.

Après tout, son frère avait trouvé le bonheur, ici, ainsi qu'une nouvelle vie.

— Je m'étais toujours promis de quitter la ville dès ma majorité, remarqua Sam. Ensuite, j'ai rencontré Wendy, et… et Stone Gap est un endroit merveilleux pour élever ses enfants.

— Oui, j'en conviens, répondit Katie. Cet endroit a un côté désuet qui me plaît beaucoup, on dirait une bourgade de conte pour enfants.

— Vous dites cela comme si c'était très mal, déclara Sam en riant. Il faut avouer que, dans une petite ville, tout le monde est au courant de ce que vous faites d'heure en heure. Mais cela signifie aussi que les gens sont là lorsque vous avez besoin d'eux, des personnes comme Della, qui m'ont toujours soutenu durant ces derniers dix-huit mois.

Katie songea aux quartiers froids et anonymes, parfois effrayants, où elle avait grandi. Certaines années, ils avaient changé d'adresse si souvent qu'elle ne connaissait pas un seul de leurs voisins.

— Il doit être merveilleux d'avoir de tels voisins. Moi aussi, j'ai connu une dame très gentille durant quelque temps, mais, ensuite, nous avons encore déménagé.

— Ce devait être pénible pour une petite fille de vivre ainsi.

— J'avais Colton, répondit-elle avec un haussement d'épaules fataliste. Et tout a fini par s'arranger.

— Les enfants sont peut-être plus résilients qu'on ne le suppose.

Il avait à nouveau tourné le regard vers Libby, qui boudait toujours sur la balançoire. Katie avait envie de rester, de les aider, mais elle commençait à ressentir cette montée de panique familière en elle. Le sentiment qu'elle n'avait aucun droit d'essayer d'être autre chose que la tutrice.

— Je crois que je devrais rentrer, dit-elle.

— Attendez ! protesta Sam en se retournant vers elle. Je… Je tenais à vous remercier.

— Me remercier ? s'étonna-t-elle, ramassant son sac sur le plan de travail. Pour quoi donc ?

— Euh… Pour tout, répondit-il d'un ton un peu embarrassé. La maison est parfaitement propre et en ordre, et je devine que Charity n'y est pour rien. Je ne crois pas avoir jamais vu la cuisine aussi impeccable. Toute la maison paraît… plus pimpante.

— Ce n'était pas grand-chose, assura-t-elle. Et Libby m'a aidée à terminer. Ce doit être la comptable en moi qui a eu besoin d'agir : j'aime que tout soit net et bien organisé. Ensuite, j'ai décidé de rester un peu pour ranger après notre séance de peinture, et c'est une chance, puisque Charity a brusquement démissionné.

— C'était énorme, au contraire, répliqua-t-il. Comme tout ce que vous avez fait ici ces quelques derniers jours.

Il se tourna vers elle, et elle laissa retomber sa main. Il portait une chemise jaune pâle et une cravate vert sombre, et elle ne put s'empêcher de se demander ce qu'elle ressentirait si elle faisait glisser le tissu soyeux entre ses doigts.

— Vous êtes merveilleuse avec les enfants, poursuivit

Sam. Grâce à vous, ils apprennent, ils développent leur esprit artistique et, dès que vous partez, ils ne parlent que de vous. Libby m'a dit qu'elle vous aimait bien et elle n'a jamais dit cela d'aucune de ses baby-sitters précédentes. Je sais que je vous ai engagée uniquement comme tutrice, mais… accepteriez-vous d'être leur nounou ? Ce serait seulement jusqu'à ce que j'aie trouvé une personne qui s'occuperait d'eux de façon permanente, bien sûr, car j'ai conscience que vous ne comptez pas rester en ville très longtemps. Mes horaires sont flexibles. Libby va à l'école, et Henry passe une partie de ses matinées à la garderie de son oncle, il ne s'agira donc que de quelques heures de travail. D'ailleurs, vous passez déjà plusieurs heures ici, chaque jour, et vous en avez fait davantage que Charity en tout un mois.

Elle se revit enfermée dans la salle de bains, se rappela la douleur lancinante qu'avait réveillée en elle l'attachement croissant que ces deux enfants lui manifestaient. Pouvait-elle vivre une telle situation toute la journée ? Jour après jour ?

Puis son regard alla se poser sur Libby, dehors dans le jardin, fillette triste et solitaire sur la balançoire, et…

Et ce fut comme si elle se voyait elle-même.

Quelle aurait été sa vie si quelqu'un avait été présent pour elle quand elle était petite, durant toutes ces heures où elle restait seule à la maison, assise sur le sofa, à attendre que Colton soit rentré de son entraînement de softball, ou sa mère de son travail ? Si quelqu'un lui avait appris à préparer des cookies ou bien à peindre avec les doigts ? Si quelqu'un avait été là pour la féliciter de ses bonnes notes en calcul ? Tout cela aurait-il fait une différence ?

— Je n'ai pas beaucoup d'expérience, rappela Katie.

— Vous venez ici chaque jour depuis trois jours, et Charity elle-même m'a déclaré que vous êtes fantastique.

Il lui sourit, avant d'ajouter :

— Je sais que les enfants peuvent se montrer… ingouvernables, quelquefois. Surtout lorsqu'ils sont armés d'un tuyau d'arrosage et de tubes de peinture.

Sam avait un merveilleux sourire, qui faisait apparaître une fossette sur sa joue gauche. Elle adorait ce sourire. Et, bien sûr, si Sam rentrait à l'occasion durant la journée pour l'aider avec les petits…

Songeait-elle réellement à accepter cet emploi ?

Aucune urgence ne l'appelait à Atlanta, et elle n'était pas très pressée d'y retourner. Elle se surprit à répondre :

— Je pourrais peut-être prolonger un peu mon séjour, pour éviter aux enfants d'avoir à supporter trop de changements en un temps si court.

— Alors, vous voulez bien ? Vous serez leur nounou ?

Le regard de Katie alla se poser sur Libby, puis sur Henry, qui paraissait minuscule dans le vaste fauteuil du salon, un chien en peluche serré contre la poitrine, face à un programme de télévision.

L'une de ses joues était ornée d'une trace de peinture bleue, et ce détail toucha un point sensible dans le cœur de Katie, une zone dont elle ignorait jusqu'à l'existence avant d'être entrée dans cette maison et d'avoir rencontré ces enfants et cet homme.

— D'accord, répondit-elle. J'accepte le poste.

- 5 -

Sam remarqua d'abord les fleurs.

Les jardinières sous les fenêtres, négligées depuis très, très longtemps, étaient à présent garnies de géraniums roses et blancs, qui se balançaient dans la brise comme pour lui souhaiter la bienvenue. Les grands pots en terre cuite qui flanquaient la porte d'entrée avaient aussi été remplis des mêmes plantes, qui cascadaient sur leurs flancs.

Sam les effleura du bout des doigts, songeant qu'il n'avait rien vu pousser dans son jardin depuis une éternité. Les fleurs paraissaient heureuses, pleines de vie et de couleurs.

D'espérance.

Il avait passé six heures harassantes à l'agence, ce jour-là, à courir d'un client à l'autre, à répondre au téléphone et à envoyer des mails entre deux réunions. Comme c'était le premier jour de Katie dans ses nouvelles fonctions, Sam avait quitté son travail plus tôt et s'était arrêté en route chez un traiteur chinois pour acheter le dîner.

Il ne s'était pas attendu à découvrir des plantes en arrivant chez lui. En fait, il ne s'était même pas rendu compte à quel point ce genre de détail lui manquait jusqu'à l'instant où il avait vu ces géraniums. Ils représentaient un changement, un merveilleux changement.

Puis un sentiment de culpabilité l'assaillit. Était-il juste qu'il prenne plaisir à admirer les fleurs qu'une autre femme avait plantées sur le perron de Wendy ? Son épouse regrettée n'aurait-elle pas préféré qu'il se consacre aux enfants, à son travail ?

Ou n'était-ce pas simplement qu'il se sentait chaque jour un peu plus attiré par Katie et s'en voulait d'éprouver de tels sentiments pour une autre femme ? Il avait aimé Wendy de tout son cœur et ne souhaitait pas ternir la mémoire d'une bonne épouse et d'une bonne mère en s'engageant trop tôt dans une nouvelle relation.

Mieux valait rester concentré sur les enfants ; c'était ce que Wendy aurait désiré, il en était sûr.

En ouvrant la porte, il entendit la voix de Libby, et il entra dans le couloir sur la pointe des pieds, tendant l'oreille.

— Kayla dit qu'elle va porter ses chaussures roses, demain, racontait-elle avec excitation, alors je crois que je vais mettre les miennes, parce que Kayla est ma meilleure amie, et que nous adorons le rose toutes les deux.

— C'est merveilleux, assura Katie. Kayla aime-t-elle aussi jouer au football ?

Adossé au mur, Sam demeura immobile, observant sa fille penchée au-dessus d'un dessin sur lequel elle travaillait tout en bavardant avec animation, savourant la vision d'un moment de normalité qui avait été trop longtemps absent de cette maison. Comme les fleurs, cela représentait un éclair de bonheur, d'espérance.

— Kayla ne l'aime pas autant que moi, convint Libby. Mais elle dit qu'elle rejoindra peut-être l'équipe si j'en fais partie.

— Moi aussi, j'ai fait du football, au lycée, déclara Katie en lui tendant un pastel rouge. Mon frère était un excellent joueur, et il m'a appris des attaques terribles.

— Vraiment ? fit Libby, visiblement impressionnée. Vous pourrez me les montrer ?

— Je ne suis pas sûre de me les rappeler parfaitement, avoua Katie en riant. Mais je parie que mon frère s'en souvient toujours. Je pourrai peut-être le convaincre de passer demain après-midi pour t'enseigner ses techniques. Il est pompier professionnel.

— Pompier ? Pour de bon ? s'exclama Henry, très intéressé.

— Oui, bien sûr. Et, si votre papa est d'accord, je pourrai vous emmener tous les deux à la caserne pour vous laisser admirer les beaux camions rouges de près.

Dans cet échange d'une merveilleuse banalité, il n'y avait plus aucune trace de la tristesse qui avait plané sur cette maison comme un nuage noir. Dessins à colorier, football, visite de la caserne des pompiers… autant d'activités familiales ordinaires, de celles que beaucoup de gens tenaient pour acquises, jusqu'à ce qu'elles leur soient retirées.

Sam ne savait plus s'il devait applaudir ou se mettre à pleurer. Il désirait cette… normalité pour ses enfants depuis une éternité, mais c'était une autre femme qui l'apportait, une femme qui revenait trop souvent dans ses pensées.

— Une visite de la caserne des pompiers me semble être une excellente idée, déclara-t-il en entrant dans la cuisine. Je vous accompagne, à condition qu'on me laisse jouer avec le klaxon du gros camion rouge.

— N'êtes-vous pas un peu trop vieux pour cela ? lui demanda Katie avec un sourire.

— Un garçon n'est jamais trop vieux pour s'amuser, n'est-ce pas, Henry ?

Henry acquiesça avec enthousiasme et, sautant à bas du fauteuil, il se précipita pour serrer les jambes de son papa entre ses petits bras.

Libby resta assise à la table et continua ses coloriages, ignorant ostensiblement son père. Le mur qui le séparait de sa fille lui semblait quelquefois infranchissable, et cette pensée fit s'envoler son moment d'espérance.

Katie lui prit des mains le sac de papier contenant leur dîner alors que Henry tentait déjà de s'en saisir. Sam lui sourit, puis il souleva son fils dans ses bras. Henry se blottit aussitôt contre lui, comme si c'était là sa vraie place.

— Merci, murmura-t-il, s'adressant à Katie.

— Ce n'est rien, répondit-elle en souriant.

Mais en observant sa fille, absorbée par son dessin d'une ferme avec ses animaux, et son fils qui souriait d'une oreille à l'autre, Sam savait, au contraire, que c'était beaucoup. Leur vie n'était certes pas parfaite, mais elle s'était considérablement améliorée : la maison était propre, les enfants heureux et actifs ; il y avait… un air d'espoir dans leur foyer, et c'était quelque chose qu'il n'avait plus ressenti depuis très longtemps.

— Et si tu allais dessiner, toi aussi ? suggéra Sam en reposant son fils sur le sol.

Henry hocha la tête, et il alla s'installer à la table. Katie disposait déjà les plats du traiteur chinois sur le plan de travail. Elle y prépara également une pile d'assiettes et des couverts, puis elle se retourna vers lui.

— Je crois que je vais y aller, à présent, déclara-t-elle. À demain.

Elle avait suivi la même routine chaque jour de cette semaine, s'éclipsant sitôt qu'il rentrait à la maison. Sam ne savait presque rien d'elle, et il désirait mieux la connaître, pas seulement comme la tutrice de sa fille, mais en tant que femme. Il brûlait de découvrir ce qui la rendait si spéciale, pour qu'elle ait ainsi changé sa vie, dissipant les ténèbres où était plongé son cœur.

C'étaient les fleurs, ces satanées fleurs.

Au moment où elle passait devant lui, il s'empara de sa main. Et, comme la première fois où ils s'étaient touchés, un choc électrique le parcourut tout entier. Il vit ses lèvres s'entrouvrir et ses yeux devenir immenses, et il se demanda si elle l'avait ressenti, elle aussi.

— Et si vous dîniez avec nous ?

— Je déjeune déjà ici tous les jours lorsque je ramène Henry de la garderie, observa-t-elle en souriant. Les repas gratuits ne faisaient pas partie de mon contrat.

— Considérez cette invitation comme un bonus, suggéra-t-il en lui rendant son sourire.

— Mais, les petits…

— Désirent que vous restiez autant que moi, coupa-t-il.

Avait-il réellement dit cela ? songea-t-il, atterré. À une

autre femme que son épouse ? C'était pour le bien des enfants, raisonna-t-il. Uniquement pour eux.

— Hé, les enfants ! lança-t-il, se tournant vers la table où Libby et Henry coloriaient leurs dessins avec application. Avez-vous envie que Katie dîne avec nous, ce soir ?

— Oh oui ! s'exclama Libby en laissant tomber son pastel pour se précipiter vers Katie. Je veux être assise à côté de vous.

— D'accord, je reste, répondit Katie en riant. Comment pourrais-je refuser une si aimable invitation ?

Ils s'installèrent tous les quatre autour de la table et firent honneur aux délicieux plats chinois. Plus le repas avançait, plus Libby s'ouvrait, encouragée par les questions de Katie. Elle leur parla de sa journée à l'école, de sa décision de porter des chaussures roses comme son amie Kayla et du chien très mignon qu'ils avaient vu dans le parc. Bandit, lui, attendait patiemment, couché sous la table, espérant qu'un bon morceau tomberait sur le sol.

Leur dîner terminé, Sam se leva et ramassa les assiettes.

— Les enfants, dit-il, esquissant un sourire, vous avez deux possibilités : soit nous aider à ranger… soit aller jouer dans le jardin.

Une seconde plus tard, Libby et Henry avaient filé dehors, Bandit bondissant sur leurs talons. Katie fit couler l'eau chaude et plaça la vaisselle dans l'évier.

— Ce dîner chinois était très agréable, dit-elle. Merci de m'avoir invitée.

— Merci d'être restée.

— Comment aurais-je pu résister à un canard laqué ? remarqua-t-elle en riant.

Il vint se poster à côté d'elle et entreprit de sécher les assiettes qu'elle lavait. Ils faisaient une excellente équipe, et cette coopération lui paraissait toute naturelle. Wendy avait toujours préféré faire la vaisselle seule, affirmant que cela lui donnait le temps de réfléchir au calme, et, avant sa mort, Sam avait pris l'habitude de quitter la cuisine sitôt le repas terminé, mais travailler côte à côte avec Katie, même à une tâche aussi prosaïque, était étrangement agréable.

— Je ne me souviens même plus de la dernière fois où nous avons dîné dans de la porcelaine, dit-il en rangeant les assiettes décorées d'un liseré bleu dans un placard. Le plus souvent, j'ai choisi la facilité en utilisant de la vaisselle jetable.

— Je suis désolée, je...

— Ne vous excusez pas, l'arrêta-t-il. Il était temps que nous recommencions à vivre... comme une famille normale.

Sam la vit se raidir à cette remarque, et il se demanda ce qui avait bien pu provoquer cette soudaine distance entre eux. Avant qu'il ait pu lui poser la question, elle ferma le robinet et ouvrit la bonde de l'évier.

— Eh bien, je crois que c'est tout. À demain.

Les enfants jouaient toujours dehors avec le chien, qui les poursuivait en aboyant. Le soleil commençait à disparaître lentement derrière l'horizon. Bientôt, il ferait sombre, Henry et Libby rentreraient, et ce moment unique serait perdu. Sam ignorait s'il devait s'y accrocher ou renoncer.

Katie ramassait déjà son sac pour partir, et Sam se retrouvait comme un idiot, à danser d'un pied sur l'autre. Courtiser une femme lui était devenu tellement étranger qu'il ne savait plus vraiment comment s'y prendre ou même s'il devait se permettre d'y songer. Après tout, elle était la nounou de ses enfants, et cela ne se faisait pas, mais elle avait fait naître dans sa poitrine quelque chose qui lui manquait depuis très longtemps, et il n'était pas encore prêt à laisser s'échapper cette impression délicieuse.

— J'ai remarqué les fleurs, lança-t-il au final alors qu'elle se dirigeait déjà vers la porte.

— Les fleurs ? répéta-t-elle en se retournant vers lui. Ah, oui ! J'espère que vous ne m'en voulez pas. J'ai pensé que ce serait un très bon projet pour les petits. C'est le printemps, et les fleurs sont le symbole du renouveau, et...

Elle s'interrompit, visiblement embarrassée, avant d'ajouter :

— Mais ce n'était peut-être pas à moi de prendre cette initiative. J'aurais dû d'abord demander votre permission.

— Elles sont… parfaites.

— Je suis heureuse que vous les ayez appréciées, répondit-elle, jouant nerveusement avec ses clés. Je… Euh… À demain.

— Attendez. S'il vous plaît.

Il la rejoignit dans le couloir. Dans la pénombre, le visage de Katie semblait presque rayonner d'une lumière intérieure. Il s'approcha d'elle, respirant avec délice sa subtile fragrance florale. Elle posait des yeux immenses sur lui, et ses lèvres s'étaient entrouvertes. Le désir qui couvait en lui depuis des heures le poussa à avancer encore, jusqu'à ce qu'ils ne soient plus qu'à quelques centimètres l'un de l'autre.

— Je suis heureuse que vous aimiez les fleurs, répéta-t-elle.

Mais son regard était fixé sur sa bouche, et son corps se rapprochait insensiblement du sien.

— Oui, c'est vrai, murmura-t-il. Beaucoup.

Mais il ne parlait plus des géraniums, il parlait de cette femme qui était entrée dans sa vie et qui, en quelques jours à peine, l'avait bouleversée de fond en comble. Il n'était pas très sûr que tous ces changements soient souhaitables, mais il se sentait totalement impuissant à les empêcher. Peut-être parce que, tout au fond de lui-même, il avait besoin de ces changements. Besoin…

Besoin d'elle.

Son regard rivé dans celui de Katie, il effleura le contour de sa joue du bout d'un doigt. Ce simple geste acquérait une incroyable intensité alors que ses grands yeux bruns étaient fixés dans les siens, que leurs respirations se mêlaient dans l'étroit espace qui les séparait encore.

Puis, dans un élan irraisonné, Sam se pencha et posa ses lèvres sur les siennes. Un bref baiser, un contact éphémère, mais, au moment où il allait y mettre fin, une force mystérieuse l'en empêcha. Glissant la main derrière la nuque de Katie, il l'embrassa avec avidité, et elle s'abandonna à son étreinte en exhalant un doux gémissement.

Elle se blottit contre lui, répondant aux assauts de sa bouche avec une fougue égale à la sienne, et Sam sentit un désir dévorant s'emparer de lui — pas pour une femme quelconque, mais pour celle-ci, cette femme fascinante, captivante. Il était seul depuis longtemps, beaucoup trop longtemps. Et, durant tous ces mois, aucune autre femme ne l'avait tenté comme Katie le faisait maintenant.

Des bruits extérieurs le ramenèrent soudain à la réalité ; Libby hurlait de rire, et Bandit aboyait avec entrain. Retrouvant brusquement sa lucidité, Sam s'écarta d'elle. Que diable croyait-il faire ? Il avait totalement oublié les enfants, les êtres les plus importants dans sa vie. Une vague de culpabilité déferla sur lui. Avait-il porté atteinte à la mémoire de Wendy en embrassant une autre femme ?

Puis il vit Katie, encore toute rougissante, et il ne pensa plus qu'à l'embrasser de nouveau. Combien de temps un homme devait-il attendre avant de recommencer à vivre ?

— J'ai perdu l'habitude de tout cela, dit-il d'un ton embarrassé, comme s'il avait à nouveau quatorze ans et qu'il proposait à Mary Sue Matlin de sortir avec lui. J'ai fait les choses dans le désordre. J'aimerais sincèrement vous inviter à dîner, à boire un verre ou… ce qui vous plaira.

— Je… Je ne crois pas que ce soit une bonne idée, déclara-t-elle en hésitant.

— Parce que vous êtes la nounou ou parce que vous n'êtes pas intéressée ? s'enquit-il, doutant déjà de l'avoir sentie répondre à son désir.

— Parce que… je suis une femme compliquée, précisa-t-elle avec un pâle sourire.

Elle leva une main pour effleurer sa joue d'une caresse, et ce très bref contact le réchauffa jusqu'au fond de l'âme, puis son sourire s'estompa, et elle recula d'un pas.

— À demain, Sam.

Une seconde plus tard, elle avait disparu, et Sam resta planté dans le couloir à se demander ce qu'elle avait voulu dire par là, et pourquoi la réponse lui importait tant.

— Alors ? Vas-tu m'expliquer ?

Levant les yeux de son sandwich, Katie sourit à son frère, de l'autre côté de la table du petit café où ils dînaient.

— T'expliquer quoi ?

— La raison de ce sourire béat que tu arbores en permanence depuis que tu as accepté ce job de nounou chez Sam, précisa son aîné.

— Sourire béat ? Je ne vois pas de quoi tu parles.

— Au contraire, tu le sais très bien. Chaque fois que je prononce le nom de Sam, ce même sourire réapparaît sur tes lèvres.

Katie baissa les yeux vers son assiette. Son intérêt pour Sam Millwright était-il aussi évident ? Était-ce à cause de cela qu'il l'avait embrassée ? Qu'il l'avait invitée à sortir avec lui ? Parce qu'elle était aussi transparente qu'une adolescente amoureuse sitôt qu'il entrait dans la pièce ?

— Je suis la nounou de ses enfants, trancha-t-elle. Rien d'autre.

Sauf qu'embrasser Sam ne faisait pas partie de ses fonctions. Elle avait beau prétendre que ce baiser n'avait jamais eu lieu, ce souvenir enchanté planait dans l'air chaque fois qu'elle franchissait le seuil de sa maison.

Colton lui avait déjà fait cette remarque à plusieurs reprises, cette semaine, et il n'avait pas manqué de noter qu'elle avait prolongé ses « vacances », même si elle ne lui avait pas avoué sa véritable raison de ne pas souhaiter retourner tout de suite à Atlanta.

— Euh… Veux-tu me rappeler pourquoi tu as accepté un poste de nounou, s'il te plaît ? insista Colton.

— Colton, tu as lu trop de romans de gare, répliqua-t-elle. Ce qui est sûr, c'est que ce n'est pas pour épouser le séduisant maître de maison. Pourrions-nous changer de sujet, maintenant ?

— D'accord, répondit-il avec un sourire narquois. Alors, parlons… de mariages.

— Je viens de te dire que je ne songe pas à épouser qui que ce soit. Tout ce que j'ai fait, c'est accepter un emploi.

— Je ne parlais pas de toi, précisa Colton. C'est Rachel et moi qui organisons notre mariage, et je suis impatient de voir arriver le grand jour. J'aime cette femme à la folie.

C'était maintenant le tour de Colton d'arborer un sourire béat sur les lèvres et, malgré elle, Katie se sentit jalouse de ce bonheur. C'était d'autant plus absurde qu'elle n'avait aucune envie de se lancer dans une relation… En tout cas pour le moment. Les relations n'apportaient que des déceptions. Colton avait eu de la chance de trouver la perle rare — la personne qui ne lui briserait pas le cœur —, mais c'était une chance sur un million, et ça ne signifiait pas forcément que cela se reproduirait pour Katie. Mieux valait donc éviter toute aventure — même avec un veuf ultra-sexy aux mains douces et à la voix caressante, qui la faisait défaillir avec ses baisers.

— J'en suis très heureuse pour toi, répondit-elle, refoulant le souvenir de leur brève étreinte dans le couloir de sa maison.

— Puisqu'il est question d'un mariage dans mon avenir proche, je voulais te demander… Seras-tu ici, ce jour-là ?

— Bien sûr que oui. Tu sais bien que je reviendrai à Stone Gap pour ton mariage même si je dois porter une horrible robe de demoiselle d'honneur.

— Ce n'est pas ce que je voulais dire, déclara Colton d'un air très sérieux. Je te demandais si tu allais t'installer ici. Ne retourne pas à Atlanta, s'il te plaît, reste à Stone Gap. Après tout, tu as déjà un emploi.

Katie, qui s'apprêtait à mordre dans son sandwich, interrompit son geste.

— Rester ici ? répéta-t-elle. Je ne suis arrivée que depuis

un peu plus d'une semaine et je te rappelle que je suis en vacances, pas en quête d'un nouveau lieu de résidence.

— Des vacances sans date limite précise, durant lesquelles tu es engagée comme nounou ? Quel genre de personne travaille pendant ses vacances ?

Une personne qui tente de rester occupée pour éviter de trop réfléchir, qui ne connaît aucun autre moyen de se détendre ; une personne un peu perdue cherchant à gagner un peu de temps avant de prendre une décision.

— Sam avait désespérément besoin de quelqu'un pour ses enfants, et j'ai accepté de l'aider, répondit-elle simplement. Ce ne sont que quelques heures par jour, et il s'agit d'un emploi temporaire.

— C'est cela, ironisa-t-il. Tu sais que tu n'as jamais su me mentir, n'est-ce pas ?

— Je ne mens pas.

— Dans ce cas, explique-moi ceci, dit-il en désignant son sac fermé, posé à côté d'elle sur son siège. Ton téléphone n'est pas devant toi sur la table, et tu ne le consultes pas à chaque seconde pour lire tes textos ou envoyer des mails. Tu es totalement déconnectée, et cela ne t'est *jamais* arrivé. Petite sœur, tu es une travailleuse compulsive en pleine oisiveté.

— J'ai conclu une sorte d'accord avec mon patron, déclara-t-elle en remettant le reste de son sandwich club dans l'assiette. Je ne retournerai pas là-bas.

— Attends une seconde, coupa-t-il. Dois-je comprendre que tu as été *licenciée* ? Toi ?

— Pas exactement, corrigea-t-elle. C'était une décision mutuelle. Enfin, en quelque sorte.

Comme son frère se contentait de la considérer d'un air dubitatif, elle poussa un soupir.

— C'est une longue histoire, éluda-t-elle.

— J'ai toute la nuit devant moi, assura Colton en s'adossant à son siège avec une nonchalance exagérée.

— T'a-t-on déjà dit que tu étais insupportable ?

— Pas depuis au moins une demi-heure, plaisanta-t-il en consultant sa montre.

Cette réponse la fit éclater de rire, et elle commença enfin à se détendre. Il était peut-être temps de parler de tout cela avec quelqu'un. Après tout, le silence dans lequel elle s'était enfermée ne l'avait pas du tout aidée. Au contraire, garder sa souffrance refoulée en elle l'avait conduite à cette explosion volcanique sur son lieu de travail et donc, à son subséquent licenciement et à son acceptation d'un emploi de nounou — et, par là même, au brouillard dans lequel elle flottait, sans même mentionner ce baiser avec Sam, un baiser dont elle ignorait encore la signification profonde.

— Je ne sais même pas par où commencer, avoua Katie. Ou comment expliquer ce qui s'est passé.

Colton prit sa main par-dessus la table. Il était bien plus grand qu'elle, plus solide, exactement comme quand elle avait trois ans et qu'elle avait peur des monstres cachés dans le placard, ou lorsqu'il l'accompagnait à chaque nouvelle école. Il avait été là pour la consoler quand elle avait eu le cœur brisé, l'année de ses seize ans. En fait, Colton avait toujours été présent pour elle, avec son sourire malicieux, ses mains rassurantes et toute la patience du monde dans le regard.

— Commence simplement avec les raisons qui t'ont amenée à Stone Gap.

— J'avais besoin de fuir, avoua-t-elle. Je ne pouvais plus rester là-bas un jour de plus, avec le souvenir de…

— De ton licenciement ? suggéra-t-il.

— De…

Elle s'interrompit une seconde, sentant des larmes brûlantes monter à ses paupières. Elle n'avait jamais informé personne de ce qui s'était passé mais, soudain, c'était un fardeau trop lourd à porter, une douleur trop violente, comme une vague de souffrance qui la submergeait tout entière.

— De mon bébé, acheva-t-elle dans un souffle.

Colton sursauta, s'adossa à nouveau à son siège et la scruta avec intensité.

— *Ton bébé ?* Ai-je bien entendu ?

Elle acquiesça. Le mot était lâché, et tout le reste suivit comme une avalanche, balayant les barrières qu'elle avait mises en place pour refouler ses sentiments tout au fond de sa conscience, et qui n'avaient fait que l'empêcher d'avancer. Elle avait besoin de reprendre le cours de sa vie, de laisser cet épisode loin, très loin derrière elle.

— Te souviens-tu de Leonard, ce collègue avec qui je sortais ? Eh bien, un soir, nous avions beaucoup bu et nous avons fini au lit. Il… ne s'était pas protégé, et je suis tombée enceinte.

— Es-tu…, bredouilla-t-il, fixant son ventre d'un air stupéfait. As-tu…

À présent, elle sentait ses larmes rouler sur ses joues. Elle se revoyait dans le cabinet du médecin, sachant d'avance ce qu'il allait lui dire avant qu'il ait prononcé le moindre mot. Elle l'avait su à la minute où son corps l'avait trahie, avait compris que son rêve s'était brisé avant qu'elle ait pu s'y accrocher.

— J'ai perdu mon bébé à la dixième semaine. Je commençais tout juste à m'habituer à l'idée de devenir mère et, même si cela peut paraître fou, j'étais heureuse d'avoir enfin une famille à moi. J'avais toujours affirmé que je ne désirais pas avoir d'enfants, compte tenu de ce qu'avait été ma vie chez notre mère, mais… j'étais persuadée que, moi, je serais une très bonne maman.

— Je suis certain que tu aurais été une excellente maman, assura Colton. Tu jouais déjà partiellement ce rôle avec moi, poussin.

— Moi ? J'étais la petite peste qui te suivait partout. C'est toi qui étais là pour moi à chaque seconde.

— Parce que tu étais la seule à t'inquiéter pour moi. Tu l'es toujours, d'ailleurs.

— Tu es un adulte, aujourd'hui, et tu es fort, rappela-t-elle. Je ne me fais aucun souci pour toi.

— Tu mens, répliqua-t-il en souriant. Et j'ai quelques textos ici pour le prouver.

Il avait raison. Elle lui envoyait effectivement un message de temps à autre pour s'assurer qu'il allait bien, surtout après le décès de deux de ses camarades durant une intervention de leur brigade. Colton avait été très affecté par ce drame mais, depuis, il avait surmonté sa dépression et il se consacrait à nouveau tout entier au métier qu'il adorait, tout en préparant son mariage avec Rachel.

— Ces SMS me servent à vérifier que tu es en vie, et que je peux compter sur un cadeau de Noël convenable, cette année.

— Quoi ? Tu n'as pas aimé le costume de Wonder Woman que je t'ai offert l'année dernière ?

— Pas autant que tu as apprécié *La Séduction pour les nuls* que je t'ai envoyé, je parie.

— J'ai absolument adoré ce livre, affirma-t-il. Après tout, ne suis-je pas sur le point de me marier ? J'aurai donc le plaisir de te voir dans une horrible robe de demoiselle d'honneur couleur citron vert avec des manches bouffantes.

Katie ne put s'empêcher de pouffer à cette remarque, et ses larmes cessèrent de couler.

— Comment fais-tu pour me faire rire dans mes plus noirs moments ? lui demanda-t-elle. Une fois que j'ai parlé avec toi, rien ne me semble plus… aussi grave.

— C'est mon pouvoir secret, répondit-il, faisant signe à la serveuse de remplir leurs tasses de café. Je suis désolé pour le bébé, Katie.

— Je suppose que l'heure n'était pas venue pour moi, dit-elle, consciente que ce n'était qu'une platitude.

— Tu aurais été une maman formidable et tu le seras un jour, lui promit Colton. Une maman merveilleuse.

— Presque autant que tu l'as été pour moi.

— Tu n'étais pas trop insupportable, à cet âge-là, assura-t-il. Alors, dis-moi. Comment tout cela a-t-il conduit à ce que tu te retrouves « en quelque sorte » licenciée de ton travail ?

Elle lui raconta sa crise de nerfs au bureau, les deux clients qu'elle avait fait perdre au cabinet et l'entrevue orageuse avec son patron, qui en avait découlé.

— C'est à ce moment-là que tu m'as envoyé un texto m'invitant à venir te rendre visite. Alors… me voici.

— Je suis heureux que tu aies accepté. Tu avais besoin d'un endroit comme celui-ci, bien plus que tu ne l'imaginais. Cette ville m'a fait du bien, Katie. Ce que je ne comprends toujours pas, c'est pourquoi tout cela t'a convaincue de devenir la nounou de Sam.

— Il fallait que je reste occupée pour éviter de trop réfléchir à ma situation, répondit-elle au bout d'un instant de silence. Della m'a informée que Sam avait besoin d'une tutrice pour sa fille, et j'ai pensé que je pourrais travailler une ou deux heures par jour et gagner un peu d'argent. Puis sa nounou a brutalement démissionné, et… Sam était désespéré.

— Et tu t'es empressée de sauter sur l'occasion.

— Oui, convint-elle en soupirant. Je constate que tu me connais bien.

— Nous partageons le même ADN, cela fait de moi un expert.

Là-dessus, il avala quelques frites trempées dans du ketchup. Colton avait un appétit d'ogre, mais il faisait suffisamment d'exercice pour ne jamais grossir d'un gramme.

— Te restera-t-il encore du temps pour te sentir en vacances, durant ton séjour ici ? s'enquit-il enfin.

— Si je me repose, je recommencerai à réfléchir, et c'est ce que je veux éviter à tout prix.

— Le sage a dit « On ne peut pas faire sortir un éléphant d'un magasin de porcelaine avant d'avoir accepté qu'il soit là. » Crois-en ton grand frère, prends de vrais congés. Et, en attendant, fais comme moi : choisis un dessert.

— Un dessert ? répéta-t-elle en riant. Et pourquoi ?

— Parce que, ma chère sœur, un bon dessert guérit tout.

Sur ces mots, il commanda une part de tarte au citron et lui raconta une foule d'anecdotes hilarantes sur sa vie de pompier et, avant qu'elle comprenne ce qui s'était passé, Colton avait à nouveau exercé sa magie sur elle.

Il l'avait sauvée une nouvelle fois.

- 6 -

Sam se leva de très bonne heure, conduisit Libby à l'école et Henry à sa matinée de contes et d'activités manuelles à la garderie, puis il se plongea dans son travail comme un possédé. Chaque fois qu'il jetait un coup d'œil à la pendule, il espérait qu'elle indiquerait midi et qu'il pourrait passer à la maison sous une excuse quelconque.

Dcpuis son réveil, il ne pensait qu'à Katie. À son sourire, à sa façon de le toucher, à ce fabuleux baiser qu'ils avaient échangé, l'autre jour. Mais elle avait décliné son invitation à dîner. « Parce que je suis une femme compliquée », disait-elle.

Cette réponse l'avait déconcerté. Bien sûr, il était un homme, et il lui arrivait souvent de ne pas très bien comprendre la logique des femmes ou ce qu'elles désiraient réellement, mais il souhaitait savoir ce que pensait Katie, et pourquoi elle l'avait embrassé, juste avant de décliner son invitation.

Était-ce mal de sa part, d'être impatient de rentrer à la maison pour la revoir ? D'avoir envie de l'embrasser ? De l'imaginer dans ses bras ?

Durant quelques jours, il avait fait de son mieux pour se concentrer sur son travail. Il avait vendu deux propriétés commerciales — un entrepôt vacant à la sortie de Stone Gap et un petit immeuble de bureaux dans une ville voisine —, ce qui lui avait valu l'approbation de son nouveau patron, mais cette activité frénétique n'avait pas réussi à empêcher son cerveau de revenir constamment à Katie.

Il leva les yeux vers le ciel d'azur où flottaient quelques nuages légers, suggérant que tout était possible, que les réponses étaient là et qu'il lui suffirait de poser les bonnes questions.

Qu'aurait désiré Wendy ?

C'était une question que Sam se posait chaque jour depuis le décès de son épouse : aurait-elle souhaité qu'il reprenne le cours de sa vie ou plutôt qu'il lui garde cet espace réservé dans son cœur un peu plus longtemps ?

Il aurait tout donné pour le savoir car, s'il culpabilisait de se sentir aussi heureux de rentrer chez lui, il lui arrivait souvent de penser que c'était la plus belle chose du monde.

Et c'était dans cet état d'esprit qu'il arrêta sa voiture dans l'allée de sa maison quelques minutes après midi, conscient de ne pouvoir s'attarder, ayant rendez-vous avec un client à l'autre bout de la ville à 13 heures précises.

Il ne resterait que cinq minutes tout au plus, avant de retourner au travail ; une visite éclair pour embrasser Henry, qui venait de revenir de la garderie.

— Je suis de retour, annonça-t-il en poussant la porte.

Une odeur délicieuse flottait dans l'air, de la musique lui parvenait du côté de la salle à manger, et tout brillait de propreté. Sam n'avait compris que ces quelques jours derniers à quel point rentrer dans une maison qui ressemblait à un vrai foyer lui avait manqué.

Katie était dans la cuisine, occupée à malaxer une sorte de pâte dans un grand saladier. Assis sur l'un des tabourets du bar, Henry serrait une cuiller en bois dans sa petite main. Les cheveux de Katie étaient attachés avec une barrette qui laissait échapper quelques longues mèches sur son cou adorable, et elle portait un jean qui moulait amoureusement ses hanches délicieuses, avec un maillot vert vif au logo d'une équipe de football. Lorsqu'elle le vit entrer, un sourire rayonnant s'épanouit sur ses lèvres.

— Bonjour.

— Bonjour, répondit-il. J'allais à un rendez-vous d'affaires et j'ai eu envie de m'arrêter une minute.

— Vous arrivez juste à temps : Henry et moi préparons des cookies que nous comptons aller offrir aux pompiers, tout à l'heure. N'est-ce pas, mon bonhomme ? Tiens, c'est ton tour de mélanger la pâte.

Elle poussa le saladier vers Henry, qui y plongea sa cuiller en bois avec délectation, en criant :

— Des cookies pour papa !

Sam manqua défaillir de bonheur en entendant son fils s'exprimer avec autant d'insouciance.

— Peut-être plus tard, répondit-il. Je dois retourner travailler dans seulement quelques minutes.

Le sourire de Henry mourut sur ses lèvres, et il recommença à remuer la pâte, mais il avait perdu tout son entrain.

— Oui, d'accord.

Sam n'était arrivé que depuis quelques secondes, et il avait déjà réussi à décevoir son petit garçon. Lorsqu'il tourna le regard vers Katie, elle lui offrit un sourire de sympathie.

— Et si je vous retrouvais plus tard à la caserne des pompiers, tous les deux ? suggéra-t-il, calculant rapidement le temps dont il disposait.

— Oui, ce serait merveilleux, répondit Katie. Les enfants adoreraient vous voir là-bas.

— Je veux jouer avec le camion rouge ! déclara Henry en brandissant sa cuiller en bois, dispersant de la pâte dans toute la cuisine.

Katie lui prit l'ustensile des mains, puis elle récupéra un essuie-tout pour nettoyer le désastre. Sam tendit la main dans le même but à ce moment précis, et, dans ce geste, son bras effleura l'épaule de Katie.

Ce n'était qu'un léger contact, qui ne dura qu'une fraction de seconde, mais Sam se sentit traversé par une sorte d'onde de choc. Le regard de Katie vint se fixer dans le sien durant une seconde d'éternité, puis Henry se précipita pour essayer de grimper sur le dos de son papa. Cela suffit à rompre le sortilège, à le dissuader de se pencher pour goûter à nouveau au nectar des baisers de Katie. *Plus tard*, se promit Sam. Il y aurait d'autres occasions, il y veillerait.

— Laissez-moi nettoyer tout cela, dit Sam en reposant son fils sur le sol. Et ce petit singe va m'y aider.

— Je ne suis pas un singe, je suis un petit garçon ! protesta Henry en riant.

Père et fils s'affairèrent à essuyer toutes les traces de sa maladresse tandis que Katie terminait de mélanger la pâte et d'y ajouter les pépites de chocolat, puis formait les cookies sur des plaques à pâtisserie. Henry avait disparu au trot pour reprendre ses jeux, et Sam se retrouva seul avec Katie, face à une vue spectaculaire de ses hanches parfaites.

Sam soupira. Décidément, cette histoire de nounou générait quelques complications inattendues dans sa vie.

— Euh... Puis-je vous aider ? s'enquit-il.

— Vous n'y êtes pas obligé, mais merci de le proposer, répondit-elle en se redressant pour disposer deux nouvelles plaques sur le plan de travail.

Il alla se placer près d'elle et, suivant ses instructions, entreprit de déposer des cuillerées de pâte sur l'une des plaques. Katie avait des mains magiques, et elle avançait bien plus vite que lui. Lorsqu'ils eurent garni les deux plateaux, il remarqua :

— C'est une tâche très amusante, je n'avais jamais essayé.

— Votre épouse devait toujours s'en charger.

Sam se prépara pour la douleur qui allait suivre. Après le décès de Wendy, la simple mention de son nom réveillait des éclairs de souffrance en lui, mais curieusement... ce ne fut pas aussi difficile cette fois-ci. Cette évocation lui donnait seulement l'impression de se réchauffer à un feu familier.

— Wendy considérait la cuisine comme son domaine, et elle se montrait très inflexible sur ce sujet, répondit-il, esquissant un sourire mélancolique.

Si sa chère disparue excellait bien quelque part, c'était

la maternité. C'était comme si elle était née pour cette mission précise : elle aimait ses enfants et était aussi proche d'eux que s'ils avaient été trois parties de la même personne. Elle aurait adoré Katie et le rapport qu'elle avait avec les petits — après tout, elle avait réussi à sortir Henry de sa coquille de silence et aidé Libby à rattraper son retard scolaire.

— Wendy était une femme merveilleuse, croyez-moi. Et une excellente maman.

— C'est la raison pour laquelle elle manque tant à ses enfants, observa Katie d'une voix douce.

Et Sam savait qu'il n'était qu'un pauvre substitut pour la mère qu'ils avaient perdue. Il ne leur préparait pas de cookies, ne faisait pas de travaux manuels avec eux, ne leur lisait pas d'histoires avant qu'ils s'endorment. Il faisait la seule chose pour laquelle il était compétent — il travaillait et payait les factures.

Cependant, au cours des interminables mois qui s'étaient écoulés depuis le décès de Wendy, il avait découvert que les enfants avaient besoin de beaucoup plus que cela : ils avaient besoin de cookies, de séances de peinture avec les doigts et de blagues idiotes. Et, pour la millième fois, il remercia le ciel que Katie soit apparue sur le pas de sa porte.

— Parlent-ils de leur mère avec vous ? s'enquit-il.

Elle se détourna pour glisser les biscuits dans le four, puis elle régla le minuteur, avant de répondre :

— Libby l'a fait. Elle me raconte des anecdotes concernant votre épouse. Les livres que sa maman lui a lus, son amour pour la crème glacée, leurs promenades dans le parc.

Sam s'accouda au plan de travail et poussa un long soupir. Libby était l'aînée, et c'était elle qui avait souffert le plus de la perte de Wendy. Son cœur se serrait quand il songeait à l'avenir — le bal de fin d'année, le premier chagrin d'amour, le jour du mariage —, à tous ces moments où Libby aurait besoin de sa mère et qu'elle ne serait pas là. Serait-il capable de remplir ces vides ?

— Wendy manque énormément à mes enfants, dit-il en soupirant. Cela a été très difficile pour eux.

— Je ne suis pas une experte, remarqua Katie, mais ils semblent assez heureux. Vous êtes un excellent papa, Sam.

— Moyen tout au plus, répliqua-t-il avec un rire désabusé. Mais j'essaye de m'améliorer. Du vivant de Wendy, je travaillais trop et je laissais trop de responsabilités retomber sur elle. À sa mort, j'ai noyé mon chagrin dans le travail et, comme je n'avais pas envie de rentrer dans une maison vide, alors je faisais garder les enfants par une nounou…

— Et vous deveniez encore plus distant.

— Exactement. J'ai l'impression que Libby et Henry ont grandi pendant que j'avais le dos tourné. Lorsque la dernière nourrice a démissionné et que j'ai perdu mon emploi, je suis resté à la maison tous les jours. Le problème, c'était qu'il y avait trop de choses que je ne savais pas faire, et que je ne connaissais plus les goûts des petits. Ce qui est sûr, c'est que je ne fais rien aussi bien que Wendy.

— Qui a dit que vous deviez tout faire comme elle ? argua-t-elle. D'ailleurs, je ne crois pas que qui que ce soit puisse prétendre avoir la science infuse lorsqu'il s'agit d'élever des enfants. On ne distribue pas de manuel officiel dans les services de néonatalité.

— À mon avis, ils devraient y réfléchir.

— Avez-vous déjeuné ? s'enquit-elle. Je ne suis pas une grande cuisinière, mais j'ai préparé un spectaculaire sandwich club à la dinde et au fromage pour Henry.

— D'accord si je peux l'emporter : j'ai un rendez-vous à 13 heures.

Katie sortit tous les ingrédients du réfrigérateur, puis elle prépara le sandwich et le trancha en diagonale avant de le lui tendre, posé sur une serviette de papier.

— Ma mère découpait les sandwichs de cette façon, remarqua-t-il en riant. La vôtre aussi ?

— Ma mère ne nous confectionnait pas très souvent de sandwichs, à la maison. C'était plutôt Colton qui le faisait.

— Colton ? répéta-t-il, surpris. Vraiment ?

Sam avait peine à imaginer le rude soldat du feu en train de faire à manger pour sa petite sœur. Colton avait mentionné en une occasion qu'il n'avait pas eu une enfance facile, mais sans jamais entrer dans les détails.

— Notre mère… nous laissait souvent seuls, et je n'ai jamais connu mon père, expliqua Katie. Colton assumait beaucoup de responsabilités qui auraient dû être celles de nos parents.

Cette révélation augmenta encore l'admiration qu'il éprouvait pour Katie, qui s'était intégrée dans cette maison bien mieux qu'aucune autre des nounous précédentes.

— Comment alors avez-vous deviné ce qu'il fallait faire pour aider mes enfants à se détendre, à s'ouvrir et à rire pour la première fois depuis si longtemps ?

— C'était facile, assura Katie. Il m'a suffi de faire tout le contraire de ce qu'aurait fait ma propre mère.

— En tout cas, vous avez fait un travail fabuleux.

Il marqua une pause et indiqua le maillot qu'elle portait, avant d'ajouter en riant :

— Et je ne vous en veux même pas d'être une fan des Green Bay Packers. Pour ma part, je préfère les Chicago Bears.

— Un fan des Bears ? répéta-t-elle avec un sourire sarcastique. Je savais bien que vous aviez l'air trop parfait pour être vrai.

— Vraiment ? murmura-t-il en se rapprochant d'un pas, son sandwich totalement oublié. Vous avez pensé que j'étais trop parfait pour être vrai ?

— Peut-être durant une fraction de seconde.

— Et pourtant, vous refusez de sortir avec moi ?

— C'est… compliqué.

— C'est ce que vous me répétez sans cesse, mais je ne vois rien de compliqué dans tout cela, Katie, répliqua-t-il, plongeant le regard au fond du sien, songeant qu'il pourrait s'y perdre durant des heures. Alors, qu'en dites-vous ? Dîner ce soir, après la visite de la caserne des pompiers ? Je pourrais demander à Della de garder les enfants une heure ou deux.

— Je ne suis pas habillée pour dîner, et…

— Là où nous irons dîner, votre tenue actuelle conviendra parfaitement, assura-t-il, posant la main sur le plan de travail, à un millimètre de la sienne.

Il mourait d'envie de l'embrasser une nouvelle fois, et bien plus encore, mais Henry était assis à deux pas d'eux, en train de jouer avec ses camions, et les cookies étaient loin d'être prêts, et…

Et, surtout, Sam ne voulait pas risquer de tout gâcher. Il était redevenu un débutant au jeu de la séduction et il n'était même pas sûr d'être en quête de compagnie féminine, mais il se sentait irrésistiblement attiré vers cette femme et avait l'intuition qu'il ne devait pas faire preuve de précipitation. C'était peut-être pour cela qu'elle avait dit non la veille : parce qu'il l'avait d'abord embrassée et invitée à dîner seulement ensuite.

— Alors, c'est oui ? insista-t-il. Nous sortons ensemble ?

— Je ne suis pas à la recherche d'une relation permanente, vous savez.

— Je ne vous le demande pas, répondit-il, osant enfin repousser l'une de ses longues mèches brunes sur sa joue satinée. Ce n'est qu'un dîner, Katie, pas un engagement pour la vie.

« Ce n'est qu'un dîner. Pas un engagement pour la vie. »

Peut-être. Mais, dans ce cas, pourquoi se sentait-elle aussi nerveuse ? Elle était déjà sortie avec des hommes, et, quoi qu'il se produise entre Sam et elle, ce ne serait que temporaire — même si, bien sûr, elle éprouvait une sensation merveilleuse lorsqu'il la serrait dans ses bras, et que sa façon de la regarder la faisait fondre à l'intérieur.

Tôt ou tard, elle devrait retourner à Atlanta, aussi se lancer dans une relation avec Sam serait une erreur.

— C'est comme cela qu'il faut le recoudre ? s'enquit Libby, lui rappelant qu'elle était la nounou des enfants, pas la petite amie de leur père.

Katie lui avait apporté un nécessaire de couture la veille et avait partiellement recousu la déchirure de l'ours en peluche pour lui montrer la technique.

— C'est parfait, répondit-elle. Beau travail, Libby.

La fillette lui offrit un sourire rayonnant. Elle était blottie près de Katie sur le sofa, pendant que Henry, assis à leurs pieds, jouait avec ses blocs de bois. Et Katie avait l'impression d'être un imposteur : ces enfants et Sam semblaient la considérer comme une sorte de génie de la maternité tandis qu'elle, de son côté, entendait sans cesse dans son esprit les paroles du médecin lui annonçant qu'elle avait perdu son bébé et ajoutant les platitudes d'usage : « Ces choses-là arrivent, ce n'est pas votre faute. »

Mais, tout au fond d'elle-même, Katie ne l'avait pas cru. Elle restait persuadée que, si elle avait dormi davantage, si elle s'était mieux alimentée ou bien si elle avait moins travaillé, rien de tout cela ne se serait produit.

Elle commençait déjà à s'attacher à ces enfants, à cette ville, et c'était une pente dangereuse. Elle avait besoin de retourner à Atlanta, de reprendre son métier de comptable, où tout était net et précis. Alors seulement réussirait-elle peut-être à se débarrasser de ce douloureux désir pour un avenir qui ne serait jamais pour elle.

— Je suis contente que George soit presque réparé, déclara soudain Libby, parce que c'est mon ours préféré.

— Vraiment ? fit Katie. Et pourquoi est-il ton préféré ?

— Ma maman me l'a acheté quand j'étais encore bébé, expliqua Libby en caressant la tête de la peluche, les yeux brillants de larmes. Je laisse Henry jouer avec lui de temps en temps, mais c'est mon ours à moi.

— George est un ours magnifique, et c'est très gentil à toi de permettre à ton frère de s'amuser aussi avec lui.

Libby sembla y réfléchir une seconde, puis elle demanda :

— Croyez-vous que ma maman soit en colère contre moi parce que j'ai abîmé George ?

C'était l'un de ces instants où Katie aurait tout donné pour pouvoir appeler une nounou plus experte qu'elle à sa rescousse, quelqu'un ayant les réponses aux questions d'une enfant en détresse.

— Bien sûr que non, ma chérie, déclara-t-elle enfin avec gravité. Les mamans savent bien qu'il peut arriver que les enfants se disputent. Elle ne t'en veut pas du tout, et je parie même qu'elle est très fière de te voir réparer George. Tu as appris très vite à coudre.

— Merci de m'avoir aidée, chuchota Libby en se pelotonnant tout contre elle. Merci beaucoup.

Katie hésita une seconde, puis lui entoura les épaules de son bras et serra la fillette contre elle, respirant avec délice le parfum de fraise de son shampoing. Lorsqu'elle était petite, Katie avait souvent grimpé sur le sofa, près de sa mère, en quête de réconfort, mais dans les vieux appartements aux relents de moisi où ils avaient vécu les câlins étaient encore plus rares que les billets de cent dollars.

« Tu es trop grande pour ces bêtises, se plaignait Vanessa en la repoussant. Je suis fatiguée. Allez donc jouer dehors, tous les deux. »

Katie ne saurait peut-être jamais quel genre de mère elle aurait été pour ses propres enfants, mais pour l'instant elle pouvait être pour ces petits sans mère la maman qu'elle aurait désiré avoir pour elle-même. Elle pouvait remplir certains de ces vides en eux du mieux possible et faire en sorte qu'ils ne se sentent jamais rejetés ou privés d'amour.

Elle pouvait recoudre un ours, enseigner à une petite fille la couture, la peinture avec les doigts ou à rendre affectueusement une étreinte et, en même temps, commencer aussi à guérir les blessures de son propre cœur.

Elle serra Libby un peu plus fort contre elle et déposa un doux baiser sur son front.

— Tout le plaisir est pour moi, ma chérie, répondit-elle.

*
* *

Deux heures plus tard, Katie installa Henry dans sa poussette, puis elle prit Libby par la main, et ils se mirent en route vers la caserne. Katie se sentait encore nerveuse à l'idée de dîner avec Sam après leur visite, et elle avait passé un temps inhabituellement long à se coiffer et à se maquiller avant leur départ.

— Des camions de pompiers ! s'exclama Henry. Je vois des camions de pompiers !

— Tu dois être sage et écouter les pompiers, rappela Katie. Ils te laisseront monter dans tous leurs camions, mais seulement si tu es calme.

— Il n'a que trois ans, remarqua Libby d'un ton sarcastique. Il n'écoute personne. Pourquoi sommes-nous ici ?

— Parce que Henry adore les camions des pompiers, et que mon frère va lui montrer l'intérieur de la caserne. Et, de plus, ton papa doit nous rejoindre.

Libby, qui était retombée dans sa routine de grande fille blasée de huit ans, esquissa une grimace.

— Il dit toujours ça, marmonna-t-elle, fixant le sol à ses pieds. Ensuite, il doit travailler et il ne vient pas.

— Il viendra, assura Katie. J'en suis certaine.

En réalité, elle n'était sûre de rien. Elle connaissait à peine Sam ; il pouvait être du genre à oublier ses promesses ou à arriver en retard, voire à ne pas venir du tout. Mais il avait paru très déterminé à les retrouver ici, plus tôt ce jour-là, et son regret de n'avoir pas pris une plus grande part dans la vie des enfants, du vivant de leur maman, semblait sincère. Sûrement, il ne manquerait pas une pareille occasion — ni leur premier rendez-vous.

Katie sentait son cœur battre la chamade à l'idée de revoir Sam, et inconsciemment elle hâta le pas. Dans la maigre garde-robe qu'elle avait emportée dans ses bagages, lors de son départ précipité, elle n'avait trouvé qu'une seule tenue convenable : une petite robe noire et des escarpins rouges. Elle espérait que Sam les aimerait.

Depuis qu'il était passé à la maison, cet après-midi-là, elle attendait l'heure de leur rendez-vous avec une impatience frémissante.

Sam n'était nulle part en vue lorsqu'ils arrivèrent à la caserne. Colton sortit pour les accueillir, vêtu d'un pantalon bleu foncé et d'un T-shirt assorti arborant le logo de la brigade des pompiers de Stone Gap.

— Il paraît que l'un de vous adore les camions de pompiers ?

— Moi ! Moi ! cria Henry, tout excité.

— Très bien, alors, entrez, les enfants. J'ai un tas de choses intéressantes à vous montrer.

Katie se pencha pour détacher Henry de sa poussette et lui remit la boîte de cookies.

— Offre-les à Colton, d'accord ?

Henry trotta jusqu'à lui, et il lui fourra la boîte en plastique dans les mains.

— Voilà, dit-il fièrement. J'en ai mangé aucun.

— J'en partagerai peut-être un avec toi plus tard, le remercia Colton en riant.

Cette réponse fit sourire Henry, qui entra dans le bâtiment d'un pas alerte, en même temps que Colton. Katie suivait juste derrière, et Libby fermait la marche, jetant de fréquents regards au trottoir dans leur dos. Sa déception était clairement visible sur son visage, et ses yeux brillaient de larmes retenues.

— Qui a envie de monter à bord ? s'enquit Colton en ouvrant la portière d'un gros camion rouge et en aidant Henry à grimper sur le siège.

Le petit garçon était trop bas pour voir à travers le pare-brise, mais il empoigna le volant et le tourna avec énergie dans tous les sens, et il cria de joie lorsque Colton lui montra comment actionner le klaxon et allumer les phares.

Libby restait en retrait, plantée près de l'entrée, l'air malheureux.

— Je savais bien qu'il ne viendrait pas, murmura-t-elle.

— Il peut encore arriver, dit Katie d'une voix douce. Notre visite va durer un moment.

Elle sortit son téléphone et vérifia ses messages, mais il n'y avait aucun texto de Sam. Elle hésita un instant puis, songeant qu'il avait peut-être oublié l'heure, elle décida de le contacter elle-même.

Je suis à la caserne des pompiers avec les enfants. Votre présence manque énormément à Libby. Êtes-vous déjà en route ?

Elle prit une photo de Henry au volant du gros camion rouge, puis elle envoya son message et garda son téléphone à la main, certaine qu'il répondrait aussitôt, mais il n'en fut rien.

— Vous voyez ? dit Libby en désignant son portable. Je vous avais bien dit qu'il ne viendrait pas. Il fait toujours cela.

— Je suis certaine qu'il a été retenu quelque part, argua Katie. Pourquoi ne montes-tu pas dans le camion avec ton petit frère ? Je suis sûre que cela lui ferait très plaisir.

Libby leva les yeux au ciel comme si c'était une idée farfelue, mais elle suivit son conseil. Quelques pompiers les avaient rejoints entre-temps, et ils emmenèrent les enfants pour leur montrer les autres véhicules. Colton en profita pour se rapprocher de Katie.

— Merci pour les cookies.

— Merci d'avoir proposé cette visite. Henry va être sur un petit nuage durant des jours et raconter à tout le monde qu'il a conduit un vrai camion de pompiers.

— Tu sais, c'est exactement comme cela que j'ai trouvé ma vocation. Oncle Hank m'a emmené un jour à la caserne, et, depuis, mon avenir était tout tracé.

Oncle Hank était le frère de Bobby Barlow, le père biologique de Colton, et il avait gardé le contact avec son neveu durant toutes ces années. Il avait aussi joué le rôle de tonton auprès de Katie, se substituant au père qu'elle n'avait jamais connu.

Vanessa avait elle-même oublié qui il était, dans l'interminable série de ses amants d'une nuit. Katie regrettait parfois de n'avoir pas un vrai papa, mais, grâce à oncle Hank et à Colton, elle n'en avait pas trop souffert. Pourtant, elle n'avait jamais tout à fait renoncé à l'espoir de voir son père réapparaître, tel un prince sur son cheval blanc, pour la serrer dans ses bras et s'excuser d'être resté absent si longtemps.

Katie comprenait facilement que la perte d'un parent puisse laisser un vide béant dans le cœur d'un enfant. Libby et Henry en souffraient visiblement beaucoup. Wendy aurait certainement su trouver les mots qu'il fallait pour rendre le sourire à sa fille. Katie lui répétait que Sam allait bientôt arriver, mais les minutes passèrent, et, peu à peu, il devint évident que Sam ne viendrait pas.

— Sam est un type bien, assura Colton comme s'il avait lu dans ses pensées. Il est un peu dépassé en ce moment, c'est vrai, mais il est plein de qualités.

— Ses enfants ont besoin de lui ici et maintenant, lui chuchota Katie à l'oreille. C'est tout ce qui compte pour eux.

— Sam Millwright sera toujours là dans les moments vraiment importants. Laisse-lui le temps de souffler, de se remettre sur les rails.

Katie tourna le regard vers Libby et Henry, dans le gros camion rouge. Henry jouait avec les instruments de bord, et Libby était assise à côté de lui, l'air boudeur. Même s'il paraissait désormais évident que Sam ne viendrait pas, Libby jetait de fréquents coups d'œil en direction de la rue.

Une petite fille très semblable à celle que Katie avait été, une petite fille s'accrochant à l'espoir.

- 7 -

Sam monta les marches du porche d'un pas lourd. Il était plus de 18 heures, et il se sentait épuisé, accablé par le nombre de tâches qui lui restaient encore à accomplir : il devait passer des coups de fil, envoyer des mails, rédiger une brochure… la liste était longue, et le temps lui était compté. Durant toute la journée, il avait été en retard sur son planning et, pour couronner le tout, la visite d'un espace commercial avec des clients potentiels, organisée à la dernière minute, avait terriblement traîné en longueur. Heureusement, toutes ces heures passées à arpenter un local vacant au lieu d'être avec sa famille avaient abouti à une proposition d'achat — ce qui signifiait qu'il toucherait bientôt une coquette commission et que sa situation financière serait notablement améliorée.

Hélas, cela signifiait aussi qu'il avait manqué le tour de la caserne avec Henry et Libby, ainsi que le dîner qui devait suivre avec Katie. Lorsqu'il avait enfin pu leur envoyer un texto, ils étaient déjà sur le chemin du retour. Il avait été d'une nullité affligeante.

Sam poussa un soupir. Quoi qu'il fasse, il finissait toujours par tout gâcher, tant avec les enfants qu'avec Katie. Pourtant, jusque-là, tout semblait se dérouler parfaitement bien entre Katie et lui, et il lui était impossible de nier plus longtemps l'attirance qu'il ressentait pour elle, mais, s'il continuait à lui faire faux bond de cette façon, elle s'en irait avant qu'il ait eu l'occasion de vérifier où cette attirance pouvait les mener.

Au moins, il était de retour à la maison, à présent. Il tendait la main vers la poignée de la porte lorsque son téléphone sonna. Son travail faisait à nouveau irruption dans sa vie privée.

— Allô ?

— Sam, c'est Hank Osborne à l'appareil, annonça la voix de baryton de son patron. Où en êtes-vous avec les négociations de ce centre commercial ?

— J'ai fait visiter les locaux à plusieurs clients potentiels… et j'ai eu une excellente proposition…

— J'ai besoin que ces cinq lots soient tous loués d'ici la fin du mois, l'interrompit le vieil homme. Les locataires principaux souhaitent ouvrir un mois en avance, et nous devons avoir réglé la question des dernières cellules vacantes avant cette date. Tout doit être signé et notarié d'ici là. Vous me l'aviez promis, Sam. Montrez-moi que je n'ai pas commis une erreur en vous recrutant.

— Je suis dessus, monsieur Osborne, assura Sam, encore qu'il ne fût pas vraiment certain de pouvoir accomplir le miracle que Hank exigeait de lui.

Il avait déjà prévu des visites durant tout le week-end à venir et deux soirées de cette semaine, et ne comptait plus ses heures supplémentaires, mais, d'une manière ou d'une autre, il allait devoir en faire encore davantage — ainsi que convaincre Katie de garder les enfants un nombre d'heures bien supérieur à celui dont ils avaient convenu lorsqu'il l'avait engagée. Il avait retrouvé l'emploi dont il avait besoin, mais, par un curieux retournement du sort, il était revenu à la case départ : il travaillait de trop longues heures et il n'était jamais à la maison avec sa famille.

Avec un soupir, il rempocha son téléphone et poussa la porte. Il fut accueilli par un délicieux parfum de sauce tomate à l'ail et par les accords d'une musique pop au rythme entraînant. Posant sa sacoche dans l'entrée, il se dirigea tout droit vers la cuisine d'où venaient le son et l'odeur.

Henry bien calé sur la hanche, sa petite main dans la

sienne, Katie dansait autour de l'îlot central, Libby sautillant en cadence juste à côté, son ours en peluche serré dans les bras. Tous trois fredonnaient la musique à l'unisson, leurs visages rayonnant de joie et de bonne humeur — l'image même de ce que devrait être le bonheur d'un foyer.

Planté à la périphérie de ce bonheur, Sam observa sa famille s'amuser sans lui. Il aurait dû être là ; il aurait dû préparer lui-même ces spaghettis et jouer avec les enfants ; il aurait dû visiter la caserne des pompiers avec eux et rentrer plus tôt ; il aurait dû tenir sa promesse de sortir avec Katie. Mais il avait tout raté, parce qu'une nouvelle fois il avait fait de son travail sa priorité.

Heureusement, Katie avait cuisiné. Elle avait dû se rendre compte que leurs plans de restaurant pour la soirée étaient compromis et, au lieu de se mettre en colère, elle s'était occupée du dîner. Sam lui était infiniment reconnaissant de sa prévenance. À présent, il était rentré à la maison et il pouvait passer du temps avec Katie et les enfants. Cette journée pouvait peut-être encore être sauvée, après tout.

— On dirait que j'arrive juste à temps pour la fête, dit-il en les rejoignant dans la cuisine.

Libby se retourna vers lui, et une expression de froideur distante remplaça aussitôt son sourire. Au même instant, le morceau s'acheva, et elle cessa de danser.

— Tu arrives trop tard, papa, marmonna-t-elle. Nous avons terminé.

— Il n'est pas trop tard, Libby, ma chérie. Nous pouvons danser sur une autre chanson…

— C'est trop tard ! hurla-t-elle. Tu arrives toujours trop tard !

Sur ces mots, elle tourna les talons et s'enfuit hors de la pièce. Une seconde plus tard, Sam entendit claquer la porte de sa chambre.

— Et si tu allais jouer avec tes blocs de construction pendant que je termine de préparer le dîner ? suggéra Katie en reposant Henry sur le sol.

Le petit garçon hocha la tête et partit au trot vers le salon.

Katie éteignit la radio, puis retourna se planter devant les fourneaux. Elle ne lui avait pas dit un mot, n'avait même donné aucun signe d'avoir remarqué sa présence.

Il avait réussi à se fâcher avec tout le monde.

— Désolé de rentrer si tard, s'excusa-t-il. Et malheureusement, je vais aussi devoir travailler mercredi et jeudi soir, ainsi que tout ce week-end. Mais seulement quelques heures, je vous le promets. J'espère que vous serez disponible pour garder Henry et Libby.

— Ne m'avez-vous pas déclaré hier que vous regrettiez d'avoir à travailler tant et de ne pas pouvoir être plus souvent avec vos enfants ?

— Oui, c'est vrai, mais je commence tout juste à ce poste dans une nouvelle société, et ils attendent des résultats immédiats sur ce projet de centre commercial, et…

Il s'interrompit en soupirant, avant de conclure :

— Je suis vraiment désolé, Katie.

— Ce n'est pas à moi que vous devez des excuses, répondit-elle en remuant les pâtes et en vérifiant la sauce.

Elle jeta un coup d'œil autour d'elle, s'assurant que tout était en ordre, puis elle dénoua son tablier et le posa sur le plan de travail, le tout sans lui accorder un seul regard ni la grâce d'un de ses merveilleux sourires. Elle s'était montrée aussi distante que s'il avait été un parfait inconnu.

— Le dîner devrait être prêt dans cinq minutes, annonça-t-elle. Il vous suffira d'égoutter les pâtes et de sortir les croûtons à l'ail du four dans une minute ou deux.

Il tourna les yeux vers la table et constata qu'elle avait dressé le couvert pour trois — la quatrième place vide paraissait le narguer.

— Vous allez partir ?

— Mon travail est terminé pour aujourd'hui. Bon appétit.

— Attendez ! protesta-t-il en saisissant son bras. Restez donc dîner avec nous.

Elle le dévisagea d'un air froid, impassible. La chaleur et la lumière qu'il avait lues dans son regard la veille n'étaient plus qu'un souvenir.

— Je ne peux pas, répondit-elle en se dégageant de son étreinte et en ramassant son sac. Je suis désolée, Sam. Je vous verrai demain.

— Katie…

Elle se retourna sur le seuil, et il vit sur son visage que ce qui avait pu naître entre eux au cours de ces derniers jours faisait désormais partie du passé.

— Libby et Henry ne sont pas les seuls que vous avez déçus, aujourd'hui, Sam. Mais c'est seulement à eux que vous devez demander pardon. Allez passer du temps avec vos enfants. Je vous verrai demain.

Un peu plus tard, la nuit venue, Katie se retrouva assise sous le porche du Stone Gap Inn, un verre de vin à la main. En rentrant de chez Sam, elle s'était arrêtée en ville pour faire des courses et manger un morceau, puis, de retour à l'auberge, elle avait envoyé quelques mails à ses contacts dans le milieu de la comptabilité à Atlanta, au cas où l'un d'eux aurait entendu parler d'un poste vacant. Elle avançait ou, en tout cas, elle tentait de s'en convaincre. Mais peut-être cherchait-elle seulement à ne pas réfléchir au présent. Quoi qu'il en soit, elle avait la ferme intention de rester là ce soir, à déguster tranquillement son vin et à se détendre, et d'oublier à quel point Sam avait déçu ses enfants, aujourd'hui.

À quel point il l'avait déçue, *elle*.

— Je rentre retrouver mon homme, annonça Della. Avez-vous besoin d'autre chose ? Mavis s'occupera de votre petit déjeuner demain matin.

Katie aimait beaucoup Mavis, l'associée de Della dans la pension de famille, une Afro-Américaine à la taille ample et au sourire cordial. Mavis vivait sur place, tandis que Della retournait chaque soir chez elle, à quelques pâtés de maisons de leur établissement.

— Merci, Della, répondit-elle. J'ai tout ce qu'il me faut.

— Que s'est-il passé avec Sam, ce soir ? s'enquit sa

logeuse. J'étais censée garder Henry et Libby pour que vous puissiez sortir ensemble, mais ensuite il m'a envoyé un mail pour m'annoncer que ce n'était plus d'actualité.

— Il ne s'est rien passé, assura Katie en buvant une longue gorgée de vin. Nous avons… changé d'avis, c'est tout.

En fait, elle aurait dû s'en réjouir : ne pas sortir avec Sam lui permettrait de mieux se concentrer sur son projet d'aller de l'avant. Elle n'avait pas l'intention de rester éternellement la nounou de ses enfants, ce qui signifiait qu'elle devait revenir à sa carrière d'experte-comptable, utiliser les contacts dont elle disposait dans la profession. Un jour ou l'autre, il lui faudrait quitter Stone Gap et retourner à Atlanta, au monde réel — à son appartement, à sa vie.

— Tout va bien, Katie ? s'enquit Della en s'installant dans le fauteuil de rotin en face du sien. Vous avez l'air triste.

— Je pensais juste que Sam était… différent, répondit Katie après un instant d'hésitation.

Au bout du compte, il était comme les autres — beaucoup de jolis discours sur la famille, alors qu'en réalité son travail était sa seule famille. Il ne serait jamais là si elle avait besoin de lui, et elle devrait régler tous les problèmes sans aide ni soutien. N'avait-elle pas appris sa leçon avec Leonard ? Ce soir, Sam lui en avait donné la preuve : il allait travailler un nombre incalculable d'heures, et manquer des dîners et des sorties deviendrait vite une habitude.

La perte de son bébé l'avait laissée dévastée. Katie croyait encore entendre le médecin lui demander, l'air empreint de sympathie : « Avez-vous quelqu'un pour vous ramener chez vous ? »

Non, ce jour-là, elle n'avait personne pour la soutenir, la réconforter ou la rassurer. Et elle n'était pas stupide au point de se lancer dans une relation avec un autre homme qui s'éclipserait dès les premières difficultés.

— Certains hommes ont peur de ralentir, observa Della en posant la main sur la sienne. Je crois que ce qu'ils craignent le plus, c'est de n'être pas à la hauteur du défi que représentent les enfants. Ils sont prêts à affronter des réunions de dix heures avec des avocats mais, dès qu'on leur parle de bébés, ils paniquent.

— Mais ce sont ses propres enfants, souligna Katie. Ce devrait être facile pour lui.

Plus que pour elle, en tout cas. Chaque fois que Libby ou Henry se blottissaient contre elle ou saisissaient sa main, elle voyait bien qu'ils étaient à la recherche d'un lien maternel. Ces moments causaient encore un pincement douloureux dans son cœur, lui rappelant qu'elle avait manqué son unique chance de devenir maman.

— Je crois qu'en présence des enfants les hommes se sentent hors de leur élément, poursuivit Della. Les enfants sont… précieux, et beaucoup d'hommes craignent que la moindre de leurs paroles ou de leurs actions ne puisse avoir des conséquences graves pour leur avenir, voire conduire toute la famille chez le psy.

Elle esquissa un sourire, avant d'ajouter :

— Mon Bobby était comme cela, lui aussi, quand les garçons étaient petits. Il les portait dans ses bras comme s'ils étaient des bombes prêtes à exploser d'une seconde à l'autre. Il a mis longtemps à se détendre et à pouvoir s'amuser avec eux. Mais que voulez-vous ? C'était ainsi, à l'époque…

Katie attendit que Della continue, sentant qu'elle s'apprêtait à lui faire des confidences réservées à quelques rares élus et, après un moment de silence, sa logeuse reprit :

— Après notre mariage, nous avons vécu quelques années difficiles. Bobby travaillait énormément, et il passait beaucoup plus d'heures au garage qu'à la maison. Et, lorsqu'il rentrait, les enfants ne savaient pas comment l'aborder. Ils allaient plutôt vers moi, même s'ils aimaient beaucoup leur père et auraient adoré passer plus de temps avec lui.

— Qu'est-ce qui a changé cela ? s'enquit Katie. Car,

d'après Colton, les frères Barlow étaient tous très proches de leur père.

Depuis que Colton avait rencontré sa famille biologique, il avait tenu Katie informée des moindres faits et gestes de Jack, Luke, Mac et Bobby, à tel point qu'elle avait presque l'impression de les connaître. Katie était heureuse que son aîné ait trouvé une famille à aimer, une famille qui, à l'évidence, lui rendait son affection — et elle était peut-être aussi un tout petit peu jalouse qu'il ait droit à tout cela. Katie, elle, ne connaîtrait jamais son vrai père et n'avait pas de relation proche avec sa mère, mais elle vivait cette vie par procuration à travers les expériences de Colton, et ce serait peut-être suffisant.

— Qu'est-ce qui a tout changé ? répéta Della en riant. La grippe, ma chère. Je sais que cela semble fou, mais c'est exactement ce qui s'est passé. C'est Bobby qui a été malade le premier, et il est resté trois jours au lit, un événement inouï pour un homme qui travaillait six jours par semaine. Ensuite, les garçons l'ont tous attrapée l'un après l'autre, puis cela a été mon tour. Je pouvais à peine soulever la tête de l'oreiller tellement j'étais mal, et Bobby a dû s'occuper de la maison et des enfants. Au début, il s'agissait juste de changer les draps et de leur réchauffer de la soupe en boîte, puis ils se sont rétablis, et Bobby a commencé à les emmener à la pêche et au garage, afin que je puisse me reposer. Lorsque je me suis sentie mieux, ils s'entendaient comme larrons en foire.

C'était peut-être ce qui manquait à Sam : du temps en tête à tête avec ses enfants dans des activités ludiques. Katie soupçonnait que, lorsqu'il était seul avec Libby et Henry, il se contentait de préparer les repas, faire le ménage et essayer de garder un semblant d'ordre dans la maison. Il avait besoin d'être plus près d'eux, de peindre avec les doigts, de s'amuser avec le tuyau d'arrosage et de danser dans la cuisine.

— Et ils sont toujours restés aussi proches depuis ?

— Oui. Bobby aurait peut-être besoin d'une petite

piqûre de rappel de temps à autre pour se souvenir de ce qui est vraiment important, mais c'est vrai, il a fait de gros efforts pour établir une relation avec ses fils, et cela a contribué à renforcer notre mariage. Nous étions une équipe, dans tous les sens du terme. Et, croyez-moi, quand les temps deviennent difficiles, c'est ce que l'on doit être : une équipe.

— En tout cas, ce qui est sûr, c'est que je n'ai jamais ressenti cela avec un homme, remarqua Katie en riant.

— Il y en a, pourtant, assura Della en se levant pour lui tapoter gentiment l'épaule. Ils sont rares, et c'est cela qui les rend si spéciaux.

— J'ignore où je vais pouvoir trouver un tel spécimen, murmura Katie, faisant tournoyer le vin dans son verre d'un air absent.

— J'en connais quelques-uns ici même, à Stone Gap, déclara Della, esquissant un sourire. Qui sait ? Vous l'avez peut-être déjà rencontré vous-même.

Là-dessus, elle lui souhaita une bonne nuit et elle descendit les marches pour regagner sa voiture.

Katie sirota lentement le reste de son vin en contemplant les lumières de la ville. Les gens rentraient chez eux pour dîner, pour lire des histoires à leurs enfants et les border. La soirée était douce, et la brise apportait jusqu'à elle les senteurs de l'océan. Les rues étaient tranquilles, et seuls quelques chants d'oiseaux nocturnes brisaient le silence. Katie s'apprêtait à se lever lorsqu'elle vit deux phares remonter l'allée, pour s'arrêter juste devant le Stone Gap Inn.

Sam descendit de sa voiture et s'avança vers elle, baigné par la lumière pâle d'un lampadaire public. Le cœur de Katie manqua un battement.

— Pouvons-nous parler ? s'enquit-il.

— Où sont les enfants ?

— Lorsqu'ils se sont endormis, j'ai demandé à Colton de venir les garder. Je me suis dit que si Henry se réveillait il serait aux anges, avec un vrai pompier dans sa maison.

Il indiqua l'escalier du perron, avant d'ajouter :

— Puis-je vous rejoindre ?

S'il s'asseyait près d'elle, elle serait tentée de le toucher, de se blottir contre lui, en dépit de tout ce qui s'était passé cet après-midi.

— Aimeriez-vous boire quelque chose ? proposa-t-elle.

— Une bière serait la bienvenue.

— Je vais vous en chercher une, dit-elle, ravie de cette chance de pouvoir rentrer à l'intérieur, trouver la bière pour Sam en quelques secondes, puis se refaire une beauté devant le miroir. Elle ne se souciait pas du tout de son opinion, bien sûr, mais cela ne l'empêcha pas de recoiffer quelques boucles folles et de vérifier que son mascara n'avait pas coulé. Enfin, elle ressortit sur la terrasse et tendit sa boisson à Sam.

— Merci, dit-il en prenant la cannette entre ses mains, mais sans la porter à ses lèvres. Je tenais à m'excuser, pour cet après-midi. Et pour ce soir.

— Ce n'est pas grave. Je vous l'ai déjà dit.

— Si, c'est très grave. Et vous avez entièrement raison… Mais je n'arrive pas à trouver un bon moyen pour que tout fonctionne : mon nouveau travail est plus exigeant que je ne m'y attendais, et cela signifie que je dois y consacrer le temps nécessaire, établir des contacts, envoyer des mails. Sauf qu'il m'est impossible de faire cela en étant aussi présent à la maison. Les journées n'ont que vingt-quatre heures.

— Dans ce cas, vous allez devoir réfléchir à l'ordre de vos priorités, argua-t-elle en se rasseyant dans le fauteuil de rotin. Vos enfants ont besoin de vous, Sam. Ils ont envie d'une relation avec leur père. Moi, je suis seulement la nounou et je ne serai pas toujours là. Vous, si.

Ce soir, elle avait pris des dispositions pour repartir à Atlanta. Elle avait cru que cela l'aiderait à mieux dormir, mais, au lieu de cela, l'idée de retourner là-bas l'emplissait d'une immense tristesse.

— Il y a tant de problèmes à régler, soupira-t-il. Tellement de choses à prendre en compte, de choses à faire…

— Vous n'êtes pas obligé de tout faire, Sam. Seulement les choses importantes.

— Mais tout est important, Katie. M'assurer que Henry et Libby ont un toit au-dessus de leurs têtes, qu'ils sont bien nourris et qu'ils portent des chaussures à l'école : voilà mes priorités. Tout cela passe avant mon plaisir de voir Henry grimper dans le camion des pompiers.

Elle songea à ce que lui avait dit Della, tout à l'heure, à ce qu'elle avait remarqué chez Sam au cours de ces deux dernières semaines : Sam s'éloignait au lieu de s'impliquer davantage, que ce soit avec ses enfants ou avec elle. Ce soir, il avait manqué plus qu'une aventure dans un camion de pompiers, et elle ne pouvait s'empêcher de se demander si, dans son esprit, elle faisait aussi partie de la liste des fardeaux qui pesaient sur ses épaules.

— Êtes-vous certain de ne pas vous servir de votre travail comme d'une excuse ?

— Une excuse ? Et de quel genre ?

— Peut-être… craignez-vous d'avoir perdu le lien avec vos enfants et vous plongez-vous dans le travail pour ne pas avoir à penser au problème… ou découvrir qu'il est déjà trop tard pour retrouver ce lien.

— Vous n'avez pas d'enfants, Katie, protesta-t-il avec indignation en se mettant debout. Vous ignorez comme c'est difficile. Savez-vous ce qui me fait le plus peur ? C'est que mes enfants perdent tout ce qu'il leur reste : la maison, les jouets, toutes ces choses qui leur rappellent leur mère. Alors, je pars travailler chaque matin et je paye les factures, en priant pour ne pas finir dans un accident de voiture, moi aussi, en les laissant sans personne pour veiller sur eux.

Ces paroles firent à Katie l'effet d'une gifle. Elle se leva à son tour et recula de plusieurs pas.

— Le fait que je n'aie pas d'enfants ne signifie pas

que je sois incapable de vous comprendre ou d'éprouver de la sympathie pour vous.

— Je… Je n'avais pas l'intention de dire cela, bredouilla-t-il d'un ton embarrassé. Mais tout est différent lorsque vous serrez enfin votre propre enfant dans vos bras. C'est un sentiment puissant qui vous saisit la première fois que vous contemplez le visage de votre bébé. À cet instant, vous savez que rien au monde n'est plus important.

Dans un geste inconscient, Katie posa une main sur son ventre, là où elle avait un jour porté son bébé à elle. Dès la minute où elle avait appris sa grossesse, elle s'était sentie férocement protectrice de cette vie à naître. Hélas, au bout du compte, son corps l'avait trahie, et ce bébé qu'elle s'était juré de protéger toujours n'avait jamais vu le jour. Puis elle songea à sa mère. Vanessa avait-elle jamais éprouvé cet amour immense en la regardant ? Ce besoin de la protéger à tout prix ? Ou n'avait-elle vu dans sa fille qu'un surcroît de travail et de responsabilités ?

— Un jour, je connaîtrai peut-être ce sentiment, moi aussi, répondit Katie d'une voix douce.

— Lorsque ce jour viendra, murmura-t-il en posant une main sur son épaule, je suis sûr que vous serez une merveilleuse maman, Katie.

— Vous ne pouvez pas le savoir, répliqua-t-elle, refoulant de son mieux les larmes qui montaient à ses paupières.

— Je vous ai vue avec mes enfants. Ils vous adorent et, avec vous, ils progressent. De plus, je sais que vous avez raison : je devrais être plus souvent à la maison.

Sam demeura silencieux un long moment, fixant le sol à ses pieds, avant de relever les yeux vers elle.

— Et si…

— Oui, quoi ? l'encouragea-t-elle, alors qu'il retombait dans son mutisme.

— Et si j'étais un papa nullissime ? Si j'étais maladroit dans les activités manuelles ? Si je n'arrivais pas à me souvenir de la marque de céréales favorite de Libby ou de l'histoire que Henry préfère qu'on lui lise avant de dormir ? Et si… je n'étais pas un aussi bon parent que Wendy ?

— Sam, vous ne serez jamais le même genre de parent que votre épouse l'était, rappela-t-elle. Vous êtes vous-même et vous êtes merveilleux tel que vous êtes. Je vois leurs regards briller lorsque vous rentrez à la maison.

— Henry, oui, mais Libby, en revanche… Quand j'étais petit, mon père travaillait en permanence, et je m'étais promis d'être différent de lui, d'être là pour construire des cabanes dans les arbres, jouer avec mes enfants et leur lire des histoires. Puis nous avons ramené Libby de la maternité, et elle a pleuré continuellement pendant… pas loin de six mois. Wendy était la seule à pouvoir la calmer, la faire manger ou dormir. Je me sentais… rejeté. Alors, je me suis lancé dans le travail à corps perdu, et, à la naissance de Henry, ma carrière avait décollé, et…

Il poussa un soupir, avant de conclure :

— Il m'était devenu plus facile de travailler que de…

— Risquer d'échouer une nouvelle fois ? suggéra-t-elle. Vous n'êtes pas le seul à utiliser votre métier pour ne pas avoir à affronter la dure réalité. À l'école, j'avais toujours les meilleures notes de la classe, parce que je pensais que si je travaillais bien ma mère m'aimerait. Cela n'a jamais fonctionné. Plus tard, je me suis, moi aussi, plongée dans le travail. C'était un…

— Un refuge ? termina-t-il à sa place.

— Exactement.

— Nous nous ressemblons beaucoup, Katie, affirma-t-il. Il n'est guère étonnant que j'éprouve de l'attirance pour vous.

— Vous… éprouvez de l'attirance pour moi ? balbutia-t-elle, surprise autant par le tour que venait de prendre la discussion que par cet aveu inattendu.

— Je pense que c'est assez évident, non ? murmura-t-il en se levant pour s'approcher d'elle.

Puis il l'embrassa. Et, comme leur premier baiser,

celui-ci était toute douceur et toute tendresse, d'une délicieuse lenteur.

Tout du moins au début car, dès que Katie se blottit dans ses bras, elle sentit la réponse sans équivoque du corps de Sam. Il la serra plus fort contre lui, et son baiser devint plus brûlant, plus profond. Ses mains parcoururent son dos, descendant vers ses hanches et ses fesses, avant de remonter avec une fièvre grandissante.

Mais ils étaient dehors, sous le porche de Della, et Sam ne pouvait pas l'oublier. Un simple baiser, c'était tout ce qu'ils pouvaient se permettre. À contrecœur, il recula d'un pas, mais il ne la relâcha pas. Prenant son visage dans ses mains, il plongea le regard au fond du sien.

— Demain, je ne travaillerai qu'une demi-journée, je vous le promets. Libby n'a école que le matin, et Henry sera de retour de la garderie à midi. Que diriez-vous si nous allions tous à la plage, dès que les enfants seront rentrés ?

— Moi aussi ? s'étonna-t-elle. Vous n'aurez pas vraiment besoin de moi. Vous serez très bien seul avec eux.

— Je n'ai pas *besoin* que vous veniez, j'ai *envie* que vous soyez là. Accepterez-vous de nous accompagner ?

Dans la lumière douce du soir, ses yeux étaient immenses et brillaient comme des étoiles. Elle n'hésita qu'une seconde, puis elle hocha la tête.

— Vous m'avez vaincue avec le mot *plage*, murmura-t-elle. Je me rends.

Cette réponse le fit rire. C'était merveilleux de pouvoir rire à nouveau, de sourire, de flirter.

— Dans ce cas, je vais devoir le prononcer plus souvent, commenta-t-il. Beaucoup plus souvent.

- 8 -

Aboyant de tout son cœur, Bandit batifolait dans les vaguelettes qui léchaient le sable tandis que Libby pataugeait prudemment sur le bord et que Henry, plus intrépide, jouait dans l'eau, immergé jusqu'à la taille. Les restes du déjeuner qu'ils avaient acheté au passage dans un fast-food gisaient sur les assiettes de carton éparpillées sur une couverture à carreaux.

C'était une manière parfaite de passer l'après-midi.

Cela ne signifiait pas, bien sûr, que Sam avait oublié son agenda ou qu'il ne se faisait aucun souci au sujet des rendez-vous qu'il avait reportés, des mails qu'il devait envoyer ou des clients qu'il devait encore contacter au téléphone.

Mais il revoyait l'expression de surprise ravie de ses enfants lorsqu'il était rentré à midi. Le cri de joie de Libby quand il leur avait annoncé qu'ils allaient à la plage justifiait pleinement qu'il doive travailler tard ce soir et se lever avant l'aube demain matin pour rattraper son retard. Pour le moment, cette plage, les sandwichs, les enfants et Katie étaient sa seule réalité. L'eau étincelait et le sable scintillait, tout était parfait. Sam s'étira avec délectation.

— Merci encore de m'avoir suggéré cette petite pause, Katie, murmura-t-il. C'est… fabuleux.

Appuyée sur les coudes, les joues dans ses mains, Katie offrait son visage aux rayons du soleil. Ses longs cheveux de jais retombaient dans son dos comme un somptueux rideau, et elle arborait une expression de pure félicité.

— Moi aussi, je passe trop de temps à l'intérieur d'une maison, observa-t-elle. C'est vraiment agréable.

— Extrêmement agréable.

Il n'était plus vraiment conscient du ciel azuréen ou de la proximité de l'océan, parce qu'il ne voyait que Katie, sa merveilleuse beauté, la courbe gracieuse de son cou, la perfection de ses bras. Elle portait un short kaki et un T-shirt au col en V, et les quelques traces de peinture rouge qui parsemaient encore sa peau, résultat de ses activités artistiques avec Henry, ne la rendaient que plus désirable.

Il avait mille questions à lui poser ; il voulait savoir ce qui la faisait sourire, si elle préférait la glace au chocolat ou à la vanille, lui demander quels films la faisaient rire, quels livres lui donnaient envie de pleurer.

Faisant un effort pour se ressaisir, il s'obligea à détourner le regard de la nounou de ses enfants afin de se concentrer sur eux. Le lourd fardeau de la culpabilité pesait encore sur ses épaules. Il n'avait même plus le temps d'être un père convenable. Que lui prenait-il d'envisager de séduire une femme qui travaillait pour lui ?

Au même instant, Libby revint vers eux à grands pas sur le sable humide, Henry et Bandit sur les talons.

— Je m'ennuie, geignit-elle.

C'était l'une des expressions les plus courantes du vocabulaire des enfants, songea Sam. Lui-même l'avait souvent employée quand il avait son âge, et la réponse de son père — si celui-ci avait été là — aurait été d'envoyer ses fils dans le jardin et de leur dire de se trouver une occupation eux-mêmes. Sa mère, accablée par le fardeau d'avoir à élever deux garçons turbulents, serait allée faire une petite sieste ou elle se serait plantée devant une quelconque émission de téléréalité, laissant Sam et Dylan se débrouiller seuls. Sam refusait que Henry et Libby grandissent ainsi.

— Et si nous faisions un château de sable ensemble ? suggéra Sam.

— C'est un jeu pour les bébés, et je ne suis plus un

bébé, grogna Libby en croisant les bras d'un air boudeur. Je veux rentrer à la maison.

Ils n'étaient sur la plage que depuis une demi-heure. S'ils repartaient maintenant, Sam savait que les enfants iraient tout droit se planter devant la télévision, lui-même se remettrait devant son ordinateur, et cette parenthèse de bonheur au soleil se refermerait. Mais, lorsqu'il réfléchissait à ce qui pourrait bien intéresser Libby, force lui était de constater sa totale ignorance. Comment était-ce arrivé ? Depuis quand avait-il perdu le contact avec ses enfants ? Depuis quand ignorait-il ce qui les rendait heureux ?

Il connaissait la réponse : cela avait commencé lorsque son épouse était décédée, lorsqu'elle avait cessé de le tancer gentiment pour qu'il oublie son travail de temps à autre afin de se rapprocher des petits. Comment saurait-il naviguer dans ces eaux troubles sans l'aide de Wendy ?

— Nous pourrions faire une promenade, proposa-t-il.

— Je ne veux pas me promener avec toi, répliqua Libby d'un air excédé. Je veux rentrer à la maison.

« Je ne veux pas me promener avec toi. » Ces paroles lui firent l'effet d'un coup de poignard en plein cœur. Sam sentait que Libby ne céderait pas, et il se prépara mentalement pour l'éclat qui allait sûrement suivre. Henry se tenait derrière sa grande sœur, la tête basse. Même Bandit ne bougeait plus.

En d'autres temps, Libby se précipitait dans ses bras dès qu'il franchissait le seuil, en criant « Papa ! » comme si elle avait gagné à la loterie. À cette époque-là, elle aurait marché avec lui pendant des heures en lui parlant de l'école, de ses nouveaux jouets ou de la petite fille de leurs voisins. Aujourd'hui, Libby aurait visiblement préféré se trouver ailleurs, n'importe où sauf ici avec lui.

Et il était le seul responsable de cet état de choses. Durant des années, il s'était laissé accaparer par son travail et, à l'heure où il rentrait à la maison, les enfants étaient déjà au lit. Et, même lorsqu'il était avec eux, son ordinateur était toujours allumé, et ils ne faisaient pas grand-chose ensemble, à part respirer le même air. Il en payait aujourd'hui le prix. Wendy était partie, et il n'y avait plus que lui pour essayer de garder un semblant d'équilibre dans cette famille, en faisant ce qu'il pouvait pour ne pas tout perdre dans l'opération — et, à en juger par l'expression de sa fille, il ne réussissait pas très bien, là non plus.

Le mieux était peut-être de céder aux exigences de Libby et d'éviter ainsi la crise de larmes et de cris qu'il sentait venir. Si elle n'avait pas envie de rester, cette journée tournerait à la catastrophe, et personne n'y gagnerait.

— Très bien, répondit-il en soupirant. Laisse-moi seulement le temps de rassembler toutes nos affaires.

— Avant que nous fassions cela, j'ai une idée, déclara Katie, posant brièvement la main sur la sienne.

Elle adressa un sourire à Libby avant d'ajouter :

— Lorsque j'avais ton âge et que je m'ennuyais, mon frère m'emmenait faire ce qu'il appelait un voyage d'aventures.

— Un voyage d'aventures ? répéta Libby. Qu'est-ce que c'est ?

Elle arborait toujours son expression morose, mais on voyait bien que son intérêt s'était réveillé. Sam se tourna vers Katie, aussi intrigué que sa fille.

— À Atlanta, nous n'avions pas de plage, expliqua Katie, alors, nous allions au bord d'un ruisseau dans notre quartier, ou dans les bois derrière mon école, et nous cherchions des animaux et des objets bizarres. Celui qui trouvait l'animal le plus joli ou l'objet le plus étrange gagnait un prix.

— Un prix ? répéta Libby, soudain attentive. Comme quoi, par exemple ?

— Eh bien…

Katie se tourna vers Sam pour le pousser à répondre à sa place, et il réfléchit rapidement à ce qui ferait le plus plaisir à Libby, qui l'inciterait à participer au jeu au lieu d'insister pour rentrer.

— Que dirais-tu d'avoir le droit de choisir le film que nous regarderons ce soir avant d'aller dormir ? suggéra-t-il.

— Même si c'est *La Reine des neiges* ? s'enquit Libby en le scrutant d'un air méfiant.

Sam réprima un gémissement. Il avait déjà vu le film culte de Libby un million de fois mais, si c'était le prix à payer pour rendre le sourire à sa fille, il s'y soumettrait à nouveau.

— Oui, répondit-il. Même si c'est *La Reine des neiges.*

— D'accord, déclara Libby en se retournant vers Katie. Je veux bien essayer. Que devons-nous trouver ?

— C'est bien plus amusant lorsqu'on joue par équipes, dit Katie en se mettant debout. Je propose Henry et moi contre ton père et toi ?

Libby cessa de sourire et leva les yeux vers elle.

— Non, je veux être avec vous, Katie.

Derrière Libby, Sam la suppliait du regard d'accepter, et Katie hocha la tête.

— D'accord, Libby, mais je crois que nous allons les battre trop facilement.

— N'y comptez pas trop, l'avertit Sam. Nous, les garçons, allons vous donner du fil à retordre.

— Que diriez-vous d'un petit pari ? répliqua Katie.

— Quel genre de pari ? s'enquit-il, incapable de résister à ce regard provocateur.

— Les perdants… achètent le dessert sur la route du retour.

— Adjugé, dit-il en lui tendant la main.

Lorsqu'elle posa la paume sur la sienne, il sentit un léger choc électrique remonter tout le long de son bras. Katie avait des doigts fins et délicats, mais sa poignée de main était franche et ferme. Il n'avait pas envie de la lâcher, mais il ne pouvait tout de même pas rester là à étreindre la main de la nounou, sous peine d'augmenter la confusion générale, et tout particulièrement la sienne. Bien sûr, leurs baisers y avaient déjà abondamment contribué, et il ne savait plus s'il devait l'amener dans son lit ou s'éloigner le plus possible d'elle. Comme il n'avait encore trouvé aucune solution à ce dilemme, il se concentra sur leur jeu :

— Très bien, alors. Où commençons-nous, Katie ?

— Commençons par les petites choses, répondit-elle, le regard plein de compassion pour lui. Les grandes suivront.

Katie ignorait d'où lui venait cette sensation mais, chaque fois qu'elle posait les yeux sur Sam, elle se sentait littéralement fondre. Ce n'était pas parce qu'il était incroyablement séduisant ou en raison de son sourire un peu mélancolique, mais à cause de ses efforts désespérés pour rétablir le lien avec ses enfants. Elle devinait que son cœur se brisait chaque fois que Libby lui opposait une rebuffade ou que Henry refusait de parler, et elle avait envie de faire tout ce qui était en son pouvoir pour l'aider.

Après le déjeuner, elle s'était attardée parce qu'elle aimait la compagnie de Sam et des petits et serait restée même si elle n'avait pas été payée. Elle adorait Libby et Henry et, plus que tout, elle adorait voir Sam sourire.

C'est pourquoi elle avait proposé ce voyage d'aventures, auquel Colton jouait avec elle. Toutefois, à l'époque, Colton ne le faisait pas pour dissiper l'ennui, mais pour lui éviter une nouvelle déception, une nouvelle journée auprès d'une mère indifférente, dans une maison sans tendresse ni chaleur.

Ils s'étaient séparés en deux équipes, et Sam et Henry étaient partis devant. Leur mission était de rapporter un coquillage en parfait état. Et ils gagneraient des points de bonus en ramassant les débris les plus intéressants sur la plage.

— Regardez ce que j'ai trouvé ! s'écria Libby en brandissant un soldat en plastique couvert de sable.

— C'est une belle prise, convint Katie. Quand j'étais petite, mon frère en avait des comme ça, et je m'amusais à les enterrer dans le jardin.

— Et votre maman ne vous grondait pas ?

La gronder ? Sa mère remarquait à peine la présence de Katie dans la maison, alors s'intéresser à ce qu'elle faisait…

— Ma maman travaillait beaucoup, alors elle n'était pas au courant, répondit-elle. Mais Colton restait en colère contre moi durant une journée entière. J'adore mon frère, même si parfois il me rend folle.

— Henry et moi, on se dispute aussi, assura Libby. Il est très mignon, mais il pleure souvent. Et il joue avec ma Barbie, et cela m'énerve parce qu'il met ses cheveux dans sa bouche.

— Lorsqu'il sera grand, il ne fera plus cela, lui promit Katie en riant. Vous pourriez même devenir amis, tous les deux.

— Ça m'étonnerait, répondit Libby, plissant le nez.

— Donne-lui un peu de temps.

Quelques mètres plus loin, Sam s'était penché pour examiner l'une des trouvailles de Henry. Leurs fronts posés l'un contre l'autre et leurs cheveux sombres luisant dans le soleil, ils avaient l'air heureux. Katie se sentit émue par cette scène et s'arrêta un instant, pour les observer.

Il y avait quelque chose d'extrêmement sexy dans un homme qui savait créer un tel lien avec un enfant, qui se mettait à sa portée. Sam félicitait son fils avec le même enthousiasme que s'il venait de trouver une licorne, et le petit garçon souriait, visiblement très fier.

L'espace d'une seconde, elle se demanda ce qu'aurait été sa vie si elle était sortie avec Sam au moment où elle était tombée enceinte. L'aurait-il quittée ? L'aurait-il accompagnée à chaque étape du chemin, y compris durant ses jours les plus sombres, lorsqu'elle avait perdu son bébé ?

— Katie, nous devons trouver un coquillage qui ne soit pas abîmé, rappela Libby. J'ai très envie de battre les garçons.

— Euh… Oui, bien sûr.

Revenant à la réalité, Katie se concentra à nouveau sur sa chasse au trésor avec Libby. Un instant plus tard,

Sam se dirigea vers elles d'un pas nonchalant, Henry marchant à son côté.

— On croit que quelqu'un va me payer une part de tarte à la noix de coco, déclara Sam, exhibant une palourde intacte dans sa paume.

— Je n'en suis pas aussi sûre, répliqua Katie en lui montrant le petit soldat en plastique que Libby avait trouvé. Je vous présente le déchet le plus intéressant du jour.

— Hum ! fit Sam en souriant. On dirait que c'est un match nul. Que faisons-nous dans ce cas, ô maîtresse du jeu ?

— La règle stipule que tout le monde a droit à un bon dessert, répondit-elle, songeant que, s'il continuait à lui sourire de cette façon, elle était prête à lui offrir le dessert, le dîner et le petit déjeuner du lendemain matin. Cet homme exerçait un pouvoir effarant sur elle avec un simple sourire.

— Des glaces aussi ? s'enquit Libby. Moi, j'adore les glaces.

— Des glaces ! répéta Henry avec enthousiasme.

Sam contempla son fils d'un air attendri avant de se pencher à l'oreille de Katie pour lui chuchoter :

— Je ne me lasserai jamais de l'entendre parler comme ça. Merci encore, Katie.

Elle inhala avec délice la fragrance de son eau de Cologne, s'efforçant de ne pas attarder son regard sur l'ombre de barbe naissante sur ses joues.

— Je n'ai rien fait qui mérite des remerciements.

— Vous avez rouvert une porte restée fermée trop longtemps, observa-t-il d'une voix douce. Et, rien que pour cela, c'est *moi* qui devrais vous offrir le dessert. Et bien plus encore.

Elle fut tentée de lui demander de lui expliquer ce qu'il entendait par « et bien plus encore », mais Libby la tirait déjà par le bras en direction de la voiture. C'était peut-être mieux ainsi ; elle n'allait pas rester à Stone Gap ni devenir la maman de ces enfants. Tout cela était temporaire.

Quelques minutes plus tard, ils étaient tous à bord du Range Rover de Sam, en route vers le centre du village. Elle comprenait mieux, à présent, pourquoi Colton aimait tant cette petite cité pittoresque et un peu désuète, avec ses maisons aux tons pastel et ses rues ombragées, ses bancs de fonte posés entre les réverbères centenaires et ses très nombreux espaces verts. Il y avait des gens partout, en train de flâner entre les boutiques ou assis aux terrasses des cafés.

— Cette ville est-elle toujours ainsi ? s'enquit-elle en regardant Sam.

— Quoi, ennuyeuse ?

— Je pense que Stone Gap est exactement le contraire d'ennuyeuse, répondit-elle en riant. Je dirais plutôt… délicieusement surannée.

— C'est un endroit très agréable. J'y ai vécu toute ma vie et, même s'il m'arrive de me plaindre qu'il ne se passe jamais rien chez nous, j'adore ce lieu et je n'imagine pas de vivre ailleurs.

Il leva le regard vers le reflet de Libby et Henry dans le rétroviseur, avant d'ajouter :

— Ni d'élever mes enfants où que ce soit d'autre.

Même si Sam s'était retrouvé quelque peu dépassé par sa situation, elle voyait clairement qu'il était le genre d'homme qui ferait toujours passer sa famille d'abord. Et la question qu'elle s'était posée plus tôt resurgit dans son esprit : sa vie aurait-elle été différente si elle avait vécu une relation avec Sam, au lieu de Leonard ?

Au fond, cela n'avait aucune importance. Songer à ce qui aurait pu être n'avait jamais mené à aucune solution positive.

— C'est vrai, reconnut-elle. C'est une jolie petite ville familiale.

— Ceux qui sont nés ici y restent généralement toute leur vie, remarqua-t-il en riant. Et donc, tout le monde sait ce que fait son voisin. Il n'y a pas de secrets, dans une bourgade comme celle-ci.

— Mais il y a du lien entre les gens, répondit-elle alors qu'ils passaient devant un groupe de femmes qui se saluaient avec force embrassades. Il doit être agréable de connaître tous ses voisins, de croiser à l'épicerie des amis de longue date. Là où j'ai grandi, ce n'était pas ainsi.

— Parce que Atlanta est une grande ville ?

— Parce que notre mère nous obligeait constamment à déménager. Pratiquement chaque année, nous devions trouver un nouveau logement, ce qui signifiait pour moi une nouvelle école et un nouveau quartier. Je me suis toujours demandé ce que serait ma vie dans un endroit comme ici. Je comprends pourquoi Colton adore Stone Gap.

— Colton est un type bien, opina Sam. Il a vraiment beaucoup fait pour cette ville lors de l'incendie de la quincaillerie d'Ernie. Colton et ses frères étaient tous là dès le lendemain, et ils l'ont rebâtie en un rien de temps. Ernie n'y a pratiquement rien perdu, en termes de chiffre d'affaires.

— Colton a toujours été ainsi, assura-t-elle, très fière d'entendre une autre personne vanter les qualités de son aîné. Je n'aurais pu rêver de meilleur grand frère.

— J'ai aussi un frère, mais plus jeune, observa Sam. C'était lui qui causait le plus de soucis à nos parents, et, lorsque venait mon tour, ils étaient trop épuisés pour me punir.

Sam esquissa un sourire un peu triste, avant d'ajouter :

— Dylan est parti de la maison à dix-huit ans. Je ne l'ai pas revu depuis très, très longtemps. Nos parents non plus, d'ailleurs. Eux, je leur rends visite une ou deux fois par an.

— Je comprends ce que vous ressentez, murmura-t-elle.

Elle avait peine à imaginer sa vie sans Colton. Même après avoir quitté le foyer familial, ils étaient restés en contact, par textos ou au téléphone. Bien sûr, elle n'avait plus autant besoin de lui qu'à l'époque où sa mère oubliait de venir la chercher à l'école, mais il était rassurant de savoir que son grand frère serait toujours là pour elle.

— Quand est-ce qu'on arrive ? geignit Libby depuis le siège arrière. Henry me donne des coups de pied, je veux manger une glace, et il faut que je fasse pipi.

— Nous y sommes, répondit Sam en riant. Te souviens-tu, ma chérie, quand nous venions ici chaque mardi ? Nous achetions des glaces pour le dîner et nous nous en gavions à en avoir mal au ventre.

Il tourna dans le parking, gara la voiture et coupa le moteur. Une seconde plus tard, Libby avait débouclé sa ceinture, ouvert la portière et courait vers l'entrée du magasin, ignorant ses protestations.

— Quelquefois, j'ai l'impression de parler dans le vide, remarqua-t-il avec un soupir.

Katie comprenait sa frustration. Malgré ce moment de détente sur la plage, tout à l'heure, Libby continuait à s'éloigner de son père.

— Je vais la rejoindre, dit-elle en souriant.

— Merci, répondit Sam. J'arrive tout de suite.

Il entreprit de détacher Henry de son siège pendant que Katie entrait dans le magasin bondé. Une file de gens attendaient d'être servis devant le comptoir, mais elle ne vit aucune fillette brune dans cette foule. Une vague de panique déferla alors sur elle.

— Libby ? appela-t-elle.

— Vous cherchez une petite fille d'environ huit ans ? s'enquit l'employée par-dessus la caisse.

— Vous l'avez vue entrer ?

La jeune femme tendit un double cône à la dame âgée en tête de file, avant de répondre :

— Elle est aux toilettes, au fond du couloir à droite.

Profondément soulagée, Katie la remercia et se précipita dans la direction indiquée. Les sanitaires des dames n'étaient qu'une petite pièce avec seulement deux cabines, mais entièrement décorée sur le thème de la crème glacée. Les murs étaient couleur fraise avec un liseré vanille, et même les lavabos avaient la forme de cornets de glace.

L'un des deux box était fermé, mais Katie reconnut facilement les sandales roses visibles sous la porte.

— Libby, tu aurais dû nous attendre, dit-elle à la fillette. Nous ne savions pas où tu étais passée.

— Je m'en fiche, répondit une voix larmoyante à l'intérieur.

Libby était-elle en train de pleurer ? Pourquoi ?

— Euh… As-tu fini ? s'enquit Katie. Je pense que ton papa et ton petit frère font la queue pour acheter nos glaces.

— Ça m'est égal, répéta Libby en reniflant.

Katie hésita. Devait-elle laisser l'enfant toute seule ? À son âge, peut-être avait-elle besoin d'aide pour se laver les mains ? Pleurait-elle parce qu'elle était triste ou faisait-elle un caprice ? Et comment Katie était-elle censée réagir dans l'un ou l'autre cas ? Le mieux serait peut-être d'aller chercher Sam. Sauf que, bien sûr, Libby était dans les toilettes des dames, ce qui n'était pas le lieu idéal pour un père devant parler à sa fille.

— Euh… Libby ? Je vais aller faire la queue avec ton père au comptoir. Sauf si tu as besoin de moi…

Libby ne répondit pas, mais Katie entendit qu'elle s'était remise à pleurer. À l'évidence, ça n'avait rien d'un caprice. Katie sentit son cœur se serrer. Elle était bien placée pour comprendre ces larmes, ce sentiment d'être seule au monde… Ce désir de fuir très loin…

— Libby ? murmura-t-elle en s'approchant de la porte de métal rose. Tout va bien ?

— Laissez-moi tranquille, c'est tout.

Katie fut tentée de renoncer. Elle n'était pas maman et elle était totalement ignorante dans l'art d'élever des enfants. Il incombait peut-être à Sam de gérer cette crise, mais les sanglots de Libby lui déchiraient le cœur.

Elle songea à son premier été en camp de vacances, bien avant l'année où elle y avait travaillé. Elle avait sept ans, alors, et elle s'était sentie terrifiée dès la seconde où la voiture de sa mère était repartie. C'était la première fois que Colton ne dormirait pas juste à côté d'elle. Paniquée et accablée de solitude, Katie avait couru se cacher dans les toilettes et était restée blottie dans la dernière cabine, au fond de la pièce, jusqu'à l'extinction des feux. C'était Michelle, l'une des animatrices du camp, qui l'y avait retrouvée. La jeune fille s'était assise sur le sol devant la porte, et elle lui avait parlé longtemps, très longtemps, jusqu'à ce que les larmes de Katie aient séché sur ses joues, et qu'elle retire enfin le loquet. Michelle n'était pas assez âgée pour être maman, mais elle avait fait ce que Katie pouvait faire aujourd'hui pour Libby : elle lui avait parlé, l'avait écoutée et avait simplement été là pour elle.

— Je vais t'attendre, déclara Katie en s'installant sur le carrelage, juste de l'autre côté du battant.

— Vous n'êtes pas obligée. Je ne suis pas un bébé.

— Oui, je le sais. Mais je vais tout de même rester ici. Savais-tu qu'une vache donne assez de lait chaque jour pour fabriquer presquc huit litres de crème glacée ? Cela fait beaucoup de lait, non ?

Libby ne répondit pas. Elle se contenta de pleurer et de renifler un peu moins fort. Katie avait épuisé sa réserve d'anecdotes sur le thème de la crème glacée, mais elle essaya d'alléger l'atmosphère.

— Je parie que je peux deviner quel parfum tu préfères, lança-t-elle. C'est la fraise, n'est-ce pas ?

— C'était… celui que maman préférait, dit Libby d'une voix entrecoupée de sanglots. Ma maman…

Katie regrettait déjà d'avoir abordé ce sujet. À présent, la fillette pleurait à chaudes larmes, et c'était sa faute. Libby se sentait misérable, et elle restait enfermée dans ces toilettes au lieu d'être dans la salle à déguster des glaces avec son papa et son petit frère. Décidément, elle n'était pas douée pour la maternité — ni même pour une relation basique avec une enfant. Pile à ce moment, la sonnerie de son téléphone lui annonça qu'elle avait reçu un texto. *Sam.*

Où êtes-vous, toutes les deux ?

Libby est un peu contrariée. Je parle avec elle dans les toilettes des dames. De retour dans quelques minutes.

En tout cas, elle l'espérait. Elle pivota face à la porte fermée et frappa doucement au vantail. Elle voyait deux petits pieds chaussés de sandales de plage roses, qui se balançaient au-dessus du sol carrelé de la cabine.

— Libby ? Pourquoi ne sors-tu pas ? Ton papa et ton petit frère t'attendent pour commander nos glaces.

— Non.

Sa voix s'étrangla dans un nouveau sanglot. Cette enfant avait le cœur brisé, elle se sentait seule et incomprise, perdue.

— Je devine que ce doit être difficile pour toi d'être ici sans ta maman, dit Katie avec douceur. Aimait-elle beaucoup les glaces ?

— Oui…

— Et ne disais-tu pas que son parfum favori était la fraise ?

Katie n'était pas très sûre que cette évocation de sa mère décédée soit le meilleur moyen de faire sortir Libby de son refuge, mais, lorsqu'elle avait sept ans, au camp de vacances, et qu'elle avait eu peur, elle avait parlé à Michelle, assise de l'autre côté de la porte, des choses qui l'effrayaient ou qui la rendaient triste et, peu à peu, elle avait retrouvé sa sérénité. Cela fonctionnerait peut-être aussi avec Libby.

— Ma maman à moi préférait la glace au chocolat, poursuivit Katie, réduisant la distance entre elles avec des mots. Mais je ne me souviens que d'une seule occasion où elle nous avait emmenés déguster des glaces.

— Seulement une fois ? Et pourquoi ?

— Ma maman… n'était pas très souvent à la maison, reconnut-elle. Alors, c'était mon grand frère qui m'emmenait chez le glacier. Nous y allions tous les mercredis après l'école. Moi, je prenais toujours une glace à deux boules : chocolat en bas et vanille sur le dessus. Colton n'aimait pas les mélanges, et il se contentait d'une seule boule au chocolat. Et toi, Libby ? Quel est ton parfum favori ?

Dans le long silence qui suivit, son téléphone lui annonça qu'elle avait reçu un autre texto. Elle envoya une réponse rassurante, affirmant que tout était sous contrôle. Ce qui était loin d'être le cas.

— J'aime bien la vanille, avec des copeaux de chocolat sur le dessus, finit par dire Libby au bout d'un moment.

Katie entendait le chagrin dans la voix de la petite fille, celui d'avoir perdu sa mère, et elle avait envie de la serrer dans ses bras, de lui promettre que tout allait s'arranger. Mais, hélas, cela n'arriverait pas.

— Et si nous prenions une glace avec des copeaux de chocolat toutes les deux ? Je suis sûre que cela ferait sourire ta maman.

— Mais… ma maman ne peut pas me voir, observa Libby d'un ton triste.

— Moi, je pense que c'est possible, répondit Katie. Tu sais, Libby, lorsque j'avais sept ans, ma grand-mère est tombée malade. J'adorais ma grand-mère et j'étais très malheureuse à l'idée de la perdre. Je me souviens qu'elle était assise dans son fauteuil favori, près de la fenêtre. C'était un énorme fauteuil recouvert de tissu rose à fleurs, et il était parfait pour que je puisse m'y installer avec elle. Ma grand-mère a tendu le doigt vers le ciel bleu, au-dehors, et elle m'a déclaré : « Vois-tu cet espace, juste derrière ce petit nuage ? C'est là-bas que je serai, et, de là-haut, je veillerai sur toi. »

— Pouvez-vous la voir, là-haut ? s'enquit Libby en reniflant.

— J'aimerais pouvoir le faire, mais les nuages sont trop loin. Quelquefois, je pense très fort à elle, et je lui dis qu'elle me manque.

Mamie Martha avait été une maman pour elle, bien davantage que sa mère. C'était elle qui préparait des cookies, qui décorait le sapin à Noël et qui affichait les dessins de Katie sur la porte du réfrigérateur. À sa mort,

Colton avait pris sa place auprès de Katie, comme substitut aux parents dont tous deux avaient été privés.

— J'ai toujours été heureuse de savoir qu'elle était là-haut, en train de veiller sur moi, conclut-elle.

Un très long silence s'ensuivit, puis elle entendit le bruit du loquet que l'on enlevait, le battant s'entrouvrit, et la tête de Libby apparut dans l'embrasure.

— Croyez-vous que ma maman me verrait, si je lui faisais signe ? s'enquit la petite fille, les yeux brillants de larmes. Et, si je prends une glace avec plein de copeaux de chocolat sur le dessus, est-ce qu'elle la verra aussi ?

— Oui, ma chérie, murmura Katie, le cœur serré. J'en suis absolument certaine.

Un sourire hésitant s'épanouit lentement sur le visage de Libby, et elle hocha la tête sans un mot.

Au même instant, on frappa à la porte des toilettes des dames, et elles entendirent la voix de Sam.

— Tout va bien, les filles ?

— Maintenant, oui, répondit Katie.

Elle sourit une nouvelle fois à Libby, et, cette fois-ci, l'enfant lui rendit son sourire. Katie se leva, et elles allèrent ensemble se laver les mains. Puis Libby glissa sa petite main dans celle de Katie, et elles rejoignirent Sam, qui attendait près du comptoir.

— Je crois que nous sommes prêtes à déguster des glaces, à présent, déclara Katie.

— Avec des copeaux de chocolat, souffla Libby.

— Oui, ma chérie, répondit Katie en étreignant tendrement sa main. Avec beaucoup de copeaux de chocolat.

- 9 -

Sam brûlait de questionner Katie au sujet de ce qui s'était passé dans les toilettes des dames, mais il s'en garda bien, pour ne pas risquer de détruire le fragile équilibre retrouvé de Libby. La fillette ne paraissait plus en colère ni contrariée et se tenait près de Katie dans la file d'attente, sa main dans la sienne. Sam portait Henry endormi serré contre lui, et il ne put s'empêcher de songer qu'il n'avait pas vécu un moment aussi parfait depuis très longtemps. Cette femme — une parfaite inconnue — avait apporté un peu de paix dans le chaos qu'était devenue sa vie depuis presque deux ans.

Libby dit quelque chose au sujet des vaches et du lait, mais Sam ne l'entendit pas, car il était fasciné par le sourire de Katie, la courbe de ses lèvres, l'éclat de ses yeux.

Depuis le décès de Wendy, Sam remarquait à peine les autres femmes et n'en avait fréquenté aucune. Où en aurait-il trouvé le temps, d'ailleurs, entre son travail, les lessives et tout le reste ? Mais, plus que cela, il n'en avait pas eu *envie* ; il avait aimé Wendy au premier regard et, après sa mort, il n'avait jamais pensé qu'une autre femme pourrait le fasciner ainsi. Jusqu'à aujourd'hui.

Il était peut-être temps de recommencer à vivre, de rouvrir son cœur au bonheur. Katie tourna la tête au même instant, et elle surprit son regard fixé sur elle.

— Qu'y a-t-il ? fit-elle en rougissant.

Il était tenté de lui dire combien il la trouvait belle,

mais la file d'attente devant le comptoir d'un glacier n'était peut-être pas le lieu le plus indiqué pour cela.

— Heu… Quel parfum allez-vous choisir ? bredouilla-t-il.

— Je vais rester dans les classiques, répondit Katie en souriant. Une boule de chocolat dessous…

— Et une boule de vanille par-dessus, termina Libby à sa place. Moi aussi, je veux essayer ça. Avec des copeaux de chocolat dessus.

— Excellente idée, opina Sam. Je prendrai la même chose.

Cinq minutes plus tard, munis de cônes identiques et d'une glace à la vanille en pot pour Henry, ils ressortirent du magasin pour s'installer dehors à l'une des tables de pique-nique. Henry se réveilla, réclamant aussitôt son dessert, et les deux enfants s'assirent autour d'une petite table, tandis que Katie et Sam prenaient place sur un banc à quelques pas d'eux.

— De quoi avez-vous parlé, toutes les deux ? s'enquit Sam.

— Libby m'a avoué que sa mère lui manquait, et je lui ai répondu qu'elle veillait sur elle depuis le ciel.

Sam se sentit profondément ému par ces propos et, tournant le regard vers sa petite fille, il la vit qui riait, son ours en peluche posé sur le banc près d'elle. De temps à autre, elle levait les yeux vers le ciel, et l'ombre d'un sourire étirait ses lèvres.

— C'est… merveilleux. Merci, Katie.

— Ce n'était rien, assura-t-elle, haussant les épaules.

— Si, vraiment, insista-t-il. Ils ont vécu des jours si difficiles… J'aurais aimé trouver les mots justes pour les aider, mais je ne faisais qu'empirer la situation.

Il avait été trop occupé à s'assurer que le dîner serait sur la table et que les enfants iraient à l'école. Il comprenait à présent combien ces moments-là lui avaient manqué, combien ils étaient importants sur le long chemin vers la guérison des cœurs blessés.

En ce moment même, Libby aidait son petit frère à

manger sa glace en pot, portant la cuiller à sa bouche. Il y aurait d'autres disputes entre eux, bien sûr — peut-être même dans les cinq prochaines minutes —, mais Sam s'autorisa à savourer l'instant.

— Je fais de mon mieux, Katie, ajouta-t-il en soupirant. Mais c'est difficile. Surtout avec Libby. Quand ma fille a exigé de rentrer à la maison presque à la seconde où nous sommes arrivés sur la plage, c'est *vous* qui l'avez convaincue de rester et de jouer à ce jeu. C'est *vous* qui êtes allée lui parler lorsqu'elle s'est enfermée dans les toilettes, c'est *vous* qui l'avez rassurée en lui disant que sa maman veillait toujours sur elle depuis le ciel. Quant à moi, je crois que j'ai perdu toute possibilité d'une bonne relation avec elle.

— Pas forcément, argua Katie. Vous pourriez peut-être porter à vos enfants la même attention que vous mettez dans votre travail : face à un immeuble, vous suivez votre instinct, j'en suis sûre ; vous savez quels clients appeler, et comment leur vanter les qualités de la propriété et minimiser ses défauts.

— Et quel rapport y a-t-il avec l'éducation des enfants ?

— Eh bien, il faut essayer de trouver un angle positif à toutes ces choses que les enfants détestent, comme manger du brocoli, et anticiper leurs besoins et leurs envies. C'était ainsi que je travaillais avec mes clients au cabinet de comptabilité, et, si cela fonctionne avec des adultes intelligents et éduqués, cela devrait le faire avec des enfants.

— C'est l'évidence même, convint-il. Henry et Libby ont déjà trop souffert, je ne veux pas rendre leur vie plus difficile une seule seconde si je peux l'éviter.

— Vous vous en sortez magnifiquement bien, assura Katie en terminant sa crème glacée.

Les deux enfants avaient terminé, eux aussi, et ils demandèrent la permission d'aller jouer sur l'aire de jeux installée sur la pelouse du glacier.

— Dix minutes seulement, répondit Sam. Ensuite il sera l'heure de rentrer à la maison.

Libby fit la grimace, mais elle ne protesta pas. Laissant son ours sur le banc près de Katie et de Sam, elle rattrapa Henry en courant, et une seconde plus tard ils grimpaient à l'échelle du toboggan. Libby aida son petit frère à monter, et elle le laissa glisser sur le toboggan le premier. Malgré ses airs supérieurs, on voyait bien qu'elle adorait son cadet. Sam se dit qu'il n'avait peut-être pas tout à fait échoué, après tout.

— Et vous, Katie ? s'enquit-il alors qu'ils se promenaient à pas lents dans le petit parc. Comment se fait-il qu'une femme aussi extraordinaire que vous soit toujours célibataire ? Ne devriez-vous pas déjà avoir un mari, et un ou deux enfants ?

Elle demeura silencieuse durant un très long moment. Si longtemps qu'il était sur le point de lui poser à nouveau la question lorsqu'elle répondit enfin :

— Je suppose que l'opportunité ne s'en est jamais présentée.

— L'opportunité ? répéta-t-il en riant. On croirait vous entendre parler d'une recherche d'emploi. Le mariage est une chose merveilleuse, Katie. J'ai été très heureux durant mon mariage. Et les enfants sont un vrai bonheur, même s'ils peuvent se montrer insupportables, certains jours. J'adorerais me remarier, et peut-être avoir d'autres enfants.

Il lui fit un clin d'œil, avant d'ajouter :

— Si la bonne occasion se présente, naturellement.

Il s'attendait à la faire rire, mais sa réaction fut très différente. Une ombre traversa son visage, et sa bonne humeur précédente s'évapora.

— Je crois que les dix minutes sont écoulées, remarqua-t-elle. Nous devrions peut-être nous mettre en route afin que vous puissiez ramener les enfants à la maison.

Mais, s'il faisait cela, cette journée avec Katie serait terminée. Et, tout à coup, Sam n'avait pas envie de la quitter.

— Et si j'appelais Della pour lui demander de venir

dès que les petits seront au lit ? Ensuite, nous pourrions sortir, rien que vous et moi.

— Sam, répondit-elle, la journée a été longue, et…

— Est-il toujours aussi difficile de vous convaincre ? la coupa-t-il en souriant. Car je crois me souvenir que, la dernière fois, vous m'aviez rendu mon baiser. À deux reprises, même. J'avais cru détecter chez vous un certain intérêt.

— C'est… compliqué, soupira-t-elle.

— Vous me l'avez déjà dit… une bonne douzaine de fois.

Il avait senti qu'elle le désirait aussi. À moins, bien sûr, que trop longtemps déconnecté des jeux de l'amour il se soit mépris sur ses intentions.

— Pourquoi est-ce si compliqué ? Un petit ami à Atlanta ?

— Non, répondit-elle, à son grand soulagement. Aucun petit ami. Mais je ne compte pas rester vivre ici, vous le savez. Je dois retourner à Atlanta, à ma véritable carrière.

C'était tout naturel, bien sûr, mais il ne voulait pas penser au jour où cela se produirait. Il lui suffisait de savoir qu'elle était là, ici et maintenant. Il avait envie de voir Katie plus souvent — et pas en présence de ses enfants.

Il savait que Libby et Henry s'étaient déjà attachés à elle autant que lui. Il n'avait pas envie qu'elle reparte. Il ne voulait pas qu'elle retourne à Atlanta, mais pour cela il lui faudrait trouver un moyen imparable pour la retenir à Stone Gap.

— Cela ne nous empêche pas de passer un peu de temps entre adultes, argua-t-il. Alors, avant que vous m'opposiez un autre refus, je vais appeler Della.

Joignant le geste à la parole, il sortit son téléphone, et, une minute plus tard, son problème de baby-sitter était réglé.

— Della va venir à la maison dans quelques heures. Cela nous laissera le temps de faire dîner les enfants, de leur donner leur bain et de les mettre au lit.

— Vous ne renoncez pas facilement, observa-t-elle, esquissant un sourire.

— Non, c'est vrai, reconnut-il. C'est vrai dans l'immobilier, et aussi… avec les femmes aussi belles qu'obstinées.

Katie avait choisi de retourner à la pension pour se changer et permettre à Sam de profiter de Henry et Libby — et aussi pour se laisser le temps de réfléchir aux raisons qui l'avaient poussée à accepter ce dîner. Elle aurait dû garder ses distances avec lui, mais quelque chose dans son sourire l'attirait irrésistiblement, même si elle savait que cet homme désirait un avenir qu'elle ne pourrait jamais lui offrir : Sam rêvait de mariage, peut-être d'autres enfants.

Alors, faute d'une meilleure idée, elle fit ce qu'elle faisait le mieux : elle ouvrit ses mails pour vérifier si quelqu'un à Atlanta avait besoin d'un expert-comptable. Deux propositions d'emploi, provenant de deux grands cabinets d'une excellente réputation, l'attendaient, ce qui signifiait qu'elle allait devoir prendre une décision — rester à Stone Gap ou rentrer.

Dans un cas comme dans l'autre, c'était une folie de songer à une relation à long terme avec un homme qu'elle venait tout juste de rencontrer. Avec Sam, une femme passerait sa vie dans une petite ville, dans une jolie maison avec un jardin entouré d'une barrière blanche, avec un golden retriever espiègle. L'espace d'un instant, elle avait cru pouvoir être cette femme-là.

Elle n'était même pas certaine de vouloir prendre à nouveau ce genre de risque, d'oser rêver d'un avenir avec un mari et des enfants, pour qu'au final tout cela disparaisse comme un mirage.

— Vous êtes vraiment ravissante, déclara Della lorsque Katie entra dans la cuisine, un peu plus tard. Je me réjouis que Sam et vous ayez trouvé un moyen de passer une soirée ensemble.

— Puis-je vous poser une question ? s'enquit Katie en s'asseyant à la table, dans cet espace douillet où elle se sentait déjà chez elle après à peine deux semaines.

— Ma chère, j'ai été élevée par une femme qui avait son franc-parler, répondit Della en souriant. Ma chère maman ne laissait jamais passer une journée sans dire aux gens le fond de sa pensée ou leur donner des conseils qu'ils n'avaient pas toujours sollicités. Vous pouvez me parler sans détour.

— Comment sait-on si on est prête à fonder un foyer avec quelqu'un ? demanda Katie, les yeux baissés sur ses mains qu'elle serrait avec nervosité.

— Je ne suis pas sûre que l'on soit jamais tout à fait prête, répondit Della. C'est une situation effrayante, car cela signifie que l'on devra confier son cœur à une seule personne, en espérant que celle-ci ne le brisera pas.

Le regard de Della se fit lointain, et Katie se demanda si elle pensait à la brève aventure extraconjugale qu'avait vécue son mari, celle qui avait donné naissance à Colton. Katie adorait Della Barrow, mais elle remerciait aussi le ciel pour l'existence de son frère.

— Je n'avais jamais songé qu'une vie paisible dans une petite ville pourrait être mon avenir, observa Katie. J'ai eu une enfance… difficile. Très jeune, j'avais déjà décidé qu'au lieu de fonder un foyer je me consacrerais à ma carrière et que je ne finirais jamais comme ma mère. Puis j'ai eu l'opportunité de mener exactement le genre de vie que j'avais si soigneusement évité, et, même si cela… n'a pas fonctionné, j'en ai gardé le désir.

L'expression de Della s'adoucit. De toute évidence, elle comprenait, comme s'il existait une entente tacite entre femmes qui devinaient les souffrances que les autres avaient traversées.

— Et vous êtes terrorisée à l'idée de prendre une nouvelle fois ce risque, de crainte que la même situation ne se reproduise.

Un flot de larmes brûlantes monta aux paupières de Katie, et, la gorge nouée, elle ne put qu'acquiescer en silence.

— Dans la vie, il faut savoir prendre des risques, ma chère, déclara Della en posant doucement la main sur la sienne. On risque son cœur, et parfois on souffre. Mais il se peut aussi que vous trouviez un amour plus beau que tout ce que vous aviez imaginé, capable de traverser les plus grandes tempêtes ; un amour qui vous soutiendra en permanence, surtout dans les moments où vous avez subi une perte que vous pensiez irréparable.

Les paroles de Della semblaient provenir d'un lointain recoin dans sa conscience, là où palpitait une douleur semblable à celle de Katie.

— Avez-vous perdu un bébé, vous aussi ?

Della hocha la tête, les yeux brillants de larmes retenues. Même après toutes ces années, il était clair que le souvenir brûlant de ce drame était toujours présent, prêt à chaque instant à remonter à la surface.

— C'était ma deuxième grossesse. Mac était encore tout petit et, quand je suis à nouveau tombée enceinte, une partie de moi-même… s'est révoltée. J'avais toutes les peines du monde à m'occuper de mon premier bébé, alors qu'aurais-je fait d'un second ? Puis, un mois plus tard, je me suis réveillée avec des douleurs abominables et j'ai pensé…

Elle s'interrompit et prit une profonde inspiration avant de poursuivre :

— J'ai pensé que Dieu me punissait d'avoir souhaité ne pas être enceinte. Heureusement, mon Bobby était là, et nous avons traversé cette mauvaise passe ensemble. Mais, durant très longtemps, je me suis sentie dévaluée, parce que mon corps m'avait trahie.

— C'est ce que je ressens aussi, avoua Katie. Donner la vie est une chose que font toutes les femmes, et moi… j'en ai été incapable.

— Ce n'était pas votre faute, ma chère enfant, la nature a ses propres priorités. Il m'a fallu beaucoup de temps pour rassembler le courage d'essayer à nouveau, mais je suis heureuse de l'avoir fait, car, aujourd'hui, j'ai Jack et Luke. Ces garçons sont la lumière de ma vie, et la famille que j'ai fondée avec Bobby est le seul héritage que je tiens à laisser.

Della se leva pour serrer brièvement Katie dans ses bras, avant d'ajouter d'une voix douce :

— Prenez le risque, Katie. Au bout du compte, même si cela ne fonctionne pas entre vous, vous en ressortirez plus forte et meilleure, et votre vie aura plus de sens que si vous vous enfermez dans une routine sans danger.

Un nouveau flot de larmes monta aux paupières de Katie. Cette femme qu'elle connaissait à peine se montrait plus maternelle avec elle que sa propre mère ne l'avait jamais été. Dans un élan irraisonné, elle la serra dans ses bras. L'étreinte de sa logeuse était aussi douce, aussi accueillante et parfumée que le reste de sa maison. Lorsqu'elles reprirent leurs distances, Katie remarqua que les yeux de Della brillaient d'émotion.

— Je vous souhaite de passer une merveilleuse soirée. Sam est un homme bien, l'un des meilleurs. Et, si vous êtes prête à courir le risque avec lui, il se pourrait même que vous trouviez exactement ce que vous cherchez depuis toujours.

— Ah ? fit Katie. Et qu'est-ce donc ?

Della lui caressa gentiment la joue, ses iris verts semblant lire tout au fond de son âme.

— Un foyer, murmura-t-elle.

- 10 -

Planté sous le porche du Stone Gap Inn, Sam se sentait aussi nerveux que le jour où il s'était présenté chez Amy Jean Mollering pour lui demander de l'accompagner au bal de fin d'année du lycée. Ce soir même, il s'était coupé en se rasant et il avait les idées si embrouillées qu'il avait failli quitter la maison sans ses chaussures.

Après avoir regardé *La Reine des neiges*, pris leur bain et écouté trois contes successifs, Libby et Henry s'étaient enfin endormis. Sam avait décidé que c'était un bon signe, que sa relation avec ses enfants s'améliorait, mais son optimisme s'était évaporé sitôt qu'il avait grimpé les marches de la pension.

Naturellement, c'était idiot de se sentir aussi anxieux à l'idée de revoir une personne avec qui il avait déjà passé une partie de la journée à la plage, mais c'était la première fois qu'il serait toute une soirée en tête à tête avec une femme depuis très, très longtemps, et il n'était pas sûr de se rappeler comment on se comportait dans de telles occasions. De plus, l'ami à qui il aurait le plus volontiers demandé conseil était le frère de Katie, et donc il était exclu de s'adresser à lui pour de quelconques suggestions.

Rassemblant son courage, il sonna à la porte, et Mavis Beauchamp vint lui ouvrir presque aussitôt, dans une robe de chambre à fleurs multicolores.

— Sam Millwright ! s'exclama-t-elle en le serrant avec affection dans ses bras. Quelle surprise ! Voilà des mois qu'on ne vous avait plus vu, jeune homme.

— Bonsoir, madame Beauchamp.

— Qu'est-ce qui vous amène ? s'enquit-elle en reculant d'un pas pour l'examiner de la tête aux pieds.

— Je viens voir Katie, expliqua-t-il d'un ton un peu guindé.

— Ah, oui ! Della m'a dit quelque chose à ce sujet, juste avant de partir. Entrez donc et mettez-vous à l'aise, je vais aller prévenir Katie.

Elle le conduisit dans le grand salon et indiqua une causeuse de soie rose fané, avant d'ajouter :

— Puis-je vous apporter du thé glacé ? De la citronnade ?

— Merci, madame Beauchamp, mais c'est inutile.

— Très bien. Je reviens tout de suite.

Elle disparut dans le couloir, et Sam l'entendit parler avec Katie dans la cuisine, et lui annonçant qu'un « jeune monsieur » venait lui rendre visite. Sam faillit éclater de rire tant cela faisait longtemps qu'on ne l'avait plus appelé ainsi.

Il se leva lorsque Katie entra dans le salon. Elle s'était changée depuis leur retour de la plage et était vêtue d'une robe bleu pâle qui s'élargissait à partir de la taille pour danser autour de ses jambes. Sa chevelure de jais cascadait librement sur ses épaules, et elle devait porter un maquillage un peu différent, car ses yeux paraissaient encore plus immenses et sombres.

— Vous êtes très belle, déclara-t-il.

— Merci, fit-elle en rougissant.

— Comme nous avons déjà dîné l'un et l'autre, je vous propose de vous emmener dans un de mes endroits favoris, à Stone Gap.

— Où cela ?

— C'est une surprise, répondit-il avec un sourire mystérieux.

— Ne vous avisez pas d'aller au belvédère des amoureux ! lança Mavis depuis la cuisine. Le siège arrière de votre voiture n'est pas la place d'une dame.

— Ne vous inquiétez pas, madame Beauchamp, fit Sam, amusé. Je ne suis pas ce genre d'homme.

— C'est ce qu'ils disent tous, glousssa Mavis, réapparaissant sur le seuil du salon. Filez vite, tous les deux.

— Bonne nuit, Mavis, dit Katie en glissant le bras sous le sien. Ne nous attendez pas, nous rentrerons tard.

Sam accompagna Katie à sa voiture, lui ouvrit sa portière et, lorsqu'elle fut installée, fit le tour jusqu'au côté conducteur. Il se sentait à nouveau très nerveux et s'en tint donc au sujet sans danger des enfants :

— Même après cette journée à la plage, j'ai dû lire trois contes aux enfants avant qu'ils consentent à s'endormir. Libby a réclamé un livre qu'elle adorait quand elle était petite, c'est une première depuis très longtemps.

— C'est merveilleux, s'extasia Katie.

— Je crois quand même que Della a été un peu déçue de les trouver endormis à son arrivée.

— Elle avait sûrement envie de les choyer, convint Katie. C'est la femme la plus maternelle que j'aie jamais rencontrée : il y a du café chaud et des petits pains tout juste sortis du four devant la porte de ma chambre tous les matins, de délicieux cookies tout frais dans la cuisine, et même les draps ont un parfum de lilas.

— Della est la maman que tout le monde aurait rêvé d'avoir, confirma Sam. Les Barlow sont une famille formidable, qui fait honneur à Stone Gap.

Il démarra en douceur. La nuit commençait à tomber, et les éclairages publics s'allumaient les uns après les autres.

— J'ignore ce que vous ressentez, remarqua Katie, adossée à son siège. Mais, moi, je me sens terriblement nerveuse.

— Vous lisez dans mes pensées, répondit-il en riant. C'est peut-être parce que c'est la première fois depuis une éternité que je sors avec une femme ou parce que vous êtes la nounou de mes enfants, mais… il est vrai que cette situation est un peu étrange.

— Et si nous disions qu'il ne s'agit pas d'un rendez-vous romantique, mais d'une soirée entre amis ? suggéra-t-elle.

Effacer l'aspect romantique de cette soirée lui permettrait peut-être de gommer sa culpabilité. Il n'était veuf que depuis un an et demi. Était-ce mal ? Était-il trop tôt ? Ne s'était-il pas caché derrière ces sentiments pour éviter de reconnaître qu'il éprouvait une irrésistible attirance pour Katie ?

— D'accord, acquiesça-t-il en souriant. Ceci n'est pas un rendez-vous romantique. Techniquement parlant, au moins.

— Très bien, alors. Où m'emmenez-vous pour cette soirée surprise pas du tout romantique ?

— Si je vous le disais, ce ne serait plus une surprise, n'est-ce pas ?

Ils roulaient en direction de la sortie de la ville, et, bientôt, les maisons s'espacèrent, cédant la place à des taillis. Puis ils s'engagèrent enfin sur une route à travers une épaisse forêt où les rayons de la pleine lune ne pénétraient presque plus. Il tourna à gauche sur une piste de terre et, un moment plus tard, ils arrivèrent en vue d'une bâtisse de bois un peu délabrée qui semblait s'être trouvée là de toute éternité. Sam arrêta la voiture devant la maison et coupa le moteur.

— Voilà le lieu que je préfère à Stone Gap.

— Cette… maison ? s'étonna-t-elle. Mais, c'est…

— Une ruine, termina-t-il à sa place. Mais une ruine avec énormément de potentiel. Venez, je vais vous faire visiter.

Il sortit une lampe-torche de la boîte à gants, descendit de son véhicule et le contourna pour lui ouvrir la portière. Par chance, elle avait choisi de porter des ballerines à talons plats avec sa robe, car le terrain était plutôt accidenté.

— Elle est encore solide, assura Sam en éclairant l'allée devant eux. Et la vue d'ici est superbe.

Sam l'aida à monter les marches du perron, et ils firent le tour de la maison, main dans la main. Au pied de la colline, devant eux, le lac de Stone Gap scintillait sous la lune comme un miroir frissonnant. Dans le silence de la nuit, une chouette hulula derrière eux.

— C'est magnifique, murmura Katie dans un souffle. Absolument superbe.

— Quand j'étais petit, je venais ici après l'école et je m'asseyais sur la terrasse pour faire mes devoirs. Je contemplais le lac durant des heures, les oiseaux dans le ciel, les poissons argentés bondissant hors de l'eau, les pêcheurs profitant d'un après-midi de détente. J'imaginais que, quand je serais adulte, j'achèterais cette maison et que je vivrais ici avec douze enfants.

— Pourquoi y avez-vous renoncé ?

— Wendy préférait la vie citadine, expliqua-t-il avec un haussement d'épaules. Elle aimait avoir des voisins, assister à des fêtes de quartier, alors, c'est ce que nous avons fait. Mais cette maison… C'était ici que j'aurais voulu voir grandir Henry et Libby, les voir courir dans la nature, pêcher dans le lac, accrocher une balançoire à un arbre.

Katie parcourut du regard le paysage devant eux, le lac, la forêt, la longue clairière sur leur droite, avant de se retourner face à lui.

— Qui en est le propriétaire, aujourd'hui ?

— Un agent immobilier surchargé de travail et père de deux enfants.

— Alors, en fin de compte, vous l'avez achetée ? s'exclama-t-elle avec ébahissement.

Il se souvenait encore du jour où il avait signé l'acte de propriété de cette vieille demeure, persuadé d'avoir enfin réalisé son rêve. De l'excitation qu'il avait ressentie lorsqu'il avait remis les clés à Wendy, à l'idée de cette nouvelle vie qui s'ouvrait devant eux — un avenir radieux.

— Je pensais faire une surprise à mon épouse pour notre cinquième anniversaire de mariage, répondit-il en soupirant. Libby avait quatre ans, et je m'étais dit qu'il était grand temps de quitter notre lotissement pour nous installer dans une superbe bâtisse ancienne. Wendy et moi nous disputions rarement, mais, pour une fois, cela a vraiment été la guerre entre nous. Pour mettre fin aux hostilités, j'ai accepté de revendre la propriété, mais je n'ai jamais pu me résoudre à m'en séparer. Les mensualités du crédit n'étaient pas très élevées parce que la maison ne valait pas grand-chose, alors j'ai continué à les payer, et nous avons continué à nous quereller à ce sujet.

— Je pense que c'est un site fabuleux, assura Katie en parcourant le magnifique panorama du regard. J'ai vécu en ville toute ma vie, dans des appartements minuscules comme des cellules de prison. J'aurais adoré grandir dans un lieu comme celui-ci. Et, même en tant qu'adulte, je ne dédaignerais pas d'y habiter.

Cette remarque fit plaisir à Sam : il avait espéré que Katie aurait cette réaction, mais il n'avait pas été vraiment certain qu'elle aime cette bâtisse délabrée autant que lui. Il avait joué avec l'idée d'engager Savannah, qui était fiancée avec Mac Barlow, pour organiser les travaux de rénovation. Il avait vu ses réalisations — y compris la rénovation du Stone Gap Inn — et avait été très impressionné.

— Voulez-vous visiter le reste des lieux ? suggéra-t-il.

— Oui, cela me plairait beaucoup.

Il lui tendit la main pour entrer dans la maison et, lorsqu'elle la saisit, ce contact lui procura un sentiment de perfection. La torche électrique éclairant leurs pas, ils déambulèrent de pièce en pièce, tandis que Sam lui exposait ses idées pour rendre son ancienne gloire à cette vieille bâtisse. Il avait eu des années pour réfléchir à toutes les possibilités et il avait élaboré une foule de projets, qu'il lui dévoila avec enthousiasme.

Quittant le salon, ils passèrent dans la salle à manger, où les grandes fenêtres offraient une vue spectaculaire du panorama à l'arrière de la maison. Le précédent propriétaire avait commencé des travaux plus de vingt ans auparavant et, même s'il n'avait pas été très loin, Sam comprenait sa vision et avait déjà sa petite idée de l'aspect qu'aurait la demeure avec toutes les transformations qu'il comptait y apporter.

— Les lambris anciens sont encore en excellent état, observa-t-il, et je pense qu'ils peuvent être conservés. Dans le cas contraire, Savannah a de nombreux contacts pour des matériaux de récupération.

— Ces parquets de chêne sont fabuleux, remarqua Katie. Allez-vous les garder aussi ?

— Dans la mesure du possible, oui. Il y a eu des dégâts des eaux dans la cuisine, et une fuite dans la toiture a beaucoup endommagé le sol et les murs de l'une des chambres à l'étage. J'ai réparé la toiture de façon temporaire, mais elle a besoin d'être entièrement remise à neuf.

— Tout cela va coûter beaucoup d'argent, observa Katie.

— Oui, c'est vrai. Mais, si je mène à bien ce projet immobilier au centre commercial, la commission à laquelle j'aurai droit devrait suffire pour commencer les travaux.

Sam réprima un soupir, revenant au dilemme avec lequel il se débattait depuis plus de un an. Était-ce réellement une bonne idée d'entamer une nouvelle vie dans cette maison ? Il avait toujours imaginé ses enfants en train de courir dans le grand jardin, de nager dans le lac, d'afficher leurs dessins sur les murs de la cuisine, de décorer l'arbre de Noël devant la baie vitrée du salon, mais…

— Mais j'hésite encore à arracher les petits à leur environnement familier pour les emmener dans un endroit inconnu, ajouta-t-il. Tous les souvenirs qu'ils ont de leur mère sont liés à l'autre maison.

— Non, Sam, vous vous trompez, répondit-elle en posant la main sur sa poitrine, à la place du cœur. Ils sont *ici*. Dans les soirées de crème glacée des mardis, dans l'histoire — toujours la même — qu'ils écoutaient avant de s'endormir, et même dans George, l'ours en peluche. Si vous discutiez avec eux, vous découvririez qu'ils ont beaucoup de souvenirs de leur maman… et beaucoup de choses à vous dire.

Libby n'avait pratiquement jamais parlé de sa mère

depuis son décès, et Henry s'était renfermé sur lui-même. Sam ne voulait pour rien au monde les faire souffrir encore davantage.

— Je supposais qu'en leur parlant de leur mère je ne ferais que raviver leur douleur, répondit-il en soupirant. Ces enfants ont déjà beaucoup enduré.

— Ils ont envie de partager ces souvenirs avec vous, et je crois qu'ils en ont besoin. Et, à mon avis, si vous faites cela, la maison où vous vivrez n'aura pas la moindre importance.

Sa main fine était restée sur son torse, et il sentait la chaleur de sa paume à travers le coton de sa chemise. La recouvrant de la sienne, il lui sourit. Cette femme était extraordinaire ; en quelques mots, elle avait dissipé ses doutes et soulagé ses craintes.

— Où puisez-vous toute cette sagesse ? murmura-t-il.

— Je lis énormément de littérature romantique, expliqua-t-elle avec un sourire lumineux.

— Et, dans ces romans, le héros sauve toujours l'héroïne, je suppose ?

— Quelquefois, c'est le contraire, répliqua-t-elle, abaissant le regard vers leurs mains jointes.

Durant un moment, ni l'un ni l'autre ne dit plus rien ; l'air entre eux semblait crépiter d'électricité. Il brûlait d'envie de l'embrasser et de ne pas s'arrêter là, mais il hésitait encore ; ce rendez-vous romantique qui n'était pas censé en être un l'avait plongé dans une sorte de purgatoire.

— Venez, dit-il d'une voix un peu rauque. Je vais vous montrer la cuisine.

Serrant toujours sa main dans la sienne, il l'entraîna jusqu'à la vaste pièce, au bout d'un petit couloir. Elle était dotée d'une grande cheminée et d'un îlot central. Les placards du haut avaient disparu, mais l'évier était toujours là, et deux tabourets de bar étaient disposés de part et d'autre du plan de travail au milieu de la pièce.

Deux grosses bougies et un bouquet de fleurs fraîches dans un vase le décoraient, à côté de sandwichs et d'un assortiment de desserts. Une bouteille de vin reposait dans un seau à glace. Sam se pencha pour allumer les bougies, puis il recula d'un pas.

— Oh ! Sam ! s'exclama Katie en étreignant sa main un peu plus fort. Quand avez-vous préparé tout cela ?

— J'ai fait un petit crochet en allant vous chercher. J'ignorais quel vin vous préfériez et j'espère que ce chardonnay sera à votre goût. J'ai pris deux sortes de sandwichs pour vous permettre de choisir.

— C'est merveilleux. Merci.

— Le meilleur siège de la maison, mademoiselle, dit-il en lui tirant cérémonieusement l'un des tabourets.

Lorsqu'elle fut assise, il prit place en face d'elle, et ils se partagèrent les sandwichs, puis Sam leur servit à boire. La tension sexuelle qui vibrait entre eux était comme une musique de fond accompagnant les mets et la conversation.

— Qu'est-ce qui vous a incité à choisir une carrière dans l'immobilier ? s'enquit-elle en mordant à belles dents dans son sandwich.

— Lorsque j'étais enfant, j'étais fasciné par le bâtiment. Je songeais à devenir architecte ou entrepreneur de travaux publics, mais ensuite j'ai rencontré Wendy. Son oncle, qui était agent immobilier, m'a permis de l'accompagner en quelques occasions pour me montrer en quoi consistait le métier. J'adorais le défi de parvenir à vendre une maison, trouver le bon acheteur ou la propriété parfaite pour un client potentiel. Et vous ? Pourquoi êtes-vous devenue experte-comptable ?

— En tout cas, ce n'était pas parce que j'adorais la comptabilité, répondit-elle en riant. Au lycée, j'étais douée en maths et j'appréciais ce monde bien ordonné, fait d'exactitude. Mon conseiller pédagogique m'a suggéré de me renseigner sur les écoles de comptabilité, et la première que j'ai sollicitée m'a offert une bourse d'études. Alors, j'ai accepté. J'avais besoin de changer d'horizon, Colton travaillait à la caserne des pompiers, et j'avais envie de quitter la maison. Et c'est ainsi que je suis devenue experte-comptable.

— L'ordre au milieu du chaos, commenta-t-il. Je comprends parfaitement. Vous avez fait la même chose avec mes enfants, vous savez. Notre situation était un vrai chaos jusqu'à ce que vous arriviez.

Elle tourna son verre de vin blanc entre ses doigts, observant le liquide doré dans la douce lumière des bougies, avant de répondre :

— Je crois que c'est parce que je les comprenais. Colton et moi sommes devenus proches à cause de l'éloignement, de l'indifférence de notre mère, et j'ai l'impression qu'après avoir perdu leur maman Henry et Libby se sont également rapprochés l'un de l'autre.

— Oui, c'est vrai, convint-il en soupirant. Moi, je travaillais et j'étais aveuglé par mon propre chagrin, je n'étais pas aussi présent que j'aurais dû l'être. Je donnerais tout pour effacer ces quelques mois et tout recommencer.

— C'est ce que vous faites aujourd'hui, Sam. Et c'est cela qui est important.

— Avec votre aide, murmura-t-il, posant la main sur la sienne. Vous avez ramené l'harmonie dans ma vie. Je ne pourrai jamais assez vous remercier.

— Je n'ai fait que mon travail, dit-elle en baissant la tête.

— Et c'est tout ce que c'est, pour vous ? Un travail ?

Elle releva les yeux vers les siens. Dans le très long silence qui s'ensuivit, ce lien mystérieux qui les unissait l'un à l'autre devint plus tangible, délicat et mouvant comme la caresse du vent.

— Non, reconnut-elle dans un souffle. C'est plus que cela.

Ces paroles lui procurèrent un immense bonheur, lui firent oublier toutes les raisons pour lesquelles cette soirée n'était pas censée être un rendez-vous romantique. Il savait juste qu'elle était belle, qu'ils étaient seuls et qu'il avait très envie de l'embrasser.

— Que désirez-vous pour le dessert ? s'enquit-il en

se levant pour aller jeter les assiettes en carton dans la poubelle. Nous avons du cheese-cake, des brownies, des fraises au chocolat. Comme j'ignorais ce que vous préfériez, j'ai pris un peu de tout.

— En matière de desserts, comme pour le vin, je ne suis pas très difficile, répondit-elle en lui offrant un sourire lumineux. J'adore tout ce qui a un goût de chocolat.

— Tout ?

— Absolument tout, murmura-t-elle.

Son sourire avait changé de nature, un peu plus provocant, et le désir que Sam avait réussi jusque-là à museler commença à échapper à son contrôle. Trempant l'index dans la sauce brune, il le plaça contre ses lèvres merveilleuses. Elles s'entrouvrirent, et, sans quitter son regard, Katie lécha le chocolat. Sam réprima un gémissement, et sa bouche vint remplacer son doigt ; il l'embrassa passionnément, se délectant du goût du chocolat sur sa langue.

Elle se blottit tout contre lui, leurs deux corps s'emboîtant parfaitement l'un dans l'autre. Il laissa vagabonder ses mains sur son dos, sur la courbe délicieuse de ses hanches. Ses doigts fins crispés sur sa chemise, elle l'attirait à elle, brûlant d'un désir égal au sien. Il était extrêmement tenté de relever sa jupe et de lui faire tout de suite l'amour là où ils étaient, à même le plan de travail de la cuisine, mais, au lieu de cela, il la souleva dans ses bras et sortit de la pièce à grands pas.

— Où… Où allons-nous ? s'enquit-elle, nouant les bras autour de son cou.

— Toutes les chambres n'ont pas été endommagées par la pluie, répondit-il, le regard rivé au sien, priant de toutes ses forces pour qu'elle ne l'arrête pas.

— Je suis très heureuse de l'entendre, déclara-t-elle avec un sourire sensuel.

Il poussa du pied la porte de l'une des chambres. Des années auparavant, il y avait placé un lit, de façon à pouvoir s'y reposer lorsqu'il travaillerait sur la maison ou monterait y passer le week-end en famille pour emmener les enfants pêcher dans le lac. En fait, il ne l'avait jamais vraiment utilisé, mais, ce soir, il se réjouissait de sa présence.

Il allongea Katie sur la couette et recula d'un pas pour la contempler. Dans la lumière argentée de la lune, qui entrait à flots par la fenêtre, elle était belle à couper le souffle. S'étendant près d'elle, il traça du bout d'un doigt une ligne invisible de sa gorge laiteuse jusqu'à son ventre plat.

— Vous êtes incroyable, murmura-t-il.

— Et vous, vous êtes partial, répliqua-t-elle en souriant.

Elle s'apprêtait déjà à déboutonner sa chemise, mais il saisit sa main pour l'arrêter.

— Je suis sincère, insista-t-il. Dès la minute où je vous ai vue sur le pas de ma porte, avec ces talons hauts et cette robe, j'ai su que vous étiez différente, unique — spéciale.

— J'ai pensé la même chose à votre sujet, avoua-t-elle. Un veuf incroyablement séduisant essayant de toutes ses forces d'élever convenablement ses enfants.

— Vous me trouvez donc séduisant ? s'enquit-il en souriant.

— Laissez-moi vous répondre à ma manière.

Sur ces mots, elle déboutonna prestement sa chemise, glissant les mains dans l'ouverture pour caresser son torse. Sam frissonna de tout son corps, et son pouls s'accéléra brutalement. Il acheva d'ôter lui-même le vêtement et le jeta au loin, puis il saisit l'ourlet de sa robe et la fit passer par-dessus sa tête avant de l'envoyer rejoindre sa chemise sur le sol.

Il parcourut son corps d'un regard admiratif, gravant dans sa mémoire chaque détail. Elle portait une culotte de dentelle blanche, avec un soutien-gorge assorti qui moulait des seins parfaits. Son ventre était plat et ferme sous ses caresses et, lorsqu'il glissa un doigt sous la dentelle de son soutien-gorge, il vit distinctement la flamme du désir s'allumer au fond de ses yeux sombres.

— À la minute où vous êtes apparue sur le pas de ma porte, trop élégante et trop qualifiée pour le poste que je vous proposais, j'ai senti que je tombais amoureux de vous.

— Amoureux ? répéta-t-elle, se figeant dans ses bras. Sam, nous ne sommes pas…

— Ne parlons pas de cela maintenant, coupa-t-il en posant doucement un index sur ses lèvres. Contentons-nous de vivre cet instant. Ensemble.

— Cela me semble être une excellente idée, murmura-t-elle en frôlant des doigts son érection.

— Rappelez-vous seulement que je suis un peu rouillé, l'avertit-il en effleurant la pointe durcie d'un sein sous la dentelle du soutien-gorge.

— Je ne vous sens pas… rouillé du tout, gémit-elle.

Il glissa la main à l'intérieur de sa culotte et toucha délicatement le centre de sa féminité, et elle creusa les reins, s'offrant à sa délicieuse caresse, son corps réclamant déjà davantage. Elle tenta de déboutonner sa braguette, mais ses doigts tremblaient, et elle n'y parvenait pas.

— C'est peut-être moi qui suis rouillée, s'excusa-t-elle en rougissant, ce qu'il trouva absolument charmant.

— Cela ne fait rien, la rassura-t-il, défaisant le premier bouton à sa place. Nous serons donc rouillés ensemble.

Il ôta lui-même son pantalon et son boxer, tira un préservatif de son portefeuille et l'enfila avant de se rallonger à côté de Katie. Puis il hésita un instant, le regard rivé au sien.

— Qu'y a-t-il ? s'enquit-elle.

— C'est seulement… Je n'ai pas fait l'amour avec une autre femme que mon épouse depuis très, très longtemps.

— Préféreriez-vous attendre ?

Il lisait de l'inquiétude dans ses yeux, et aussi de la tendresse, et sa sollicitude le toucha profondément, lui rappelant que Katie ne considérerait pas cette nuit comme une simple passade. Pour elle, ce moment aurait autant de sens que pour lui. Il ignorait de quoi le lendemain serait fait, mais il en avait assez de laisser filer les jours de sa vie dans ce vide stérile.

— Je pense que j'ai suffisamment attendu, répondit-il en l'attirant à lui.

Il la débarrassa prestement de la dernière barrière de dentelle qui les séparait et la fit glisser sur ses jambes lisses. Désormais, il bénéficiait d'un accès intégral au cœur sensible de sa féminité, qu'il couvrit de caresses sensuelles, d'abord lentes, puis de plus en plus rapides, jusqu'à ce qu'il l'entende haleter sous ses doigts, avant qu'un orgasme irrépressible la secoue tout entière.

— Oh ! mon Dieu, Sam ! gémit-elle. Si c'est ce que vous appelez « être rouillé », je suis impatiente de voir ce que vous accomplirez avec un peu d'entraînement.

— Moi aussi, reconnut-il en riant doucement.

Il lui ôta son soutien-gorge de fine dentelle blanche, puis il posa les lèvres sur sa poitrine et traça un chemin de baisers jusqu'à la vallée entre ses seins, avant de prendre les pointes durcies dans sa bouche pour les agacer avec la langue l'une après l'autre.

— Sam, murmura-t-elle, plaquant une main contre son torse, ses yeux immenses dans la pénombre.

— Oui, je sais, dit-il en l'embrassant avec douceur. Si nous le faisons, cela change…

— Absolument tout.

— Oui, convint-il à voix basse. Des objections ?

Elle glissa les doigts dans ses cheveux, puis elle effleura délicatement ses joues. Ce n'était qu'un léger contact, mais il était porteur d'une foule de messages. Ses beaux yeux ne quittèrent pas les siens une seule seconde, et il sut, dans son regard, dans la caresse de ses mains, qu'elle était emportée, elle aussi, par cette puissante vague qui déferlait sur lui.

— Aucune, répondit-elle dans un souffle.

Il se positionna au-dessus d'elle, les coudes de part et d'autre de sa tête, et il l'embrassa à nouveau, un long baiser, lent et profond, qui se poursuivit jusqu'à ce qu'elle se torde sous lui, ses doigts explorant fiévreusement la musculature de son dos. Il l'embrassa jusqu'à ce qu'elle murmure son nom avec une impatience désespérée.

Alors seulement il entra en elle, et elle se cambra pour

aller à sa rencontre, répondant passionnément à chacun de ses coups de reins dans un synchronisme parfait, plus fort, plus vite, jusqu'à ce qu'elle crie son nom et qu'il sente ses ongles labourer son dos. Alors, il s'enfonça de toute sa longueur en elle et se laissa emporter par un orgasme qui déferla sur lui avec la force d'un tsunami.

Son cœur battait encore à tout rompre lorsqu'il roula sur le côté, serrant Katie tout contre lui. Elle se blottit dans ses bras, et l'espace d'un instant ce fut comme si le monde entier n'était plus que perfection.

— C'était…

— Incroyable, acheva-t-elle à sa place.

— Le mot *incroyable* me paraît bien faible pour décrire cet instant fabuleux, déclara-t-il en l'attirant à lui pour déposer un baiser sur sa tempe. *Vous* êtes fabuleuse.

Alors qu'elle était pelotonnée contre lui, la joue appuyée contre son cœur, Sam comprit que Katie avait vu juste : en faisant l'amour ensemble, ils avaient tout changé. À présent, il désirait des choses qu'il n'était pas sûr d'avoir le droit de désirer, avec une femme qui ne lui avait pas caché qu'elle n'avait aucune intention de rester.

- 11 -

Katie était blottie dans les bras de Sam, flottant dans une douce torpeur. Dans le ciel sombre, quelques nuages jouaient avec la lune, et les oiseaux nocturnes poussaient des cris perçants au-dessus des eaux du lac. Elle aurait voulu rester pour toujours dans cette vieille maison pleine de courants d'air, à des années-lumière du monde qu'elle connaissait, mais les minutes passaient, et la réalité reprenait peu à peu ses droits, lui rappelant qu'elle n'allait pas s'éterniser dans cette ville, avec cet homme. Elle devait aller de l'avant. Elle avait quelques économies, bien sûr, et Sam la payait, mais cela ne signifiait pas qu'elle avait les moyens de mettre indéfiniment son avenir entre parenthèses.

Au même moment, son téléphone tinta, annonçant qu'elle avait reçu un mail.

> Bonjour, Katie. J'ai lu votre message, et nous serions très heureux si vous pouviez commencer tout de suite. Pouvez-vous passer à nos bureaux ce lundi ? Nous avons un nouveau client qui…

Le plus grand cabinet d'Atlanta, qu'elle appréciait particulièrement, désirait qu'elle commence tout de suite… et avec une augmentation de salaire substantielle. Elle aurait dû déborder d'excitation, mais l'idée de retourner travailler avec des chiffres toute la journée la déprimait. Elle avait pris un plaisir inattendu à être la tutrice de Libby, à peindre avec Henry. Et il y avait Sam…

Elle tenait déjà à lui plus qu'elle ne l'aurait souhaité. « À la minute où vous êtes apparue sur le pas de ma porte, trop élégante et trop qualifiée pour le poste que je vous proposais, j'ai senti que je tombais amoureux de vous. »

Elle avait répondu à ces paroles par une plaisanterie, pour l'unique raison que c'était plus facile que de lui avouer qu'elle éprouvait le même sentiment. À la minute où elle l'avait vu avec ses enfants, si tendre et tellement adorable, son cœur avait débordé d'amour pour lui. Elle avait désiré être davantage que la tutrice de sa fille et une nounou temporaire pour ses enfants ; elle avait désiré vivre la vie dont elle n'avait osé rêver qu'en une seule autre occasion par le passé.

Et cela signifiait qu'elle commençait à se sentir un peu trop bien dans cette ville de Stone Gap. Lorsque Sam lui avait suggéré de rester, elle savait qu'il envisageait un avenir avec elle. Or, c'était quelque chose qu'elle ne pouvait lui offrir.

Sam voulait se remarier et avoir d'autres enfants. Or, Katie ne pouvait plus faire confiance à son corps. Et si elle perdait un nouvel enfant ? Si elle n'était pas destinée à devenir maman ? Et si, dans un an, elle se rendait compte qu'elle n'était pas du tout une bonne mère ? À ce moment-là, elle ferait déjà partie intégrante de la vie de Henry et Libby, et son départ serait d'autant plus douloureux, plus destructeur, que ce soit pour eux ou pour Sam et pour elle-même.

— Qu'y a-t-il de si important pour que vous soyez au téléphone ? s'enquit Sam en se redressant sur un coude.

Elle fut tentée d'éluder sa question par une plaisanterie ou en l'embrassant, mais elle savait qu'elle devait y répondre avec franchise. Alors… Ce lien indéfinissable qui croissait entre eux se briserait peut-être de lui-même, et elle pourrait avancer — et Sam aussi.

La seule idée qu'il puisse reprendre le cours de sa vie sans elle lui déchirait le cœur, preuve qu'elle était déjà allée trop loin avec lui. Il valait mieux être honnête tout de suite que souffrir mille fois plus demain.

Elle songea à ce mail. Elle serait folle de refuser cette proposition, mais… elle n'avait aucune envie de partir. Deviendrait-il plus facile d'accepter ces mots si elle les prononçait à haute voix ?

— J'envisage de rentrer à Atlanta.

— Déjà ? dit-il en se figeant. Mais vous n'êtes ici que depuis quelques semaines.

— Je n'ai pas les moyens de rester indéfiniment en vacances. On vient de m'offrir un poste dans une grande firme. Je crois qu'il est temps pour moi de… retourner à ma vie normale.

Sa vie ? Quelle vie ? Un appartement vide dans une tour de béton, dans un monde gris et froid qu'elle n'avait jamais aimé ; des amis qui n'étaient que des collègues de bureau ; une mère trop occupée ailleurs pour se soucier d'elle.

Cette vie-là était la sienne jusqu'à son arrivée à Stone Gap, jusqu'à ce que le bonheur qu'elle avait lu sur le visage de Colton lui montre à quel point elle détestait son quotidien à Atlanta. Elle brûlait de connaître ce que son frère avait découvert ici, avec son travail, avec Rachel, avec son autre famille.

Quant à Sam…

Sam était tout ce qu'elle avait toujours cherché chez un homme, sans jamais espérer le trouver : un homme attaché à sa famille, un homme au grand cœur, qui s'efforçait sincèrement d'être le genre de personne que ses enfants et son épouse avaient besoin qu'il soit ; quelqu'un sur qui une femme pouvait s'appuyer, sur qui elle pouvait compter — qu'elle pouvait aimer, autant que ses enfants.

Les rayons argentés de la lune pénétraient dans la chambre à travers les carreaux poussiéreux. Cette vieille maison avait beaucoup de caractère, et elle était chargée de souvenirs. Il n'était guère surprenant que Sam désire s'en créer d'autres dans un tel cadre.

Mais cette vie ne lui ressemblait pas ; son avenir était ailleurs. Elle devait l'accepter et retourner à son univers de chiffres, bien carré et prévisible, au lieu de risquer un échec catastrophique. N'avait-elle pas retenu sa leçon ?

— Un nouveau poste ? s'étonna Sam. N'étiez-vous pas déjà experte-comptable ?

— Je le suis toujours, mais je n'avais plus d'emploi, précisa-t-elle en soupirant. J'ai été licenciée. Je traversais une période difficile et n'étais plus concentrée sur mon travail.

C'était bien plus que cela, mais elle ignorait comment dire le reste à Sam.

— Que se passait-il dans votre vie ? s'enquit-il, écartant d'un geste tendre une longue mèche tombée sur sa joue.

Elle lisait dans ses yeux qu'il désirait sincèrement le savoir, parce qu'il tenait à elle. Si elle lui racontait sa fausse couche et la façon dont elle s'était effondrée au travail, il cesserait peut-être de la regarder de cette façon. Cela mettrait fin à cette conversation, et elle n'aurait plus la sottise de croire qu'elle pouvait partager le rêve de Sam. Elle n'avait aucune expérience en tant que mère — et la sienne n'était certes pas un modèle à copier. Bien sûr, elle pouvait jouer ce rôle durant quelques semaines, mais qu'adviendrait-il sur le long terme ? Il était plus sage de partir maintenant avant que Sam ou elle s'attachent encore davantage.

C'était mieux ainsi. Ou, en tout cas, elle essayait de s'en convaincre… même si chaque cellule de son corps protestait, la conjurait de se taire, de se blottir dans les bras de Sam et d'oublier la réalité et toutes ses contraintes.

Au lieu de cela, Katie choisit la voie du juste milieu : elle ne lui dit pas la vérité, mais elle ne céda pas non plus à ses propres élans.

— Je resterai pour vous aider avec vos enfants jusqu'à ce que vous ayez trouvé une nounou pour me remplacer, déclara-t-elle simplement. Mais je pense qu'il vaut mieux que je retourne à Atlanta.

— Trouver une autre nounou ? Allez-vous vraiment partir ?

— Nous avons toujours su que notre arrangement n'était que temporaire, rappela-t-elle, évitant son regard.

— Et qu'advient-il de nous ?

— Vous et moi désirons des choses différentes, Sam, dit-elle, regrettant déjà sa décision. Il vaut mieux que nous ne devenions pas plus proches que nous ne le sommes déjà.

— Il y a une demi-heure, nous faisions l'amour, observa-t-il en se reculant pour la dévisager. Et nous avions tous deux convenu que c'était fabuleux. Que s'est-il passé entre-temps ?

Cela l'avait été, et elle désirait déjà davantage ; elle désirait que ce moment dure toujours. Mais c'était une stupidité et une folie — et Katie n'était ni stupide ni folle.

— Je n'aurais pas dû faire cela, répondit-elle. Je n'aurais pas dû me jeter à votre cou.

— *Vous jeter à mon cou ?* répéta-t-il, stupéfait.

— Je le voulais autant que vous, expliqua-t-elle, se gardant bien de préciser qu'elle le désirait encore de toute son âme. Mais vous et moi voyons l'avenir de façon différente. Il est préférable que je vous le dise maintenant et que je vous laisse reprendre le cours normal de votre vie.

Avec une autre femme. Et cette idée la tourmentait.

Il la dévisagea en silence durant un long moment, comme si elle était une parfaite inconnue, avant de gronder :

— Que voulez-vous dire ?

— Vous désirez vous remarier et avoir d'autres enfants. Et je… je ne suis pas faite pour être mère.

Elle regrettait amèrement d'avoir entamé cette conversation alors qu'il eût été si facile de se blottir dans ses bras, dans sa délicieuse chaleur, de faire encore l'amour avec lui…

— Pas faite pour être mère ? répéta-t-il d'un ton incrédule. Vous êtes *fabuleuse* avec Libby et Henry. Vous avez créé un foyer là où il n'y avait que chaos. Grâce à vous, mes enfants rient et communiquent pour la première fois depuis une éternité. Vous êtes la candidate idéale pour le mariage et la maternité.

— C'est temporaire, Sam, plaida-t-elle, même si ces mots lui brûlaient la gorge et lui donnaient envie de pleurer. Nous devrions l'accepter et partir chacun de son côté.

Puis, sans se laisser le temps de changer d'avis et de revenir sur ses propos, Katie se leva et commença à se rhabiller, espérant que ses vêtements créeraient la distance dont elle avait besoin à cet instant.

Sam l'imita, enfilant son pantalon et sa chemise avant de tirer soigneusement les draps du lit. À présent, il y avait un froid entre eux, une distance qui effaçait le moment de félicité qu'ils venaient de vivre ensemble. Elle aurait tout donné pour pouvoir gommer ces dernières minutes, mais cela n'aurait fait que rendre son départ encore plus douloureux.

— Dans ce cas, conclut Sam, je suppose qu'il ne me reste qu'à vous reconduire chez vous.

— Merci.

Le ton de cet échange fut glacé, et Katie essaya de se dire que c'était exactement ce qu'il lui fallait mais, alors qu'ils passaient devant la cuisine, elle vit les fleurs, le vin et le dessert, et, devant ce simple tableau, elle sentit son cœur se briser. Elle faillit saisir la main de Sam mais, à la dernière seconde, elle se contenta de ramasser son sac et de le serrer contre sa poitrine, même si le cuir froid n'était qu'un piètre substitut pour ce qu'elle désirait réellement. Ce fut seulement une fois de retour dans sa chambre, à la pension, que Katie s'autorisa à pleurer, et elle sanglota jusqu'à ce que son oreiller soit trempé, et que la souffrance qui la submergeait ne soit plus qu'une douleur sourde.

Sam ne parvenait pas à se concentrer sur son travail tant il ne cessait de penser à la soudaine volte-face de Katie, le soir précédent.

Tout allait bien entre eux, et puis, tout à coup, elle lui avait annoncé qu'elle partait. Bien sûr, il ne s'attendait pas à ce qu'elle reste pour toujours chez eux, mais tout de même…

Certes, une partie de lui-même avait espéré qu'elle aimerait tant Stone Gap et ses enfants qu'elle s'installerait ici, qu'il pourrait commencer une relation avec elle, et — pourquoi pas ? — envisager un avenir qu'il n'avait plus osé imaginer.

En homme réaliste, il avait su, tout au fond de lui-même, qu'elle finirait un jour par retourner à Atlanta. Elle y avait déjà fait allusion en une ou deux occasions, mais il ne l'avait pas vraiment écoutée — ou il n'avait pas voulu l'entendre.

Seul un idiot comme lui aurait pu croire qu'un expert-comptable se satisferait d'un emploi de nounou et de la réduction de salaire qui allait avec. Il allait de soi qu'elle désirerait revenir à sa carrière, et cela étant qu'elle retournerait vivre dans la ville où elle avait tous ses contacts, et où il lui serait plus facile de retrouver un poste. Tout cela était prévisible, bien sûr, mais tout de même…

À l'heure du déjeuner, Sam fut tenté de rentrer à la maison pour voir Katie et Henry, mais un texto de Colton, l'invitant à manger avec les frères Barlow, le fit changer d'avis, dans l'espoir que la compagnie de son ami l'arracherait à son humeur noire — ou même que Colton lui révélerait quelques détails lui permettant de mieux comprendre comment fonctionnait l'esprit de sa sœur.

À son arrivée, Colton était déjà assis à une table dressée pour cinq convives. Sam s'installa sur la chaise voisine de la sienne et posa son téléphone à côté de son assiette.

— Bonjour, Colton, le salua Sam. Comment allez-vous ?

— Je suis le plus heureux des hommes, assura Colton avec ce sourire idiot propre aux amoureux. Rachel et moi préparons notre mariage, et je suis devenu un véritable expert en voiles de tulle et en lys blancs.

— Bravo, le félicita Sam en lui assenant une claque amicale sur l'épaule. Je m'en réjouis pour vous.

— Merci. Elle est merveilleuse.

Colton avala une gorgée de café, avant de déclarer :

— Puisque nous parlons de femmes merveilleuses, est-il vrai que vous sortez avec Katie ?

C'était direct et sans détour. Sam ne pouvait pas éviter de répondre à la question de Colton, pas plus qu'ignorer son regard scrutateur rivé sur lui. Le grand frère protecteur volait au secours de sa petite sœur.

— Nous… avons passé un peu de temps ensemble, convint Sam d'un ton hésitant.

Il n'était pas très sûr que ce qui s'était passé entre eux la veille puisse être considéré comme une sortie en amoureux d'autant plus qu'elle avait déjà mis fin à leur expérience, et qu'il n'aurait donc pas été juste d'affirmer qu'ils sortaient ensemble.

Sauf qu'une partie de lui y avait cru, et y croyait encore, celle-là même qui souffrait le martyre à cet instant, comme si on l'avait amputé d'un membre.

— D'après Della, observa Colton en sirotant son café, vous avez passé énormément de temps ensemble.

Sam réprima une grimace. C'était cela, le problème avec les petites villes : tout le monde était au courant de tout.

— D'accord, nous avons passé la soirée ensemble. Puis elle m'a annoncé qu'elle comptait bientôt retourner à Atlanta.

— Je ne suis pas étonné qu'elle ait paniqué lorsque vous vous êtes rapproché d'elle, remarqua Colton après un instant de silence. Derrière sa façade d'assurance inébranlable, Katie est une personne douce et fragile. Elle a vécu une enfance difficile, et je pense qu'à cause de cela elle est terrifiée à l'idée de s'engager dans une relation. Moi aussi, j'avais peur, avant de rencontrer Rachel.

— Elle m'a un peu parlé de son enfance, convint Sam.

— C'était vraiment très dur. Notre mère n'avait rien de… maternel : elle oubliait souvent d'aller chercher

Katie à l'école, ou alors, elle l'ignorait. J'ai fait de mon mieux, mais je n'étais que son grand frère et j'avais ma propre vie à gérer.

Il poussa un soupir, avant de conclure tristement :

— J'aurais dû faire davantage pour elle, être plus présent.

— Katie vous trouve formidable, observa Sam.

À l'évidence, Colton et Katie étaient très proches, et la force de ce lien le fit penser à son imprévisible frère. Dylan lui manquait terriblement.

— Merci, répondit Colton, esquissant un sourire.

— Pas de problème.

Les compliments entre hommes mettaient toujours Sam un peu mal à l'aise, et il s'absorba un instant dans la lecture de son menu pendant que Colton buvait son café. Il s'attendait à ce que celui-ci parle d'autre chose, qu'il enchaîne sur la saison de football, par exemple, mais, au lieu de cela, il revint sur le sujet de sa sœur.

— Au fond d'elle-même, Katie rêve d'une chaumière et d'un foyer. Elle a même été très près de connaître cette vie-là, mais pour finir elle a eu le cœur brisé, et… tout s'est écroulé. À mon avis, c'est cela qui l'a rendue deux fois plus craintive. Elle me tuerait si elle apprenait que je vous dis cela, mais je pense que vous êtes parfait pour elle… et je détesterais que quoi que ce soit vienne gâcher une telle chance.

« Tout s'est écroulé. » Sam ignorait ce qui avait pu se passer, mais il soupçonnait que c'était là qu'il fallait chercher l'origine de son refus de s'engager et de sa décision de partir.

— Il est trop tard, observa-t-il. Elle a rompu avec moi et elle a déjà choisi de retourner à Atlanta.

— Si vous voulez mon avis, elle déteste vivre à Atlanta, répondit Colton en soupirant. Je crois que s'installer ici lui ferait le plus grand bien, mais…

— Mais ? l'encouragea Sam.

— Mais elle est terrifiée. Elle va s'enfuir et courir se cacher dans son travail ou dans autre chose. Ne renoncez pas à elle, d'accord ? Elle a traversé des moments très difficiles, et certains épisodes sont encore assez récents.

Avant que Sam ait eu le temps de lui demander des précisions, les frères de Colton les rejoignirent à la table. Mac, Luke et Jack avaient les cheveux noirs, les yeux bleus de Colton, et, à part quelques détails dus à leurs différences d'âge, ils auraient pu passer pour des quadruplés.

— Comment allez-vous, Sam ? le salua Jack. Que faites-vous à traîner avec ce type-là ? Votre standing baisse.

— C'est peut-être le mien qui en a pris un coup depuis que je vous ai pour frères, tous les trois, répliqua Colton en riant.

Les cinq hommes bavardèrent amicalement un moment, parlant de leur travail, de la saison de football, des chances qu'avaient les Yankees d'arriver en finale du championnat. Mac décrivit la ferme solaire qu'il avait créée avec sa fiancée, et Luke s'extasia sur le magnifique tableau de sa fille, Maddie, qui avait été sélectionné pour l'exposition organisée par le district scolaire. Jack, qui menait la petite vie rangée du jeune marié et rénovait une maison au bord du lac pour y vivre avec Meri, fut celui qui essuya le plus de quolibets. Son épouse venait de monter un studio de photographie, et elle travaillait avec Rachel, qui était retournée à son métier d'organisatrice de mariages, tout en préparant le sien avec Colton.

Sam s'émerveillait de voir l'entente qui régnait entre les Barlow. Son propre frère lui manquait, et il se promit de retrouver sa trace et de faire en sorte qu'ils soient réunis. Dylan ne s'attardait jamais très longtemps au même endroit, et ses contacts avec sa famille étaient, au mieux, sporadiques.

— Merci d'avoir envoyé ta sœur au Stone Gap Inn, dit Mac, s'adressant à Colton. Notre mère met tout son cœur à faire de son établissement un succès.

— Sa maison a beaucoup de cachet, remarqua Sam. Savannah a fait un magnifique travail de rénovation.

— J'adorerais rester pour le repas avec vous, mais je

dois retourner au garage, dit Luke en jetant un billet sur la table. J'ai promis à Peyton que je rentrerais tôt, ce soir. Maddie dort chez l'une de ses amies, et cela signifie…

Au lieu de terminer sa phrase, il sourit.

— Cela signifie qu'il nous préfère sa femme, acheva Mac.

— Elle est bien plus jolie que toi, lança Luke en sortant.

Le téléphone de Sam vibra dans sa poche. C'était un message d'un client potentiel désireux de visiter une propriété. Il paya son déjeuner, promit aux Barlow de les revoir bientôt et quitta le restaurant à son tour. Katie ne lui avait envoyé qu'un seul texto, pour l'informer qu'elle allait chercher Libby à l'école, mais il essaya de ne pas s'en inquiéter. Il ne devrait pas penser constamment à une femme qui allait partir.

S'il se concentrait sur son travail, cette douleur sourde dans son cœur disparaîtrait peut-être. Mais une autre voix dans sa conscience lui soufflait que c'était précisément l'excès de travail qui l'avait conduit là où il en était. Il était peut-être temps d'essayer une nouvelle approche.

Ou peut-être rêvait-il seulement d'un avenir qui n'était déjà plus à sa portée.

- 12 -

L'état de grâce était terminé. Plantée dans la cuisine, les bras croisés, Libby la défiait du regard.

— Vous n'êtes pas ma maman, vous ne pouvez pas me forcer à faire mes devoirs.

Katie soupira. Cette confrontation durait depuis que Libby était rentrée de l'école, vingt minutes plus tôt.

— Mon travail consiste à t'aider à faire tes devoirs, Libby.

— Non. Votre travail, c'est de nous garder, Henry et moi. C'est mon père qui l'a dit. Parce que vous êtes la nounou.

— Oui, en effet, mais je suis aussi censée t'aider en calcul. Alors, viens. Tu vas faire tes exercices et, seulement après, tu pourras aller jouer. Ou mieux, nous pourrions aller en ville voir ce nouveau studio de danse : il paraît qu'ils proposent des cours de ballet.

— Je m'en fiche.

— Libby, écoute, dit Katie en soupirant à nouveau. Tu vas devoir faire ces exercices de toute façon. Si je t'aide, tu passeras moins de temps sur les parties difficiles, et ensuite…

— Non ! Je ne veux pas !

Et, là-dessus, Libby tourna les talons et sortit en courant.

Katie lança un regard vers Henry, qui la contemplait avec des yeux immenses depuis le salon, l'ours George serré contre sa poitrine fluette. Elle s'apprêtait à rattraper Libby, puis elle y renonça, songeant qu'il valait mieux la laisser se calmer. Elle envisagea aussi d'envoyer un texto à Sam, mais elle s'interdisait tout contact avec lui, dans l'espoir que la souffrance qui lui déchirait le cœur chaque fois qu'elle pensait à lui finirait par s'estomper.

Jusque-là, cela n'avait pas fonctionné. Sa présence dans la maison de Sam et la compagnie de ses enfants venaient constamment lui rappeler qu'elle devrait bientôt laisser cet univers derrière elle, probablement à tout jamais. C'était mieux ainsi, essayait-elle de raisonner. Elle n'était pas faite pour cette paisible petite vie provinciale. Elle avait peut-être été une nounou convenable durant quelques jours, mais elle était persuadée qu'elle ne saurait jamais être une bonne maman. Elle n'avait jamais eu de modèle parental, et son unique opportunité de devenir mère avait pris fin avant d'avoir commencé.

Dehors, Libby était assise sur la balançoire, la tête baissée, contemplant le sol à ses pieds. Katie prépara un sandwich pour Henry et, le laissant devant son émission de télévision favorite, sortit rejoindre Libby.

— Allez-vous-en, grogna Libby à son approche.

— Alors ? répondit Katie en s'installant sur la seconde balançoire. Que s'est-il passé aujourd'hui à l'école ?

— Rien.

— Il s'est passé quelque chose, insista Katie. Je l'ai senti à la seconde où tu es montée dans la voiture. Tu étais furieuse.

Libby resta murée dans le silence, se balançant doucement, l'air morose. Katie attendit. Elle comprenait : lorsqu'elle était petite fille, elle ne s'ouvrait pas facilement aux gens ; Colton était son roc, son refuge, le seul être au monde à qui elle acceptait de se confier.

— Veux-tu que j'appelle ton papa ? suggéra-t-elle enfin.

— Il ne viendra jamais, répondit Libby avec une grimace. Il est au travail.

— Il nous a accompagnés à la plage, l'autre jour, observa Katie.

— Il ne viendra pas, insista Libby.

Katie hésita. Devrait-elle téléphoner à Sam ? Ou essayer

de gérer elle-même la situation ? Tournant le regard vers la fillette boudeuse, elle dut convenir qu'elle n'y avait pas très bien réussi jusque-là, et qu'il n'y aurait aucun mal à appeler des renforts. Elle sortit son portable et envoya un texto à Sam.

Libby a eu une journée difficile à l'école, mais elle refuse de m'en parler. Pourriez-vous passer une minute, pour essayer de lui rendre le sourire ?

Il ne répondit pas immédiatement, mais peut-être roulait-il en voiture ou, était-il en pleine réunion. L'idéal serait de faire en sorte que Libby reste concentrée sur un autre sujet jusqu'à l'arrivée de son père.

— Libby, si nous pouvions commencer, avec tes devoirs…

— Non ! Je ne veux pas ! Je veux que ce soit ma maman qui m'aide, pas vous !

Sur ces mots, Libby sauta à bas de la balançoire et s'enfuit en courant derrière la maison. Katie s'apprêtait à la rattraper lorsque Henry poussa un hurlement.

Katie se rua à l'intérieur, et elle trouva Henry assis sur le sol jonché de blocs de construction, tenant son pied dans ses mains.

— Tu as marché sur l'un de ces blocs ?

Henry hocha la tête, de grosses larmes ruisselant sur ses joues. Katie examina le pied malchanceux et découvrit en effet une marque rouge, mais aucune plaie ou ecchymose.

— Tout va bien, dit-elle en le serrant brièvement dans ses bras. Nous allons simplement ramasser les pièces pour éviter que quelqu'un se blesse, d'accord ?

Ayant elle-même marché quelquefois sur ces jouets diaboliques, elle devinait la douleur que le petit garçon ressentait. Elle rassembla rapidement les blocs et les rangea dans leur boîte, maladroitement aidée par Henry.

— Et maintenant, si nous allions retrouver Libby ? suggéra-t-elle.

Elle souleva Henry pour le poser sur sa hanche et,

après une seconde de réflexion, récupéra aussi l'ours en peluche pour le placer entre ses mains. Puis elle sortit dans le jardin. Aucune trace de Libby. Elle fit alors le tour de la maison, mais la fillette n'était nulle part en vue.

Elle l'appela, encore et encore.

Aucune réponse.

— Où est Libby ? s'enquit Henry d'un ton inquiet.

— Elle va très bien, le rassura-t-elle. Elle joue sûrement à cache-cache avec nous.

— Henry veut jouer aussi.

Katie sentit la panique lui nouer la gorge. Retournant précipitamment à l'intérieur, elle chercha l'enfant dans chaque chambre, chaque placard, et même sous chaque lit.

Rien.

Elle fit ensuite le tour du terrain avant de jeter un coup d'œil à l'intérieur du garage, remarquant aussitôt que le vélo de Libby n'était plus à sa place habituelle.

Katie sentit son cœur se serrer. Elle avait perdu la fille de Sam. Elle avait géré la situation de la pire manière possible, et, à présent, Libby avait disparu. Et Katie ignorait totalement où elle devrait commencer à la chercher. Sortant son téléphone, elle appela Sam, mais elle n'obtint que son répondeur. Elle laissa alors un message lui demandant de la rappeler de toute urgence, puis elle lui envoya un texto lui répétant la même chose.

Frémissant d'impatience, elle attendit une réponse.

En vain.

Où Libby pouvait-elle bien être allée ? Sûrement pas très loin, raisonna-t-elle. À son âge, Katie avait fugué, elle aussi, mais elle était restée dans son quartier…

Mais c'était parce que Colton était parti à sa recherche. Colton, qui la connaissait presque aussi bien qu'elle se connaissait elle-même, avait tout de suite deviné où sa petite sœur était allée se réfugier. Mais, hélas, Katie connaissait à peine Libby, et elle n'avait pas la moindre idée de l'endroit où la fillette avait bien pu courir se cacher.

Un affreux sentiment de culpabilité lui noua la gorge. Si elle avait été plus habile, plus attentive…

— Dis, Henry, et si nous allions nous promener un peu ?

— Libby aussi ?

— Nous verrons Libby tout à l'heure, promit Katie.

Et, en attachant Henry dans sa poussette, elle priait pour que ce soit vrai.

— Ce local sera idéal, mon chéri ! s'extasia Ginny Wilkins, la future Mme Beauregard, en s'emparant de la main de son fiancé. Tu es de mon avis, n'est-ce pas ?

Bernard, un petit homme effacé au nez chaussé de lunettes, qui avait l'air aussi timide et réservé que Ginny était exubérante, hésitait visiblement encore.

— Mon Bernard va ouvrir sa propre boutique de vêtements pour messieurs, et nous avons été enthousiasmés d'apprendre que son oncle avait cette cellule libre dans le nouveau centre commercial, déclara Ginny. Mon Bernard a un sens inné de la mode, et je suis certaine que son magasin aura un énorme succès. N'est-ce pas, monsieur Millwright ?

Sam s'efforça de dissimuler son sourire. Avec sa chemise à rayures boutonnée jusqu'au cou et son pantalon kaki, Bernard n'avait pas vraiment l'air d'une gravure de mode, mais Sam était surtout désireux de signer le bail sur ce lot, de préférence avant la fin de la journée, car le couple déambulait dans le local d'à peine 200 m² depuis plus d'une heure en l'examinant sous tous les angles sans avoir pris de décision. Mais Bernard était le neveu de Hank, après tout, et, si Sam pouvait satisfaire à la fois son patron et sa famille, sa carrière à l'agence ne s'en porterait que mieux.

— Je pense que la boutique de M. Beauregard sera un atout majeur pour ce centre commercial, opina-t-il avec le plus de tact possible.

— Nous sommes très excités par l'avenir qui s'ouvre devant nous, déclara Ginny. Bernard et moi allons nous marier bientôt. Ce sera un mariage tout en rose qui restera gravé dans les annales de la ville, j'en suis sûre. Nous faisons construire la plus jolie petite maison qu'on puisse imaginer, et Bernard se lance dans les affaires…

Ginny continua son babillage tout en déambulant dans leur future boutique, et Bernard la suivit comme un chiot docile, acquiesçant à chacun de ses propos. Sam faisait de son mieux pour dissimuler son impatience. Son téléphone vibra à plusieurs reprises, mais, chaque fois qu'il s'apprêtait à vérifier qui l'appelait, Ginny lui posait une nouvelle question.

— Alors ? dit-il enfin. Êtes-vous prêts à faire une offre ? Ce quartier est en pleine expansion, et nous risquons d'avoir beaucoup de demandes pour ce local. Je sais que votre oncle est très désireux de terminer de louer les derniers locaux. Il tient beaucoup à ce que le jour de l'inauguration du centre commercial le chiffre d'affaires batte tous les records.

Son téléphone vibra de nouveau dans sa poche. Probablement un rappel de son rendez-vous suivant, une demi-heure plus tard.

— Je ne sais pas, répondit Ginny avec une moue songeuse. Sommes-nous libres de le décorer comme nous voulons ?

— Oui, bien sûr, pas de problème.

Son portable se remit à vibrer avec insistance, et Sam consulta sa montre. Il était un peu après 16 heures. Il était censé appeler Hank à 16 heures pour lui faire son rapport, mais cette visite du local commercial avec Ginny et Bernard avait traîné en longueur. C'était peut-être Hank qui cherchait à le joindre, après tout. Sam sortit son téléphone de sa poche.

— Et quel était le montant du loyer, déjà ? s'enquit Ginny.

Sam répondit à sa question, puis à trois autres concernant le bail. Lorsque Ginny se tut enfin, cinq minutes s'étaient écoulées, et le téléphone de Sam avait vibré à deux nouvelles reprises.

— Je vous demande une seconde, mademoiselle Wilkins, s'excusa-t-il. Je dois vraiment consulter mes messages.

— Monsieur Millwright, Bernard et moi avons un emploi du temps très serré, répliqua aussitôt Ginny en soupirant. Nous devons encore visiter deux autres locaux aujourd'hui. L'oncle de Bernard nous avait assuré que nous pourrions compter sur toute votre attention.

— Cela ne prendra qu'une seconde, je vous le promets.

En parcourant les messages qui défilaient sur l'écran, Sam sentit sa gorge se nouer, et il eut l'impression que la pièce se mettait à tournoyer autour de lui.

Il ne lut que trois mots avant de faire demi-tour et de se précipiter en courant vers la porte :

Libby a disparu.

- 13 -

Katie devait puiser tout au fond de ses réserves de volonté pour ne pas éclater en sanglots. Elle avait perdu la fille de Sam. C'était l'unique mission qu'il lui ait confiée — garder ses enfants et assurer leur sécurité —, et elle avait échoué. Assis dans sa poussette, Henry jouait tranquillement avec son ours en peluche sans se douter qu'elle était au bord de la crise de nerfs. Depuis dix bonnes minutes, elle ne cessait d'appeler Sam et de lui envoyer des messages. Ces minutes lui avaient semblé durer des heures, et elle était sur le point d'appeler la police lorsque son téléphone tinta.

J'arrive. Je serai là dans cinq minutes.

Sam, enfin. Lui, il saurait quoi faire, où chercher Libby. Katie lui envoya un texto avec l'adresse où elle se trouvait — un carrefour à quelques rues de sa maison. Elle était persuadée que Libby ne pouvait pas être allée bien loin. Peut-être était-elle chez un voisin ? Elle avait essayé de se remémorer si Libby avait parlé d'une amie habitant dans les environs, mais sans succès. Alors, elle avait continué à arpenter le quartier en l'appelant, et son sentiment de culpabilité et son angoisse n'avaient fait que croître avec chaque seconde.

Le SUV de Sam freina brutalement près d'eux, et Sam descendit en trombe.

— Où est-elle ?

— Je… Je ne sais pas, balbutia-t-elle, les larmes qu'elle

retenait depuis trop longtemps coulant librement sur ses joues. Nous avons eu une petite dispute, et je suis rentrée dans la maison. Libby était encore dehors, et…

— Vous l'avez laissée toute seule ?

— Elle était juste dans le jardin, se défendit-elle d'une voix entrecoupée de sanglots. Elle était contrariée à cause de l'école et elle a refusé de me parler. J'ai essayé de lui faire faire ses devoirs, mais elle s'est mise en colère et elle est partie en courant. Henry s'était fait mal au pied, et il pleurait. J'ai dû m'occuper de lui et, lorsque j'ai cherché Libby des yeux, elle avait disparu. J'ai retourné toute la maison pour la retrouver, puis je me suis aperçue que son vélo n'était plus à sa place. Après cela, je l'ai cherchée dans tout le quartier. Je ne savais plus quoi faire.

— Je vous avais confié mes enfants, Katie. Comment avez-vous pu me faire cela ?

Il était furieux et il avait toutes les raisons de l'être. Elle avait trahi ses attentes, et maintenant Libby pouvait se trouver n'importe où.

— Je suis désolée, Sam, sincèrement désolée. Je ne pensais pas qu'elle ferait une chose pareille. Je vous demande pardon.

Sam se contenta de la fusiller des yeux un instant, puis il tourna la tête vers Henry, qui tendit les bras vers lui.

— Papa !

Sam souleva le garçonnet et le garda serré contre lui durant un long moment. Puis son regard douloureux vint se river dans celui de Katie par-dessus l'épaule de son fils. Elle essaya de poser la main sur son bras, mais il s'écarta pour l'éviter.

— Maintenant, mon grand, tu vas te rasseoir dans ta poussette et tu vas rentrer à la maison avec Katie.

— Je veux rester avec toi, papa ! protesta Henry.

— C'est impossible, je dois aller chercher Libby. Mais, dès que je serai de retour, nous commanderons une pizza, d'accord ?

Cette suggestion suffit à vaincre la résistance de Henry,

qui s'installa docilement dans son siège, l'ours George sur les genoux, considérant les deux adultes tour à tour comme s'il sentait qu'il y avait de l'orage dans l'air.

— Croyez-vous savoir où elle est ? lui chuchota Katie. J'ai essayé de me mettre à sa place, d'imaginer où elle aurait pu aller, mais je ne la connais pas encore assez bien pour cela.

— Ça, c'est bien vrai, rétorqua-t-il d'un ton accusateur.

— Je suis désolée, Sam. Je…

— Wendy, elle, la connaissait mieux que personne. Elle n'aurait jamais…

Il s'interrompit, mais Katie devinait sans peine ce qu'il avait voulu dire : Wendy n'aurait jamais perdu leur fille. Une nouvelle vague de culpabilité déferla sur elle. Tout cela prouvait qu'elle n'était pas faite pour la vie dont Sam rêvait. Dès que Libby serait de retour à la maison et en sécurité, elle repartirait pour Atlanta, laissant Sam libre de trouver quelqu'un de plus qualifié qu'elle, quelqu'un sur qui il pourrait compter, pas une femme dans son genre, assez inconséquente pour perdre une enfant.

Désormais, tout ce qu'elle pouvait faire pour lui, c'était l'aider à retrouver Libby.

— Voulez-vous que nous nous séparions pour la chercher chacun de notre côté ? Je…

— Vous en avez déjà assez fait, ne croyez-vous pas ?

Il poussa un soupir, avant de reprendre d'un ton radouci :

— Je suis désolé, je suis seulement très inquiet. S'il vous plaît, ramenez Henry à la maison. Je vais chercher Libby moi-même. Si je ne la retrouve pas, j'appellerai la police locale. Contentez-vous de garder mon fils, d'accord ?

Elle acquiesça et tenta à nouveau de s'excuser, mais Sam était déjà remonté dans sa voiture et démarrait en trombe.

Sam savait qu'il s'était montré trop dur avec Katie. Il en avait conscience, mais il n'avait pas le temps de lui demander pardon pour le moment. S'il s'était emporté contre Katie, ce n'était pas seulement parce qu'il était fou d'inquiétude, mais parce qu'il était furieux contre lui-même : il n'avait pas été là quand il le fallait, encore au travail — comme toujours — au lieu de veiller sur sa famille. Il avait perdu le lien qu'il avait avec Libby autrefois et, à présent, il n'avait pas la moindre idée de l'endroit où elle avait bien pu aller. Il roula beaucoup trop vite à travers les rues de la ville, passa devant l'école, devant la boutique du glacier, la bibliothèque municipale. En temps normal, Libby aurait été dans l'un de ces endroits, mais aujourd'hui quelque chose l'avait bouleversée.

Connaissait-il encore assez sa fille pour deviner où elle avait pu aller se réfugier ? N'était-ce pas exactement ce qu'avait dit Katie ? Qu'elle avait essayé de se mettre à la place de Libby, mais que c'était impossible parce qu'elle ne la connaissait pas suffisamment ? Sam gara sa voiture le long du trottoir et poussa un long soupir. Le temps passait, et à chaque minute un drame pouvait se produire, mais il ferma les yeux et fit un effort pour se concentrer.

Une idée jaillit alors dans son esprit. Il tourna à gauche dans Maple Street, puis à droite sur Birch Street et arrêta son véhicule tout au bout de la rue, devant l'entrée d'un parc.

L'endroit était très vieux et peu fréquenté depuis que la municipalité en avait créé un plus moderne et plus proche du centre-ville. Derrière ce parc, il y avait quelques années auparavant une école élémentaire, mais la population de Stone Gap devenant plus nombreuse, le petit établissement n'avait plus suffi, et un autre, plus grand, avait été bâti ailleurs. Le parc de Birch Street était tombé dans l'oubli. Il n'y avait plus que deux balançoires et un fortin en bois, monté trente ans plus tôt par des ouvriers qui croyaient encore aux constructions durables.

La structure en forme de château serait probablement debout bien après que Sam aurait quitté ce monde. Il avait joué là durant son enfance, et Wendy y emmenait souvent Libby lorsqu'elle était petite. Après la naissance de Henry, Wendy avait préféré le nouveau parc avec ses équipements plus modernes. Libby n'avait plus mis les pieds dans celui-ci depuis très longtemps, mais elle en parlait encore quelquefois avec regret. Ce lieu était chargé de certains de ses meilleurs souvenirs avec sa maman, et, pour une fillette qui se sentait seule et perdue, ce serait probablement un refuge idéal.

Priant silencieusement pour ne s'être pas trompé, Sam traversa la pelouse en direction de la structure de jeux. Pourquoi n'avait-il pas été plus attentif ? Pourquoi n'avait-il pas été là pour sa fille, durant tous ces mois ? Englué dans son propre chagrin, il avait été incapable de voir que Libby souffrait autant que lui — voire peut-être plus.

Il espérait de tout son cœur qu'il n'était pas trop tard et qu'il se trouvait au bon endroit. Puis il aperçut un vélo rose qu'il connaissait bien appuyé contre le tronc d'un arbre et il sentit la flamme de l'espoir se rallumer en lui. Il baissa la tête pour entrer à l'intérieur du fortin et grimpa à l'échelle menant au sommet de la petite tour.

Libby était recroquevillée au centre de la plate-forme circulaire, les bras serrés autour des genoux. Ses chaussures étaient toutes couvertes de boue, et ses joues ruisselaient de larmes. Un sentiment de soulagement indicible l'envahit.

Libby. Dieu merci !

Il finit de monter et s'assit en tailleur dans l'étroit espace près de sa fille. Elle lui adressa un bref regard, puis baissa à nouveau les yeux vers la photo qu'elle tenait entre les mains. C'était une vieille photo toute froissée, mais Sam la connaissait bien.

Elle représentait Wendy tenant dans ses bras la petite Libby, alors âgée de cinq ans, leurs visages pressés l'un contre l'autre dans la lucarne ronde de la tour. Le cliché avait été pris au cours de l'une de leurs dernières sorties dans ce parc, avant que la naissance de Henry vienne limiter le temps que Wendy pouvait accorder à Libby. La fillette l'emportait partout avec elle depuis les obsèques de sa mère, et Sam sentit son cœur se serrer.

— Ah, te voilà, ma chérie. Nous étions très inquiets.

— Désolée, fit-elle en reniflant.

— Veux-tu que nous en parlions ?

Elle secoua la tête, et Sam ne put que rester là sans dire un mot, luttant contre un sentiment d'impuissance. C'était à ce moment précis que Wendy serait intervenue avec une parole rassurante ou un cookie tout juste sorti du four.

Sa défunte épouse savait convaincre les enfants de s'ouvrir à elle, calmer leurs angoisses, les soulager de leurs soucis. Sam n'avait pas ce talent, et il était terrifié à l'idée de perdre le contact avec ses enfants avant même d'arriver aux difficiles années de l'adolescence.

Il devinait la souffrance de Libby, mais il se sentait incapable de l'aider. Il ignorait comment guérir un tel chagrin et avait cherché la réponse à cette question depuis le décès de Wendy.

Mais Wendy n'était pas ici aujourd'hui, et elle ne viendrait pas à sa rescousse. Sam allait devoir trouver tout seul la solution, sous peine de perdre définitivement sa fille.

— Quand j'étais enfant, j'avais une cabane perchée dans un arbre, commença-t-il.

Il ne savait pas quelle histoire il allait lui raconter, ou si elle changerait le cours des choses, mais, au moins, il remplissait le silence. Il songea à son enfance, à ces jours où lui aussi avait eu besoin de s'échapper. C'était peut-être ce qui avait conduit Libby ici, un besoin d'échapper à ce vide qu'elle sentait dans la maison — dans sa vie.

— Je t'en ai déjà parlé ?

Libby hocha la tête, reniflant toujours.

— J'allais très souvent y jouer parce que mon petit frère — ton oncle Dylan — ne savait pas y monter. Puis il a grandi et il a appris à grimper à l'échelle. Je n'avais pas envie de partager, alors je lui ai dit que j'étais devenu trop vieux pour m'amuser là et je n'y suis plus allé.

Sam songea à la cabane perchée bricolée par son père autrefois, une simple caisse de bois avec quelques ouvertures pour fenêtres et un seau au bout d'une ficelle pour hisser les goûters. Puis il poursuivit :

— Mais, plus tard, mes parents ont divorcé, et mon papa a quitté la maison. Cela a été très dur pour moi, car j'étais l'aîné. Dylan n'avait que quatre ans mais, moi, j'en avais déjà neuf. J'étais à peine plus âgé que toi.

Libby renifla à nouveau, mais elle l'écoutait. Sam décida que c'était un bon signe, et il reprit :

— Cela a été vraiment difficile pour moi, quand mon père a quitté la maison, et… cette cabane dans l'arbre est devenue mon refuge. J'y allais lorsque Dylan n'était pas dans les parages et je prétendais que rien n'avait changé. J'essayais de me convaincre qu'au retour mon papa serait de nouveau à la maison, et que tout serait encore mieux qu'avant.

Il se persuadait que son père serait là et qu'il l'aimait toujours. Durant les heures qu'il passait dans la cabane perchée, Sam vivait une vie idéale. Puis il redescendait pour le dîner et il retrouvait la place vide à table.

Le parallèle entre ces deux situations ne lui avait pas échappé : ce qu'il avait détesté le plus durant son enfance — l'absence de son père — était ce qui faisait souffrir ses propres enfants ; leur mère était partie pour toujours, et leur père était constamment à son travail. Tout recommençait.

Était-ce pour cela que Libby était venue se réfugier ici ? Essayait-elle de prétendre que sa vie était exactement la même qu'autrefois ? Comme lui au même âge…

— J'adorais que maman m'amène ici, dit Libby d'une toute petite voix. Cela me manque beaucoup. Maman me manque.

— Moi aussi, elle me manque, ma chérie, répondit-il. Sais-tu pourquoi ta maman aimait tant t'amener ici ?

Libby secoua la tête.

— Elle aimait faire semblant que vous étiez des princesses. C'est ainsi qu'elle t'appelait, t'en souviens-tu ? Sa petite princesse.

— Oui, je m'en souviens, convint Libby, les yeux brillants de larmes.

— Je sais que tu lui manques autant qu'elle te manque,

murmura-t-il, repoussant une mèche de cheveux sur la joue de sa fille. Et, si ta maman le pouvait, elle serait ici avec toi.

— Katie dit que maman est au ciel, chuchota Libby en se rapprochant de lui. J'ai pensé que si je venais ici je la verrais peut-être un peu mieux, parce que c'est plus haut. Et alors, je pourrais lui parler, et…

Sa phrase s'interrompit dans un sanglot, et de nouvelles larmes roulèrent sur ses joues.

— Mais je ne pourrai jamais la voir, n'est-ce pas ? Je ne pourrai pas lui parler. Plus jamais.

— Mais je suis là, moi, non ? murmura-t-il d'une voix douce. Tu peux me parler. J'aimerais même beaucoup que tu le fasses. Car il m'arrive souvent, à moi aussi, d'avoir besoin de parler à quelqu'un de ta maman.

— C'est vrai ? souffla-t-elle en le regardant avec des yeux immenses.

Pendant longtemps, il avait cru rendre service aux enfants en évitant toute mention de leur mère décédée, en contrôlant ses propres émotions, en restant positif, mais… Et s'ils avaient seulement besoin de savoir qu'ils n'étaient pas seuls ? Que Wendy lui manquait beaucoup, à lui aussi ? Qu'il avait l'impression de la revoir dans tous les lieux qu'ils avaient fréquentés ensemble ?

— Votre maman me manque énormément, convint-il en soupirant. Elle était vraiment merveilleuse, n'est-ce pas ?

Libby hocha la tête en silence, puis son menton se mit à trembler, et les pleurs reprirent de plus belle.

— J'aimerais que ma maman revienne, gémit-elle.

Sam entendait à la fois le chagrin et l'acceptation dans la voix de sa fille, et cette réponse lui serra le cœur.

— Je sais, ma chérie, murmura-t-il. Je sais.

— Aujourd'hui, à l'école, la maîtresse nous a demandé de dessiner notre fa… famille, balbutia Libby entre deux sanglots. Et je ne savais pas si je devais dessiner ma maman ou non, parce que… je… n'ai plus de maman.

Sam aurait tout donné pour voir apparaître Wendy dans

leur château de bois à cet instant, pour qu'elle soulage cet immense chagrin. Il ressentait la douleur de Libby comme si elle avait été la sienne. Il était injuste que sa précieuse petite fille doive grandir privée de mère. Il n'était pas en son pouvoir de changer cela, mais il pouvait au moins lui ouvrir son cœur… et espérer que cela soit suffisant.

— Tu devrais inclure ta maman dans ton dessin, répondit-il. Parce qu'elle fera toujours partie de notre famille, parce qu'il y a une part d'elle-même dans Henry et dans toi, la meilleure part, celle qui rappellera à tout le monde combien elle était merveilleuse.

— Et comment ? s'enquit Libby, visiblement intéressée.

— En étant exactement telle que tu es. Elle était extrêmement fière de toi, Libby. Et moi, je le suis aussi.

Il lui tendit les bras, avant d'ajouter :

— Viens ici, Libby, ma petite chérie.

Une bourrasque subite projeta un tourbillon de feuilles contre les remparts de bois de leur château miniature, puis quelques gouttes de pluie crépitèrent sur la terre à leurs pieds.

Libby hésita une seconde, le fixant avec ses grands yeux sombres, puis elle se blottit sur ses genoux et s'agrippa à lui, la tête posée sous son menton, trempant le plastron de sa chemise avec ses larmes brûlantes.

— Je t'aime, Libby, murmura Sam en caressant ses cheveux soyeux. Je t'aime plus que tout.

Ils restèrent ainsi durant un très long moment, pendant que le monde à l'extérieur du château continuait à exister sans eux. Les oiseaux chantaient, la pluie tombait, et le soleil poursuivait sa descente vers l'horizon.

— Peux-tu me promettre une chose ? chuchota Libby tout contre sa poitrine.

Si elle lui avait demandé de décrocher la lune, à cet instant, Sam aurait trouvé le moyen de la lui offrir.

— Tout ce que tu voudras, mon bébé.

— Dis, papa, tu ne me quitteras jamais, n'est-ce pas ?

Papa. Comme ce mot lui avait manqué ! Sam sentait

son cœur déborder d'émotion. Libby avait peut-être le sourire de sa mère, mais, à cet instant précis, elle avait le regard de son père — effrayé mais plein d'espoir.

— Je n'irai nulle part sans toi, Libby, murmura-t-il, respirant avec délice la fragrance de son shampoing à la fraise. Je te le promets.

- 14 -

Les nerfs en pelote, Katie faisait les cent pas dans le salon, attendant que Sam lui téléphone ou lui envoie un message. Elle sursautait à chaque bruit de voiture dans la rue et elle était sur le point d'appeler elle-même la police, lorsque…

J'ai trouvé Libby. Nous arrivons. Commandez des pizzas.

Katie ne put s'empêcher de crier de joie, et elle souleva le petit Henry dans ses bras. Elle avait imaginé les pires scénarios et s'était rongé les sangs durant ce qui lui avait paru une éternité, mais Libby était saine et sauve, et tout allait s'arranger.

— Libby va bientôt revenir, Henry. Ton papa dit que nous devrions commander des pizzas. Tu aimes la pizza ?

— Pizza ! répéta Henry avec enthousiasme.

— Alors, pizza ce sera, déclara-t-elle.

Le menu d'un restaurant italien du quartier était affiché sur la porte du réfrigérateur. Katie prit deux pizzas différentes, puis elle s'assit avec Henry pour construire une maison avec ses blocs de bois, afin d'occuper le petit garçon et de s'empêcher elle-même de regarder par la fenêtre toutes les cinq secondes.

Elle se sentait toujours aussi coupable d'avoir été la cause de cette mésaventure. Il était absurde de continuer dans ce rôle de nounou ou de rester ici et de prétendre qu'elle pourrait un jour être la femme dont Sam avait besoin.

Elle entendit enfin la porte s'ouvrir et poussa un soupir de soulagement.

— Monte te débarbouiller un peu, Libby, dit Sam dans l'entrée. La pizza devrait arriver d'une minute à l'autre.

Il y eut un bruit de trottinement dans l'escalier, puis les pas plus lourds de Sam dans le couloir, se rapprochant du salon. Katie se leva en toute hâte.

— Comment va-t-elle ?

— Elle va bien, la rassura-t-il. Elle était bouleversée parce que sa maîtresse a demandé à la classe de dessiner leur famille. Sa mère lui manque énormément, et elle était allée se réfugier dans le parc où Wendy l'emmenait lorsqu'elle était petite. Je l'ai trouvée tout en haut du château en bois bâti sur l'aire de jeux, serrant une photo de sa maman dans ses mains, parce qu'elle espérait ainsi se rapprocher du ciel.

Sam se laissa choir dans un fauteuil en soupirant, les traits tirés d'épuisement.

— Je me suis fait un sang d'encre…, murmura-t-il.

— Je suis sincèrement désolée, Sam. Je n'avais pas l'intention de la quitter des yeux. C'est arrivé tellement vite…

— C'est moi qui devrais m'excuser d'avoir été aussi brusque avec vous, tout à l'heure. J'étais rongé d'inquiétude et je m'en suis pris à vous. Je vous demande pardon.

— Ne vous excusez pas, je vous comprends.

— Si rien ne vous appelle ailleurs dans l'immédiat, que diriez-vous de rester avec nous pour la pizza ? Nous avons tous eu une journée éprouvante, et je sais que les enfants adoreraient que vous dîniez avec nous.

Katie hésita. S'ils en étaient là, c'était sa faute. Si elle ne s'était pas disputée avec Libby, la petite fille ne se serait pas enfuie. Il valait peut-être mieux pour tout le monde qu'elle reprenne l'avion pour Atlanta dès le lendemain.

— Même Libby ? s'enquit-elle.

— Dans un sens, c'est vous qui lui avez involontairement donné l'idée de monter dans ce château. Vous lui aviez dit que sa maman veillait sur elle depuis le ciel, et elle a voulu grimper sur le perchoir le plus haut qu'elle connaissait pour essayer de lui parler.

Katie demeura silencieuse un instant. Sam ne se rendait peut-être pas compte qu'elle était entièrement responsable de cet incident mais, elle, elle le savait. Elle n'était pas la personne qu'il fallait à cette famille — ou à cet homme.

— Je suis heureuse que Libby soit de retour saine et sauve, j'étais très inquiète.

— Moi aussi.

Au même instant, son téléphone sonna. Sam jeta un coup d'œil à l'écran avant d'éteindre l'appareil.

— Ce soir, tout cela peut attendre, déclara-t-il en allant s'asseoir en tailleur sur le tapis. Henry et moi allons jouer ensemble avec ses blocs de construction. Qu'allons-nous bâtir, mon fils ?

— Une maison, répondit Henry sans hésiter.

— Une maison, hein ? Et qui va vivre dedans ?

— Moi et George.

Le garçonnet empila quelques blocs et regarda son père faire de même, avant d'ajouter :

— Et aussi Libby, papa et Katie.

Katie écarquilla les yeux. Avait-elle bien entendu ? Tournant la tête vers Sam, elle vit qu'il la dévisageait d'un air stupéfait.

— Il semblerait que votre départ pour Atlanta ne soit plus à l'ordre du jour, remarqua-t-il. Parce que notre petit Henry est en train de vous construire une maison très confortable à Stone Gap, pour que vous puissiez vous y installer.

— Heu… Je crois que le livreur de pizza est arrivé.

Elle n'en croyait rien, mais elle sortit tout de même du salon pour aller l'attendre à la porte. C'était plus facile que de répondre à la question qu'elle sentait planer dans l'air.

Elle n'allait pas rester ici. Elle n'allait pas vivre dans cette maison avec Sam, Libby et Henry. Si elle avait tiré une leçon de cette journée, c'était qu'elle n'était pas taillée pour le rôle de mère, de belle-mère ou même de nounou. Elle avait totalement échoué dans la seule mission qu'on lui ait confiée. Soulagé d'avoir retrouvé sa fille, Sam était prêt à lui pardonner maintenant, mais, plus tard, il comprendrait que Katie était plus douée pour les déclarations d'impôts que pour l'éducation des enfants.

Katie entendit un bruit derrière elle et, lorsqu'elle se retourna, elle vit Libby au bas de l'escalier.

— Salut, Katie.

— Libby, ma chérie, je suis très heureuse que tu sois rentrée à la maison et qu'il ne te soit rien arrivé.

Libby avait les yeux rouges d'avoir pleuré, mais elle portait un T-shirt propre et — ô miracle — elle lui souriait.

— Je vous demande pardon d'avoir fait une fugue.

Katie alla s'asseoir avec Libby sur les marches. Toute cette journée, elle s'était reconnue dans cette petite fille effrayée et solitaire, comme si elle voyait un reflet d'elle-même dans un miroir. Elle comprenait Libby, bien mieux que l'enfant ne le soupçonnait.

— Ce n'est pas très grave, assura-t-elle. Moi aussi, j'ai fait la même chose, à ton âge.

— C'est vrai ?

— Oui, bien sûr. J'avais huit ans, tout comme toi. Ma maman n'était pas aussi gentille que la tienne, et, parfois, elle criait après moi et elle me faisait peur. Alors, je prenais mes animaux en peluche et je m'enfuyais de la maison.

— Et ensuite ? C'était votre papa qui vous retrouvait ?

— Non, c'était mon grand frère qui s'en chargeait. Tu le connais, d'ailleurs. C'est Colton, et il est pompier. Déjà, à l'époque, il sauvait des gens.

Katie esquissa un sourire. Elle préférait ne pas imaginer ce qu'aurait été sa vie si elle n'avait pas eu Colton.

— Il me ramenait à la maison à califourchon sur son dos, il me préparait un dîner et il m'assurait que tout finirait par s'arranger. Et il avait raison : c'est ce qui s'est passé.

— Vous êtes-vous encore sauvée, après ?

Techniquement, c'était ce que Katie avait fait en venant

ici : elle avait fui ses angoisses et ses problèmes, et tout ce à quoi elle ne voulait plus penser. Et cette fuite l'avait conduite tout droit dans les bras d'un homme, père de deux enfants qui avaient besoin d'une maman. Était-elle masochiste ou bien était-ce un signe du destin lui montrant sa voie ?

— La fuite n'a jamais rien arrangé, répondit-elle, consciente qu'elle ne suivait pas ses propres conseils en retournant à Atlanta — après tout, n'était-ce pas une autre forme de fuite ?

Elle marqua une pause, avant d'ajouter :

— Tu dois parler de ce qui te fait peur, parce que c'est la seule manière de le rendre moins effrayant.

Et c'était exactement ce qu'elle n'avait pas fait avec Sam. Elle ne lui avait pas parlé de sa fausse couche, ni de sa crainte de ne jamais pouvoir être la femme dont il avait besoin, et pas davantage des véritables raisons de sa décision de repartir pour Atlanta.

Libby sembla réfléchir un instant à ses paroles, la tête baissée, ses longs cheveux bruns dissimulant son visage, avant de relever les yeux vers elle.

— Parfois, j'ai du mal à parler de certaines choses, avoua la petite fille. Parce que cela me donne envie de pleurer, et que je n'aime pas pleurer.

Katie lui sourit. Libby ne pouvait pas savoir à quel point elle la comprenait. Sa vie entière avait consisté à essayer de remettre de l'ordre dans le chaos, à placer la raison avant les sentiments.

— Ma chérie, personne n'aime pleurer, mais quelquefois cela fait du bien.

C'était un autre conseil que Katie aurait pu retenir pour elle-même : si elle avait parlé, si elle avait exprimé ses émotions, quelques mois plus tôt, elle n'aurait probablement pas implosé sur son lieu de travail et elle ne se serait pas retrouvée sans emploi. Elle n'aurait pas dû aller se réfugier à Stone Gap. Elle n'était ici que depuis deux semaines, et les conversations qu'elle avait eues avec Colton et Della lui avaient déjà fait gagner en sérénité.

Ces quelques jours avec Sam et avec les enfants l'avaient aussi aidée à soulager le sentiment de perte qu'elle portait dans son cœur. Le vide laissé par cet enfant qui n'avait jamais vu le jour était encore là, mais la souffrance avait commencé à s'estomper. Cela l'aiderait peut-être lorsqu'elle retournerait à Atlanta, à son travail, à sa vie.

Sauf que Libby choisit ce moment pour se blottir contre elle et l'entourer de son bras fluet, en murmurant :

— Merci, Katie.

Et soudain, Katie n'avait plus envie de partir. À cet instant, il n'existait aucun endroit au monde où elle aurait préféré être qu'ici même, assise sur la première marche de l'escalier de Sam près de cette petite fille, son âme sœur.

Katie serra Libby contre elle et lui répondit les mêmes mots, sauf que sa propre voix s'étranglait d'émotion.

— Merci, Libby.

Au moment où la pizza fut enfin livrée, la vie avait repris son cours ordinaire. Henry et Libby se disputaient au sujet d'un jouet, Bob l'éponge batifolait sur l'écran de la télévision, et le chien aboyait. En contemplant le joyeux désordre autour de lui, Sam songea qu'il était le plus chanceux des hommes.

Au dîner, Katie parla peu, et Sam se dit que c'était parce que les enfants faisaient beaucoup de bruit. La pizza terminée, il leur déclara qu'ils pouvaient regarder la seconde partie de *La Reine des neiges* avant d'aller au lit. Il se leva en même temps que Katie, et ils faillirent entrer en collision en se dirigeant tous deux vers l'évier.

Un soupçon de son parfum vint caresser ses narines, et Sam remarqua les battements de son pouls à la base de son cou élégant. Instantanément, il ne fut plus conscient que de sa présence près de lui.

— Heu… Pardon, bredouilla-t-il.

— Je suis désolée, s'excusa-t-elle en plaçant les assiettes dans le bac. Je devrais rentrer. Merci pour la pizza.

Si elle avait deviné ce qu'il ressentait, elle n'en laissait rien voir. Le silence qui s'était étiré entre eux au dîner était encore là, et, à présent, il s'y ajoutait une sorte de distance.

Sam avait espéré qu'après cette soirée Katie aurait renoncé à son idée de le quitter, mais rien dans son attitude ni dans ses propos ne suggérait qu'elle puisse partager l'intense envie qu'il avait de l'embrasser.

Il s'en voulait énormément de lui avoir hurlé des reproches, d'avoir donné libre cours à sa peur, à ses doutes. Tout ce qu'il y avait gagné, c'était qu'une barrière invisible les séparait désormais.

— Restez, je vous en prie, dit-il en prenant son bras alors qu'elle se détournait déjà de lui. Dans une demi-heure, les enfants seront au lit, et vous et moi pourrons bavarder un peu. Je sais que je me suis comporté comme un rustre et un idiot, cet après-midi. La fugue de Libby n'était pas votre faute. J'étais angoissé et je me suis emporté. Je vous demande encore pardon.

Il lisait son hésitation sur son visage, mais il ne retira pas sa main, parce que c'était une sensation trop divine. Il aurait tout donné pour la serrer dans ses bras et l'embrasser, mais les enfants étaient dans la pièce voisine, et Katie ne le regardait plus de la même façon qu'avant. Si elle consentait à lui parler, ils pourraient peut-être dissiper tout malentendu et redevenir ce qu'ils avaient été.

— Restez, répéta-t-il. S'il vous plaît.

— D'accord, capitula-t-elle, fixant les assiettes dans l'évier. Mais seulement quelques minutes après que les enfants seront couchés. J'ai des choses à faire, ce soir.

Il espérait que ces « choses » ne la rapprocheraient pas de son départ pour Atlanta, mais n'osa pas lui poser la question. Pour le moment, elle allait rester, et cela lui suffisait.

— Cela me va, assura-t-il, incapable de réprimer un sourire.

Il était convaincu que ce qui tracassait Katie pouvait être résolu grâce à une franche conversation. Parce qu'il appréciait beaucoup cette femme — et même plus que cela — et, de ce fait, il ne voulait pas qu'elle s'échappe.

Il fit couler l'eau dans l'évier, mais Katie l'arrêta.

— Laissez, je me charge de la vaisselle. Je suis sûre que vous devez avoir du travail à rattraper.

— Le travail peut attendre. Je vais accepter votre proposition de faire la vaisselle, car c'est ce que je déteste le plus, mais je vais en profiter pour regarder *La Reine des neiges* avec mes enfants pour la mille et unième fois.

Là-dessus, Sam déposa un bref baiser sur la joue de Katie, et il passa dans le salon.

Il s'installa confortablement sur le sofa et il sut avec certitude que la paix était revenue dans sa maison lorsque Henry et Libby vinrent se pelotonner contre lui. Depuis quand n'était-ce plus arrivé ? Trop longtemps. Mais, quand le générique de fin commença à défiler sur l'écran, Henry s'était endormi, et Libby bâillait. Il souleva son fils dans ses bras, puis il prit la main de Libby.

— Viens, ma chérie, c'est l'heure d'aller au lit.

Trop fatiguée pour lui opposer ses protestations habituelles, elle acquiesça.

Sam fit halte dans la cuisine, à présent impeccable, où Katie était assise, et il la vit penchée sur son téléphone, probablement occupée à répondre à des mails. Peut-être à accepter ce nouvel emploi qu'on lui proposait ? Il espérait que non, en tout cas pas avant qu'il ait pu lui parler ce soir.

— Je redescends dans dix minutes au maximum, la prévint-il.

— D'accord.

Il borda d'abord Henry dans son lit. Lorsqu'il entra dans la chambre de Libby, elle était déjà en pyjama et sous les couvertures.

— Tout va bien, Libby ? s'enquit-il en effleurant son front d'une caresse.

— Oui, papa. Je suis désolée de m'être sauvée de la maison.

Il ne se lasserait jamais de l'entendre l'appeler « papa ». Le seul fait qu'elle ait prononcé ce mot prouvait à quel point ils avaient progressé en l'espace d'à peine quelques jours.

— Moi, je suis juste soulagé que tu sois de retour, répondit-il d'une voix douce. La prochaine fois que tu te sentiras triste, viens me parler, d'accord ?

— Pourrai-je aussi parler à Katie ? Parce que c'est une fille, et souvent… c'est plus facile…

— Je comprends parfaitement, assura-t-il en riant.

Il se souvint alors que Katie allait partir bientôt. Il faillit le dire à Libby, puis il y renonça, pour ne pas inquiéter sa fille encore davantage. Il aborderait ce problème plus tard, si possible beaucoup plus tard.

— Bonne nuit, ma chérie.

— Attends, papa. Tu veux bien me lire une histoire ?

Si elle continuait à l'appeler ainsi, il était prêt à lui lire tous les ouvrages de sa bibliothèque. Cette relation lui avait trop manqué depuis dix-huit mois, et il n'entendait pas en laisser perdre une seule seconde de plus.

Sam lui lut son conte préféré, une histoire de princesse dont il lui avait déjà fait la lecture quelques soirs plus tôt, mais, cette fois-ci, Libby l'écouta blottie tout contre lui, et elle s'endormit avant qu'il soit arrivé à la page dix. Il borda sa fille dans son lit, puis il déposa un baiser sur sa tempe.

— Je t'aime, Libby, murmura-t-il.

Il la vit sourire dans son sommeil. En ressortant de la chambre sur la pointe des pieds, Sam ne s'était jamais senti plus heureux.

Pendant qu'il était à l'étage, Katie s'était installée sous le porche à l'arrière de la maison. Sam déboucha une bouteille de vin et la rejoignit, un verre dans chaque main.

— Merci, dit-elle en acceptant celui qu'il lui tendait.

Il s'assit dans l'autre fauteuil de bois rustique. Au-dessus d'eux, le ciel avait pris une teinte violette, alors que le jour faisait place à la nuit. La température était douce, et une brise légère agitait la cime des arbres.

— Je devrais vous remercier, déclara-t-il.

— De quoi ? s'étonna-t-elle. J'ai perdu votre fille aujourd'hui. Et ne vous excusez pas non plus de vous être mis en colère contre moi. Vous en aviez le droit, j'ai été en dessous de tout.

— Seulement humaine, murmura-t-il en prenant sa main dans la sienne. Un jour, j'ai perdu Libby dans un hypermarché, moi aussi. Henry était encore bébé, et j'avais emmené les enfants afin que Wendy puisse se reposer. Henry était grognon, ce jour-là, et j'essayais de le calmer. Lorsque je me suis retourné, Libby avait disparu.

— Où était-elle allée ?

— Au rayon des jouets, précisa Sam en riant. J'aurais dû m'en douter, mais j'ai couru dans tout le magasin et j'ai demandé au directeur de la faire appeler par haut-parleur. Lorsque nous l'avons enfin retrouvée, elle était assise sur le sol, en train de s'amuser avec une poupée Barbie.

Il marqua une pause, avant d'ajouter en soupirant :

— J'avais l'impression d'être le plus mauvais père du monde, et c'est peut-être alors que j'ai commencé à prendre de la distance, à travailler de plus longues heures. Wendy était une maman fabuleuse, vous savez. J'ai pensé que je ne ferais que des bêtises en m'en mêlant.

— Vos enfants vous adorent. Ils n'ont pas besoin que vous soyez parfait, seulement que vous soyez là pour eux.

— C'est ce que vous m'avez suggéré depuis le début, mais… je crois que j'avais peur de ne jamais être aussi compétent que leur mère. Aujourd'hui, en parlant avec Libby dans ce château, au parc, j'ai compris que tout ce qu'elle attendait de moi, c'était que je sois présent pour lui tenir la main lorsqu'elle a envie de pleurer. Je dois trouver le moyen de concilier ma vie professionnelle et mes devoirs de père.

— Croyez-moi, vous vous en tirez très bien, comparé

à d'autres parents, observa-t-elle en prenant une gorgée de vin. Vous faites de votre mieux, et c'est déjà beaucoup.

— Des parents comme votre mère ? suggéra-t-il.

Colton lui avait parlé de leur famille. Était-ce là qu'il fallait chercher la raison de sa volonté de partir ?

Katie demeura silencieuse un long moment, fixant le verre dans sa main, avant de répondre d'un ton las :

— Oui, comme ma mère. Et moi, quand ça a été mon tour, qu'ai-je fait ? Exactement la même chose qu'elle.

— Faites-vous allusion à ce qui s'est passé aujourd'hui ? Vous n'avez commis aucune erreur. Vous ne pouviez pas deviner que Libby allait courir se cacher.

— Non, je ne parlais pas de cela.

Libérant sa main de son étreinte, Katie se leva. À la lumière de la lune, il la vit esquisser un sourire mélancolique.

— Écoutez, je sais ce qu'un homme comme vous attend d'une relation. Vous m'avez dit vous-même que vous désirez vous marier et avoir d'autres enfants. Mais, croyez-moi, je ne suis pas la femme qu'il vous faut pour réaliser ce projet.

— Et qu'est-ce qui vous fait penser cela ? répliqua-t-il en se levant à son tour pour se planter devant elle.

Il se pencha jusqu'à ce que leurs visages soient tout près l'un de l'autre et il vit ses yeux devenir immenses, ses lèvres s'entrouvrir, lorsqu'il ajouta :

— Parce que, moi, je suis persuadé que vous êtes exactement la femme qu'il me faut, Katie.

Puis, sans lui laisser le temps de s'écarter, il l'embrassa. Ce fut d'abord un baiser très doux, d'une lenteur sensuelle, puis elle noua les bras autour de son cou, et il lui enlaça la taille pour la serrer tout contre lui. Leur baiser devint alors plus intense, plus brûlant, et…

Katie recula soudain.

— Nous ne pouvons pas faire cela, Sam, dit-elle d'un ton douloureux. Vous vous trompez à mon sujet, je ne suis pas la femme qu'il vous faut. N'y pensez plus et laissez-moi partir.

— Je ne peux pas, répliqua-t-il en se rapprochant à nouveau pour repousser délicatement une mèche de cheveux sur sa joue. Je suis en train de tomber amoureux de vous.

Il avait enfin renoncé à se cacher derrière l'excuse de son travail pour ne pas avoir à affronter son pire cauchemar. Perdre encore une fois une personne qu'il aimait.

— Non, Sam, gémit-elle. Vous ne devez pas…

— Je ne vous comprends pas, l'interrompit-il, prenant ses mains entre les siennes. Vous m'embrassez, vous faites l'amour avec moi, vous êtes plus proche de mes enfants que n'importe qui. Pourquoi ne croyez-vous pas que nous soyons faits l'un pour l'autre ? Pourquoi refusez-vous ?

— J'aimerais que ce soit possible, assura-t-elle en s'arrachant à sa douce étreinte. Mais cet avenir n'est pas pour moi. Je ne peux pas vous expliquer… Je dois partir, c'est tout.

Elle tournait déjà les talons, mais Sam se planta devant elle, lui barrant la route avant qu'elle puisse s'échapper. Katie ne lui avait pas tout dit. Il manquait une pièce dans ce puzzle. Il avait vu la tendresse dans ses yeux lorsqu'elle était avec les enfants, lorsqu'elle faisait l'amour avec lui… Et maintenant, elle faisait comme si tout cela n'avait pas existé.

— Pourquoi n'êtes-vous pas la femme qu'il me faut, Katie ?

— Parce que… vous et moi désirons des choses différentes, répondit-elle en détournant le regard.

— N'avez-vous pas envie de vous marier ? insista-t-il. De fonder une famille ?

— Je l'ai cru autrefois, mais aujourd'hui…

— Oui ? Quoi ? Dites-le-moi, Katie.

— Pourquoi ne pouvez-vous pas simplement me laisser partir, Sam ? gémit-elle, les yeux brillants de larmes. Renoncez à faire de moi quelqu'un que je ne suis pas.

— Vous êtes la seule femme que je désire, Katie. Pourquoi ne pouvez-vous pas…

— Parce que j'ai perdu le bébé !

Sur ces mots, elle s'écarta brusquement de lui et traversa le jardin à grands pas, pour s'arrêter sous le grand chêne, où était accrochée une balançoire.

Perdu le bébé ? Sam repassa ces paroles dans son esprit. Ils n'avaient fait l'amour que la veille, et ils s'étaient protégés. Ce ne pouvait donc pas être son enfant. Il songea alors à ce que lui avait dit Colton : certains événements récents dans la vie de Katie l'avaient convaincue de venir se réfugier à Stone Gap. Était-ce à cela qu'il avait fait allusion ?

— Vous avez perdu le bébé ? Que voulez-vous dire ?

Dans le jardin silencieux, il n'entendit d'abord que le chant des grillons. La pluie avait cessé, et la nature scintillait sous les rayons argentés de la lune. Puis elle répondit d'une voix tremblante de larmes retenues :

— Si je vous dis tout, vous comprendrez pourquoi je ne suis pas la femme qu'il vous faut, à vous ou à votre famille. Il y a quelques mois de cela, je suis tombée enceinte. En ce temps-là, j'étais sûre de ne pas désirer fonder une famille ; ma propre mère m'avait donné un piteux exemple de la maternité, et je m'étais juré de ne jamais être comme elle. Si je n'avais pas d'enfants, je ne risquais pas d'être une mauvaise mère. Puis je me suis habituée à l'idée d'être enceinte et j'étais même très excitée par la venue de ce bébé. J'ai commencé à faire des projets, à préparer une chambre d'enfant, à me créer un avenir.

— Où était le père du bébé ?

— J'ai découvert qu'il ne cherchait rien de plus permanent qu'une petite aventure. Dès que je lui ai parlé de ma grossesse, il a disparu.

Sam fronça les sourcils, mais, déjà, elle poursuivait :

— Mais cela ne m'a pas découragée. Je désirais ce bébé, et j'étais excitée et effrayée à la fois. Alors j'ai travaillé. J'ai travaillé d'arrache-pied : des heures supplémentaires, des week-ends… Enfin, tout ce qui pouvait venir grossir mes économies. Je voulais être prête pour l'arrivée du bébé. Et puis…

Le reste de sa phrase mourut sur ses lèvres, mais Sam sentit à quel point ce souvenir la faisait souffrir. Et, lorsqu'il vit de nouvelles larmes couler, la vérité lui devint soudain évidente.

— Suggérez-vous que c'est votre surcharge de travail qui a causé votre fausse couche ? Que c'est votre faute ?

— Si je m'étais reposée davantage, si j'avais mieux pris soin de mon corps…

Elle s'interrompit un instant, les joues ruisselantes, avant de poursuivre :

— Un matin, lorsque je me suis réveillée, tout était terminé. Je l'ai su à la seconde où j'ai ressenti cette douleur. Et *c'était ma faute*. J'ai échoué à faire ce que des millions de femmes font sans problème chaque année.

Le cœur de Sam se brisa quand il vit cette femme dotée de tant d'amour en elle être ainsi incapable de se pardonner.

— Katie, murmura-t-il, les fausses couches font partie des risques de la vie. Vous n'êtes pas responsable.

— Ne comprenez-vous pas ? gémit-elle en se détournant de lui. Je ne peux pas devenir mère. Laissez-moi partir, Sam.

— C'est impossible, parce que je vous aime déjà. Vous désirez fuir parce que vous êtes effrayée, je le sais. Moi aussi, je me suis réfugié dans mon travail durant des années parce que j'avais peur d'être un parent inepte, comparé à mon épouse… et cela a failli détruire ma relation avec mes enfants. Mais vous ne devez pas laisser cette peur ruiner votre vie.

— J'essaye juste de ne pas ruiner la vôtre, répondit-elle dans un sanglot.

Sur ces mots, elle tourna les talons et s'éloigna rapidement. Sam demeura seul dans son jardin éclairé par la lune, tentant de se convaincre que, s'il restait là suffisamment longtemps, sa douleur disparaîtrait.

Il se trompait.

- 15 -

— Si je te dis que je t'aime énormément, mais que tu es une idiote, m'écouteras-tu ? lança Colton en souriant.

Assise dans une alcôve au fond de la salle, face à son frère, Katie poussait du bout de sa fourchette un petit déjeuner dont elle ne voulait pas. Elle lui avait demandé de venir la rejoindre au café pour lui dire au revoir avant son départ.

— C'est la meilleure solution, pour Sam comme pour moi.

— Moi, je crois que tu détales, tout simplement.

— Sam était du même avis, convint-elle en secouant la tête avec tristesse.

Pourquoi les hommes de sa vie semblaient-ils incapables de comprendre qu'elle avait pris une décision logique pour sa carrière, pour toutes les choses sur lesquelles elle pouvait compter ? Pour retrouver l'ordre dont elle avait besoin, loin du tumulte des émotions ?

— Il faut que je retourne à Atlanta : je dois chercher un emploi, payer mes factures, nourrir les chats errants.

— Il n'y a pas de chats errants dans ton quartier.

— J'en trouverai un.

Au besoin, elle l'adopterait, si cela pouvait lui faire oublier la souffrance qu'elle avait ressentie ce matin-là en faisant ses bagages. Sa voiture était garée devant le café, et dans très peu de temps elle serait derrière le volant, en route pour rentrer chez elle.

Sauf qu'elle ne s'était jamais vraiment sentie chez elle à

Atlanta. C'était ici, dans cette petite ville au charme désuet, où la propriétaire du restaurant connaissait son nom, où sa logeuse avait eu les larmes aux yeux en apprenant son départ, qu'elle s'était sentie chez elle depuis le premier jour. Durant un instant, elle fut tentée d'abandonner son projet pour s'installer à Stone Gap. Après tout, on avait sûrement besoin de comptables, ici aussi, et elle pourrait même peut-être y ouvrir son propre cabinet. En restant, elle pourrait continuer à voir Henry et Libby.

Et, surtout… Sam.

Mais elle ne pouvait pas le faire. Elle ne pourrait s'empêcher de fondre en larmes à chacune de leurs rencontres.

— Alors ? dit Colton comme s'il avait lu dans ses pensées. Pourquoi ne restes-tu pas ? C'est une chose que tu n'as jamais vraiment essayée, petite sœur : te poser quelque part.

— C'est faux : j'ai un appartement, à Atlanta.

— Et as-tu construit quoi que ce soit de permanent, là-bas ? répliqua Colton d'un ton dubitatif. As-tu planté un jardin ?

— J'habite dans un appartement, Colton. Je ne peux pas planter de jardin.

— Ce qui signifie que, lorsque tu as été « en quelque sorte » licenciée, tu pouvais ranger toutes tes possessions dans un carton et partir sans te retourner, observa Colton.

— Euh… Oui, peut-être. Mais je ne vois pas…

— Et si ton appartement était détruit par un incendie demain, pleurerais-tu beaucoup la perte de ce qu'il contient ?

— J'ai un album de photos de l'époque où nous étions enfants, mais tout le reste peut être facilement remplacé…

— Ou laissé sur place, remarqua Colton. Rien ne te retenait là-bas, ni les lieux ni les gens, et tu pouvais sans difficulté t'en aller — ou plutôt prendre la fuite — à n'importe quel moment. Mais tu n'es ici que depuis deux semaines et, déjà, tu as établi des liens ; tu t'es fait des amis, tu t'es créé des souvenirs. Et…

Il s'adossa nonchalamment à son siège et but une gorgée de son café avant d'ajouter :

— Je crois que, tout au fond de toi-même, tu es terrifiée à l'idée de partir, car ces choses-là, tu ne peux pas les emporter dans un carton.

— Ce n'est pas cela, protesta-t-elle. C'est seulement…

Le reste de sa phrase mourut sur ses lèvres. Son frère avait raison, il n'y avait personne à Atlanta qu'elle soit impatiente de revoir. Elle avait quelques amis, mais la plupart d'entre eux étaient des collègues avec qui elle sortait quelquefois dîner après le travail, qu'elle n'aurait jamais eu l'idée d'appeler pour une soirée impromptue de pizza et de cinéma. Elle n'avait personne avec qui explorer une vieille maison, avec qui elle aurait envie d'aller à la pêche ou de se promener sur une plage pour chercher des trésors dans le sable.

Personne, sauf Sam.

— J'ai raison, n'est-ce pas ? remarqua Colton avec un sourire parfaitement agaçant.

— Je ne dirais pas cela, répondit-elle en évitant son regard. Disons seulement… que tu n'as peut-être pas entièrement tort.

— Dans ce cas, pourquoi es-tu encore assise ici avec moi ?

— Nous prenons le petit déjeuner.

Colton se pencha par-dessus la table, s'empara de la tasse de Katie, et avala son café d'un trait.

— Voilà, déclara-t-il. À présent, nous avons terminé.

— Tu es vraiment insupportable, dit-elle en riant.

— Je t'aime, petite sœur, répondit Colton en se levant pour déposer un baiser sur son front. Et maintenant, file.

— Pour aller où ?

— Au nouveau centre commercial. Sam a rendez-vous là-bas avec un client potentiel à 10 heures.

Colton se mêlait de ce qui ne le regardait pas, bien sûr, mais elle ne pouvait pas lui en vouloir, car elle savait que son frère avait les meilleures intentions du monde. Colton défendait toujours ses intérêts, même lorsqu'elle ne lui avait rien demandé.

— Est-ce toi, ce client ? s'enquit-elle d'un ton méfiant.

— Qui, moi ? se récria-t-il. Ce que Sam a à vendre ne m'intéresse pas. Mais je parie que, *toi*, tu es intéressée, puisque tu es en train de tomber amoureuse de lui.

— Qui t'a dit cela ?

— Ton sourire idiot et ton regard pâmé chaque fois que je mentionne son nom. Et, ensuite, j'aimerais beaucoup t'inviter à dîner… car, si tu décides de t'installer à Stone Gap, tu dois absolument faire la connaissance de ta belle-sœur.

Alors qu'elle se dirigeait déjà vers la porte, il ajouta :

— Et le bonus, c'est que Rachel est organisatrice de mariages. J'ai idée que cela pourrait t'être bientôt utile.

Sam marchait de long en large dans le local d'environ 200 m² qu'il avait fait visiter quelques jours plus tôt à Ginny et Bernard. Ils discutaient toujours entre eux au sujet de ce local et de l'espace adjacent, pour lequel ils avaient aussi fait une offre, ce qui situerait le taux d'occupation du centre commercial à 90 %. Hank serait alors très, très satisfait de son nouvel agent immobilier. Encore une cellule louée, et Sam aurait atteint ses objectifs — mais, pour cela, il devait convaincre son prochain client.

Son rendez-vous de 10 heures était en retard. Sa secrétaire n'avait pu lui dire de qui il s'agissait, et cette personne n'avait pas laissé de numéro pour qu'on puisse la rappeler. C'était un peu étrange, mais Sam avait quelquefois affaire à des investisseurs excentriques. Il espérait seulement que cette visite ne serait pas une perte de temps.

Il avait appelé Katie à plusieurs reprises et envoyé quelques textos, mais elle n'avait pas répondu. Peut-être était-elle même déjà en route pour Atlanta.

On était mardi, et Della avait accepté de garder Henry et Libby en attendant qu'il leur ait trouvé une nouvelle nounou. S'il avait bouclé le dossier du centre commercial ce vendredi, il passerait prendre les enfants lorsque Libby sortirait de l'école, et ils pourraient, tous ensemble, faire une petite excursion à Atlanta — pour aller voir Katie. Il savait que la femme à qui il avait fait l'amour, avec qui il avait ri sur la plage, était celle qu'il aimait, mais qu'elle était terrorisée à l'idée de se marier. Elle était traumatisée par la perte de son bébé et elle se croyait coupable. Mais elle avait tort, et il était déterminé à consacrer le temps nécessaire à lui montrer qu'elle se trompait.

Entendant la porte s'ouvrir derrière lui, Sam se retourna, et son cœur fit un grand bond dans sa poitrine.

— *Katie ?*

— Bonjour, dit-elle avec un sourire timide, refermant doucement derrière elle. Pouvons-nous parler ?

— Oui, bien sûr. Mais j'attends un client…

Il s'interrompit en voyant son sourire s'élargir.

— C'est donc *vous*, le « client » avec qui j'avais rendez-vous ?

— C'est Colton, le responsable, expliqua-t-elle. C'est plus fort que lui, il a besoin de jouer les entremetteurs.

— Votre frère est devenu un grand romantique depuis qu'il a rencontré Rachel.

— Il est sur son petit nuage, reconnut-elle, déambulant dans l'espace vide au plafond haut, observant les installations techniques encore apparentes. Alors ? Si une personne souhaitait louer ce local, combien lui en coûterait-il ?

Ce jour-là, elle était vêtue d'un jean et d'un pull bleu à manches courtes, et elle portait des bottes à petits talons. Elle était incroyablement belle, et Sam dut puiser dans ses réserves de volonté pour ne pas la serrer dans ses bras.

— Une personne qui aurait décidé de rester à Stone Gap et d'y ouvrir un cabinet, par exemple ? suggéra-t-il en souriant.

Comme elle ne répondait pas, il lui fit son discours

professionnel bien rodé, parla du bail, des aménagements possibles et des services offerts.

Lorsqu'il se tut enfin, elle s'était arrêtée au centre de la pièce, le regard fixé sur lui. Sam s'approcha d'elle, se demandant ce qu'elle pouvait penser à cet instant. Il ne parvenait pas à décider si elle était réellement intéressée par cet espace commercial ou bien si elle utilisait un code pour parler d'eux. Il opta pour la seconde hypothèse, en espérant ne pas s'être trompé et passer pour un crétin.

— C'est une affaire très prometteuse, mais vous devez agir rapidement. Il y a d'autres personnes intéressées par ce bail.

— Vraiment ?

— Oui, en effet, répondit-il. Ils désirent signer un bail à long terme, bien que ce soit assez risqué en l'occurrence car, pour eux, c'est une aventure toute nouvelle.

La pièce était vaste et vide et, avec ses murs blancs, elle semblait symboliser un nouveau départ — pour un bureau, une boutique, ou pour Katie et lui. Sam retint son souffle.

— Et pourquoi souhaitent-ils signer tout de suite un bail à long terme ? s'enquit-elle.

— Parce que ce sont des idiots ou bien des personnes optimistes. Pour ma part, je préfère croire que la seconde explication est la bonne.

— Moi, je pense plutôt qu'ils sont idiots de prendre le risque de s'engager dans une aventure nouvelle sans en connaître les tenants et les aboutissants, répliqua Katie avec un rire très doux.

— Parfois, il faut accepter une part de risque pour saisir une occasion, observa-t-il, ne sachant plus trop s'ils parlaient d'un espace commercial à louer ou d'eux-mêmes.

— Même si l'on ignore de quoi demain sera fait ?

— Aucun de nous ne peut savoir ce que l'avenir nous réserve, Katie, rappela Sam.

Il prit sa main dans la sienne et, comme elle ne fit aucun effort pour le repousser, il sentit l'espoir refleurir dans son cœur. Il était resté trop de temps englué dans les limbes du deuil, et sa chère Wendy lui aurait conseillé d'aller de l'avant, de profiter de chaque seconde de son existence, car elle savait que personne ne pouvait prévoir de quoi le lendemain serait fait. Elle ne désirerait pas qu'il renonce à vivre pleinement sa vie. Les derniers lambeaux de sa culpabilité tombèrent d'eux-mêmes, et il fit un pas vers Katie, vers un nouvel avenir.

— La vie est courte, Katie, je l'ai appris à mes dépens il y a un an et demi. Vous devez prendre le risque.

— Mais… Et si je commettais des erreurs ? murmura-t-elle en étreignant plus fort sa main, une expression d'inquiétude sur son ravissant visage. En comptabilité, tous les chiffres s'équilibrent, mais cela ne se passe pas ainsi avec l'amour, avec les enfants, avec une famille.

Sam se souvenait d'avoir éprouvé ce même sentiment avant la naissance de ses enfants, et le jour où il avait perdu Libby dans cet hypermarché. Beaucoup de choses avaient changé au cours de ces derniers jours, et les enfants adoraient les changements qui étaient intervenus. Tout était différent, aujourd'hui, et, pour la première fois depuis une éternité, il voyait la lumière au bout du tunnel… Tout cela, c'était grâce à Katie, et il aurait tout donné pour qu'elle le comprenne.

— Rien ne sera jamais aussi prévisible avec les enfants ou avec les gens que vous aimez, mais c'est pourquoi la vie est merveilleuse. Elle est brouillonne et compliquée, mais l'amour peut vaincre tous les obstacles.

C'était la leçon qu'il avait tirée de sa conversation avec Libby dans le château de bois du parc. Pour retrouver le bonheur, Libby avait seulement besoin qu'il l'aime, qu'il soit là pour elle.

Katie s'éloigna pour déambuler à nouveau dans le local vide, recréant de la distance entre eux chaque fois qu'ils se rapprochaient.

— Cet endroit a du potentiel. Avec quelques travaux,

il serait parfait. Mais cela vaut la peine, n'est-ce pas ? D'investir dans les travaux nécessaires ?

— Oui, tout à fait. Alors, vous aurez le local de vos rêves.

Sam réprima un soupir. Katie parlait donc réellement de cette cellule à louer.

— Nous sommes prêts à œuvrer avec vous aux transformations que vous jugerez utiles, ajouta-t-il, s'efforçant de dissimuler sa déception. Sinon, je peux aussi vous montrer un ou deux autres espaces similaires. Comme je vous le disais, une autre personne est déjà intéressée par celui-ci.

— Je ne veux pas en visiter d'autres, répondit-elle en pivotant vers lui. C'est celui-ci que je désire.

— Je ne peux pas…

Il n'avait fait qu'un pas dans sa direction lorsqu'il vit l'étincelle d'humour dans son regard. Et, à nouveau, son cœur fit un bond dans sa poitrine.

— C'est *celui-ci* que vous désirez ?

— Celui-ci, oui, affirma-t-elle en posant la main à plat sur son torse, esquissant un sourire. Celui-ci, et aucun autre.

— Et que faites-vous d'Atlanta ? De votre nouvel emploi ?

— Ici aussi, on a besoin de comptables. À propos, j'ai déjà appelé un cabinet dans le centre-ville de Stone Gap en venant et j'ai décroché un entretien cet après-midi. On ne m'a rien promis, bien sûr, mais c'est un premier pas. Et si je ne trouve pas de poste dans un cabinet existant, je créerai le mien.

— C'est formidable, répondit-il, faisant de son mieux pour faire preuve d'enthousiasme, mais conscient qu'elle n'avait à aucun moment suggéré qu'ils avaient un avenir quelconque ensemble. Alors… songez-vous à rester à Stone Gap ?

— Je crois que j'aimerais m'y installer pour de bon. Mon frère, si sage et si autoritaire, vit ici, et ma future belle-sœur aussi. Je veux être la tante qui gâtera leurs enfants.

Elle n'avait fait aucune allusion à lui, et Sam éprouvait une véritable souffrance, à demeurer planté là devant elle. Durant un bref instant, il s'était imaginé qu'elle parlait de lui, d'eux, mais…

— C'est merveilleux, assura-t-il. Colton va être ravi.

— Et vous ?

— Moi ? Que voulez-vous dire ?

— Seriez-vous heureux que je reste à Stone Gap et que je gâte les enfants de Colton ?

— Tout d'abord, sachez que je suis tout à fait d'accord pour gâter les enfants de Colton, à condition de pouvoir leur offrir une grosse caisse sur laquelle ils pourront taper toute la journée : Colton a offert une batterie aux miens, au Noël dernier, et il doit payer pour ce forfait. Et, pour répondre à votre seconde question, rien ne me rendrait aussi heureux que de vous voir vous installer à Stone Gap à demeure… À condition que ce soit avec moi.

Le regard de Katie s'adoucit, et un sourire étira ses lèvres adorables. Puis elle chuchota :

— Je suis lasse de fuir, Sam. J'ai besoin… d'une vie sur laquelle je peux compter. Une vie que je pourrai construire et que je pourrai prendre le temps d'apprécier.

— Alors, cessez de fuir, Katie, murmura-t-il en l'attirant à lui, le visage dans ses cheveux soyeux.

— J'ai encore peur.

— Moi aussi, avoua-t-il en pressant le front contre le sien. Mais je n'ai plus envie de continuer à mettre ma vie entre parenthèses par crainte des incertitudes de l'avenir. J'ai besoin de vivre pleinement chaque jour.

— Moi également, convint Katie, avec un sourire lumineux que Sam aurait voulu revoir chaque matin. Je vous aime, Sam Millwright.

Elle l'aimait ? Ces paroles firent entrer le soleil dans son cœur, le remplirent de joie.

— Moi aussi, je vous aime, Katie, même si vous êtes beaucoup trop qualifiée pour vous contenter d'un homme comme moi.

— Beaucoup trop qualifiée ?

— Je ne pense pas que vous êtes la candidate idéale pour un poste de nounou, déclara-t-il.

Il demeura silencieux une seconde et attendit de voir la confusion dans ses yeux avant d'ajouter :

— Je crois que vous devriez plutôt devenir mon épouse.

— Mais… et si je me révélais incapable de mettre au monde d'autres enfants ? balbutia-t-elle. Et si…

— Cela ne fait pas partie des compétences que je recherche chez mon épouse, coupa-t-il, posant doucement un doigt sur ses lèvres. J'ai seulement besoin de *vous*, Katie, de la magie que vous avez réintroduite dans ma vie et dans celle de mes enfants. Je désire rire avec vous, déguster des pizzas avec vous, chercher des trésors sur la plage avec vous, et cela, durant toute ma vie.

— J'ai déjà trouvé le plus fabuleux des trésors, murmura-t-elle. Ici même, avec vous.

Katie posa la joue contre son torse et écouta battre son cœur juste sous son oreille. Sam la serra très fort dans ses bras, et, pour la première fois, dans ce local vide qui contiendrait un jour le futur d'une autre personne, elle ne songeait plus à s'enfuir. Katie resta exactement là où elle était, et elle commença à y jeter ses racines.

Épilogue

Dix mois plus tard

Des ballons aux couleurs vives flottaient dans la brise légère, et les rires des enfants résonnaient sur la pelouse. Le lac de Stone Gap scintillait sous le soleil printanier, bien que ses eaux soient encore un peu fraîches pour la baignade.

La maison que Sam avait achetée des années auparavant était enfin entièrement rénovée après les mois de dur labeur de Savannah Barlow et de son équipe. Sam, Katie, Libby et Henry s'y étaient installés à demeure, et, ce jour-là, on pendait officiellement la crémaillère. Les enfants raffolaient de ce lac à deux pas de chez eux, de la nouvelle balançoire que Sam leur avait montée dans le jardin et de la cabane perchée dans un arbre qu'il avait commencé à leur construire le week-end précédent. Tous les frères Barlow étaient venus lui prêter main-forte, et le fait que les hommes aient passé plus de temps à raconter des blagues qu'à travailler n'avait aucune importance. Katie avait adoré observer depuis la fenêtre de sa cuisine cette grande famille dont elle avait toujours rêvé, et qui devenait chaque jour plus nombreuse.

Katie s'assit précautionneusement dans un fauteuil, exhalant un long soupir. En dépit des massages que Sam lui prodiguait à volonté, son dos lui faisait mal. Della distribuait aux enfants les cookies qu'elle avait préparés.

Elle s'était autoproclamée grand-mère officielle de Libby et de Henry — en étirant un peu les liens généalogiques —, mais Katie n'y voyait rien à redire. Être incluse au sein de la chaleureuse famille Barlow lui donnait une incroyable sensation de confort et de sécurité, comme un merveilleux cocon, une douce couverture durant une froide nuit d'hiver.

— Madame est servie, dit Sam en lui tendant son assiette avant de prendre place dans le fauteuil de bois voisin du sien. Mais j'avoue que je suis étonné que tu puisses avaler cela.

— Ce n'est pas ma faute, répondit-elle en riant. Aujourd'hui, c'est le bébé qui commande mes menus.

Durant les derniers stades de sa grossesse, elle avait été prise des envies les plus bizarres — elle en était même venue à adorer les hot-dogs à la moutarde et aux tranches de pomme.

— Je suis impatient de rencontrer ce petit bonhomme, remarqua Sam en effleurant avec tendresse son ventre rebondi.

— Sam, je crois que c'est une fille ! protesta-t-elle.

— Moi, je parie sur un garçon, répliqua-t-il avec un sourire plein de fierté. Mais nous serons fixés dans une semaine.

Durant les mois qui avaient suivi le résultat positif de son test de grossesse, Katie avait retenu son souffle, n'osant espérer que tout irait bien cette fois-ci, mais le premier trimestre était passé, puis le deuxième. Au début du troisième, elle avait commencé à faire des projets, à repeindre la chambre d'enfant avec Sam, à remplir le berceau d'animaux en peluche — y compris un ours que Libby et Henry avaient choisi pour le futur membre de leur fratrie. Aujourd'hui, la naissance n'était plus qu'à quelques jours, et Katie tremblait d'impatience. Sam et les petits étaient aux anges ; pour eux tous, c'était un nouveau départ, un avenir radieux qui avait débuté le jour où Katie avait dit « oui » à Sam sur cette même pelouse, l'année précédente.

— C'est un premier bébé, rappela-t-elle, posant la main sur celle de Sam. Il sera peut-être en retard.

— Cela vaudra la peine d'attendre, assura Sam en l'embrassant avec douceur.

— Cesse donc de bécoter ma sœur ! lança Colton en riant.

Rachel, sa jeune épouse, et lui approchaient, main dans la main, Rachel contemplant son mari d'un air d'adoration totale. L'un et l'autre avaient encore cet air rayonnant des jeunes mariés, quatorze mois après avoir prononcé leurs vœux. Katie peinait à croire qu'elle n'était arrivée à Stone Gap que dix mois plus tôt, tant son existence s'était transformée entre-temps.

— Tu sais à quoi peuvent conduire tous ces baisers, n'est-ce pas ? ajouta Colton.

— Oh ! oui, j'en suis parfaitement consciente, répondit Katie en tapotant son ventre rond. Et, sauf erreur, toi aussi.

Rachel effleura son abdomen en rougissant, dans le geste typique d'une femme portant une nouvelle vie en elle.

— Comment l'avez-vous deviné ? s'étonna-t-elle. Nous ne l'avons appris nous-mêmes qu'il y a quelques jours à peine.

— Cette famille est en plein baby-boom, remarqua Sam. Il me semble tout naturel que vous soyez les suivants.

Meri Barlow vint les rejoindre, flanquée de Jack, qui tenait leur petite fille blonde de six mois contre son épaule, une enfant aussi jolie que sa mère.

— J'aimerais pouvoir affirmer que Sam a un pouvoir de divination, mais la vérité est plus terre à terre, déclara Meri. C'est peut-être moi qui ai commis une indiscrétion : Rachel me l'avait suggéré elle-même sans le vouloir, en me demandant si j'avais gardé les vêtements de bébé de Liz.

— J'avais pourtant prétendu que c'était pour une amie, observa Rachel, rougissant davantage.

Les Barlow et les Millwright éclatèrent tous de rire.

— Oui, mais tout le monde avait deviné la vérité,

répliqua Jack. Quoi qu'il en soit, je suis heureux que vous vous soyez joints à notre fête, Colton et vous.

Luke et Peyton arrivèrent, main dans la main, et Luke assena une claque affectueuse sur l'épaule de son frère.

— Dans quelle galère les filles t'ont-elles entraîné, Colton ?

— Les enfants, répondit Colton en riant.

— J'ai déjà un de ces petits monstres à la maison, tu sais. Si j'en désirais d'autres, je pourrais les emprunter aux Barlow. Je n'ai que l'embarras du choix.

Luke serra tendrement Peyton dans ses bras et déposa un baiser sur sa tempe avant de poursuivre :

— Mais, à vrai dire, je crois que je n'aurais pas d'objection à l'idée d'en ajouter un ou deux autres à notre tribu.

Peyton lui lança un regard ébahi, puis un sourire s'épanouit sur ses lèvres.

— T'ai-je bien entendu déclarer que tu désires un bébé ?

— Oui, parfaitement.

Luke adorait Peyton, on l'entendait dans sa voix, on le lisait dans ses yeux. Ils étaient rarement séparés, même lorsque Luke travaillait au garage familial. Quasiment chaque jour, Peyton et Maddie s'y arrêtaient un moment pour déjeuner avec lui. Détournant avec regret le regard de son épouse, Luke se tourna vers Mac, qui découpait la pastèque :

— Qu'en dis-tu, Mac ? Et si nous faisions la course, à qui aura un fils le premier ?

— Es-tu sérieusement en train de me défier dans une course à la progéniture ? répondit l'intéressé d'un ton sarcastique.

— Quelqu'un doit bien te convaincre de terminer de fonder une famille, remarqua Luke en souriant.

Mac avait été le dernier des frères à se marier. Sa relation avec Savannah avait commencé comme une simple aventure dans le jardin de Della et de Bobby, quelques mois plus tôt.

— Si tu n'accaparais pas mon épouse avec tes projets

de rénovation, nous trouverions peut-être le temps de faire des enfants.

— Chut ! le gronda Savannah. J'adore ce travail.

— Et tu le fais merveilleusement bien, mon cœur, murmura Mac avec un tendre baiser.

Ses frères taquinaient Mac en permanence, mais Katie savait que toute la famille Barlow se réjouissait de leur bonheur.

— Ai-je entendu quelqu'un évoquer d'autres petits-enfants ? s'enquit Della en s'approchant avec son plateau de cookies presque entièrement vide.

Elle remarqua alors les sourires confus de Rachel et de Colton et, poussant un cri de joie, elle fourra le plateau dans les mains de Luke, puis se précipita pour embrasser le jeune couple avec effusion.

La vie était belle, songea Katie en observant les enfants qui couraient le long de la rive du lac avec Bandit, la main dans celle de son mari adoré. La sienne avait changé de façon radicale depuis son arrivée à Stone Gap, et elle n'imaginait même plus vivre ailleurs. Ici, elle avait jeté ses amarres.

Katie avait décliné l'offre du cabinet d'expertise-comptable d'Atlanta et, au lieu de cela, elle avait ouvert un petit cabinet dans le salon de sa propre maison. Elle y travaillait à mi-temps, ce qui lui permettait d'être là pour les enfants lorsqu'ils rentraient et de passer plus de temps avec Sam. Son mari travaillait encore beaucoup, mais il avait tenu sa promesse d'être davantage présent avec sa famille. Il avait même déjà prévu deux semaines de vacances après l'arrivée du bébé. Bref, elle nageait en plein bonheur.

— Les garçons aimeraient que je leur montre notre nouveau garage, dit Sam en se levant. Puis-je te laisser un moment ?

— Mais oui, bien sûr, répondit Katie en riant. Ne t'inquiète pas, mon chéri, je ne bouge pas d'ici.

— Je ne me lasserai jamais de te l'entendre dire, murmura-t-il en déposant un baiser sur ses lèvres.

Plaisantant et riant, les hommes s'éloignèrent, et Della vint s'asseoir à côté de Katie et la serra brièvement dans ses bras.

— Je suis ravie que vous soyez restée dans notre ville et que vous ayez rejoint notre tribu. Je vous ai considérée comme un membre de notre famille depuis votre arrivée à Stone Gap, Katie.

Ces paroles lui réchauffèrent le cœur. Cette famille — Sam, Libby, Henry et les Barlow — les avait accueillis à bras ouverts, Colton et elle. Elle vivait une vie riche et pleine dont n'avait jamais osé rêver la petite fille solitaire et pauvre qu'elle avait été.

Une douleur sourde et lancinante dans le ventre lui coupa le souffle. Ce n'était pas la première fois, depuis le matin, mais, jusque-là, elle avait pensé que ce n'étaient que de fausses contractions. Or, cette fois-ci, c'était différent. Les spasmes étaient plus forts, et Katie sut d'instinct que son bébé n'allait pas du tout arriver en retard, mais plutôt quelques jours en avance.

— Je crois que vous devriez aller chercher Sam, annonça-t-elle à Della.

— C'est l'heure ? s'enquit cette dernière, abaissant le regard vers son ventre rond.

Katie acquiesça, la vue brouillée de larmes de bonheur. Il lui avait peut-être fallu presque trente ans pour trouver cette ville, cet homme, cette famille dont elle n'avait fait que rêver mais, comme disait Sam, cela valait la peine d'attendre.

— Oui, répondit-elle. C'est l'heure.

Retrouvez en Mars 2018,
dans votre collection

Passions

Le droit de l'aimer, de Cat Schield - N°707

Quinze jours. C'est le temps dont dispose Brandee pour séduire Shane Delgado. Après quoi elle perdra Hope Springs, le ranch auquel elle consacre toute sa vie. Hélas, si l'enjeu est de taille, la tâche n'en est pas moins délicate. Depuis qu'elle a rencontré Shane, c'est bien simple, tous deux s'affrontent dans des échanges plus que houleux. Ils se toisent, se défient sans cesse. Au point que Brandee se demande aujourd'hui quelle attitude adopter pour convaincre Shane que, loin d'être son ennemie, elle est désormais la femme qu'il lui faut…

Un époux pour la vie, de Teresa Southwick

Nous sommes toujours mariés… Les doigts de Rose tremblent tellement qu'elle a le plus grand mal à raccrocher le téléphone. Car la voix grave et sensuelle de Lincoln Hart, l'homme qui l'a abandonnée dix ans plus tôt sans une explication et dont elle pensait être divorcée, résonne encore à ses oreilles. Comment est-il possible qu'ils soient toujours mari et femme ? Et, surtout, pourquoi est-elle aussi troublée par Lincoln, alors qu'elle fréquente désormais un autre homme ? Résolue à le rayer une bonne fois pour toutes de son existence, Rose comprend qu'elle va devoir le revoir et résoudre au plus vite ce problème…

L'enfant de Donovan Murphy, de Yvonne Lindsay - N°708

Kayla Porter se tient face à lui, plus belle que jamais, et Van sent une rage aussi violente qu'irrépressible gronder en lui. Comment Kayla ose-t-elle venir le trouver aujourd'hui pour lui réclamer de l'argent, après lui avoir brisé le cœur cinq ans plus tôt ? Croit-elle parvenir à l'émouvoir en prétendant que la petite Sienna, qu'elle a amenée avec elle, est sa fille ? Plus jamais il ne se laissera manipuler par cette intrigante, Van s'en est fait la promesse il y a bien longtemps déjà. Même si Kayla éveille toujours en lui un désir puissant. Et même si, bien qu'il s'en défende, la revoir lui a fait perdre tout intérêt pour Dani, la femme qu'il doit bientôt épouser…

Une brûlante invitation, de Victoria Pade

Lorsque Sutton Knightlinger l'invite à dîner, Kinsey, prise de court, est gagnée par la panique. Comment résister au regard envoûtant de cet homme pour qui elle brûle de désir en secret et qui, en plus d'être le fils aimant de la patiente qu'elle soigne, se montre doux et extrêmement attentionné envers elle ? Pourtant, Sutter a un défaut, et pas des moindres selon Kinsey. Il est militaire, comme les membres de sa famille dont l'absence l'a tant fait souffrir. Un métier dont Kinsey s'est fait la promesse de se tenir éloignée… à jamais.

Un tendre dilemme, de Rachel Lee - N°709

De magnifiques boucles blondes et un parfum délicat : Amber Towers — son ancienne élève à l'école de magistrature — est encore plus étourdissante que dans son souvenir. Pourtant, lorsque Wyatt a accepté de lui venir en aide, il ne s'attendait pas à accueillir chez lui une superbe femme, enceinte de huit mois, totalement livrée à elle-même pour élever son enfant à naître. Une femme qui le trouble chaque jour davantage. Au point qu'aujourd'hui Wyatt remet tout en question. Doit-il prendre ses distances avec Amber ou céder à son désir au risque de mettre sa carrière en péril ?

Bien plus qu'un patron, de Dani Wade

Mason Harrington est le nouveau propriétaire du haras où elle travaille ? En apprenant la nouvelle, Eva est sidérée. Car l'apollon qui lui fait face — et qui vient de racheter le ranch de ses parents — n'est autre que son grand amour de lycée. L'homme que son père l'a forcée à quitter sans explication douze ans plus tôt, au prétexte qu'ils ne faisaient pas partie du même monde. Comment se fait-il alors que Mason semble à ce point ravi de la retrouver ? Une attitude qui éveille aussitôt la méfiance d'Eva : et s'il cherchait à la séduire à nouveau, pour mieux se venger d'elle ?

L'ombre du scandale, de Nancy Robards Thompson - N°710

Si beau, si séduisant... À n'en pas douter, Ethan Campbell, le nouveau voisin de Chelsea, a tout de l'homme idéal. Seulement voilà, si elle a trouvé refuge ici, au Texas, bien loin de Londres où elle a passé toute sa vie, c'est pour fuir le scandale qui entache à présent sa réputation. Pas pour avoir la faiblesse de tomber à nouveau amoureuse. Ne s'est-elle pas promis de ne plus jamais faire confiance au moindre spécimen de la gent masculine ? Et puis, surtout, Ethan ne sait rien de sa véritable identité... ni de son passé.

Exquise tentation, de Lauren Canan

Une nuit de tentation, à La Nouvelle-Orléans. Et voilà que Tallie se découvre enceinte d'un parfait inconnu. Mais, alors qu'elle se résout à élever seule l'enfant qu'elle porte, elle retrouve son sublime amant au Texas, sur le site des fouilles archéologiques qu'elle doit mener. Hélas, loin de l'homme humble et attentionné qui l'a séduite au premier regard, Cole Masters se révèle aussi riche qu'arrogant. Pis, alors qu'elle s'apprête à lui révéler qu'il sera bientôt père, il la somme de quitter ses terres au plus vite...

Un désir sous haute protection, de Elizabeth Bevarly - N°711

Rester professionnelle, quelles que soient les circonstances : telle est la ligne de conduite que Renata a toujours suivie. Pourtant, depuis qu'elle a fait la rencontre de Tate Hawthorne — dont elle doit assurer la surveillance depuis qu'il a été menacé par de dangereux criminels — un trouble inédit s'est emparé d'elle. Elle rougit au moindre compliment du séduisant milliardaire et se laisse trop facilement distraire. Dans ces conditions, comment se montrer alerte et protéger au mieux Tate, comme elle s'y est engagée ?

Pour aimer à nouveau, de Kathy Douglass

Ce soir, Trent est fou de rage. Alyssa et Robyn, ses deux filles adorées, viennent de lui dévoiler le nom de la bénévole du centre de loisirs dont elles sont devenues si proches : Carmen Shields. Un nom que Trent n'a jamais pu oublier. Et pour cause, car Carmen est le chef de police qu'il tient pour responsable de la disparition de son épouse bien-aimée...

Une liaison très secrète, de Paula Roe - N°712

Pour Emily, les choses sont claires : non seulement la liaison qu'elle entretient avec Zac Prescott ne repose que sur un simple désir physique, mais surtout elle doit absolument rester secrète. Deux conditions sine qua non si elle ne veut pas prendre le risque de souffrir et de se retrouver, une fois de plus, le cœur brisé. Car Zac est un riche héritier, un homme d'affaires influent promis à un brillant avenir dans lequel, elle le sait, une simple petite employée comme elle n'a aucune place...

Le secret de Clea, de Tessa Radley

Cette voix... Sous le choc, Clea se fige. Avant de réaliser que l'homme qui vient de se matérialiser derrière elle est bel et bien Brand, son mari qu'elle croyait mort, et qu'elle a pleuré pendant des mois. Éperdue de bonheur, elle s'apprête à lui révéler qu'elle attend un enfant de lui lorsqu'il pose un regard sévère sur son ventre arrondi, et, sans lui laisser le temps de le rassurer, l'accuse de porter l'enfant d'un autre. Effondrée, elle comprend alors que celui qu'elle a tant aimé, celui qui lui vouait une confiance absolue, a bel et bien disparu...

Composé et édité par HarperCollins France.

Achevé d'imprimer en janvier 2018.

Barcelone

Dépôt légal : février 2018.

Pour limiter l'empreinte environnementale de ses livres, HarperCollins France s'engage à n'utiliser que du papier fabriqué à partir de bois provenant de forêts gérées durablement et de manière responsable.

Imprimé en Espagne.